화폐,
마법의 사중주

화폐, 마법의 사중주

초판 1쇄 발행 _ 2005년 11월 20일
초판 9쇄 발행 _ 2017년 2월 25일

지은이 _ 고병권

펴낸곳 _ (주)그린비출판사 · 신고번호 제25100-2015-000097호
주　소 _ 서울시 은평구 증산로 1길 6, 2층
전　화 _ 702-2717 · 702-4791
팩　스 _ 703-0272
E-mail _ editor@greenbee.co.kr

ISBN 89-7682-957-3 03300

그린비 출판사 **나를 바꾸는 책, 세상을 바꾸는 책**
홈페이지 · www.greenbee.co.kr
전자우편 · editor@greenbee.co.kr

화폐,
마법의 사중주

고병권 지음

응B
그린비

머리말

맑은 밤하늘을 보아도 유독 별자리를 찾지 못하는 사람들이 있다. 그것은 그들이 개개의 별들을 보기 때문이다. 별자리를 보려면 별에서 눈을 떼어야 한다. 화폐에 대해서도 마찬가지다. 화폐가 무엇인지 알기 위해서는 시야를 넓혀야 한다. 화폐로 사용되는 사물에서 눈을 떼어야만 우리는 화폐를 볼 수가 있다. 지금 지갑 속의 화폐를 떠올리는 사람에게는 이 말이 참으로 이상하게 들릴 것이다. '내가 볼 수 있고 내가 만질 수 있는 이 작은 종잇조각이 화폐가 아니라면 도대체 무엇이 화폐란 말인가.' 하지만 여기에 함정이 있다. 화폐에 대한 우리의 오해는 대부분 이런 자명성에서 나온다. 어떤 사물을 화폐라며 곧장 꺼내놓을 수 있다는 그 사실이 우리로 하여금 정작 화폐적인 것을 보지 못하게 하는 것이다.

칼 맑스는 화폐에 대해 상반된 태도를 취했던 두 사람들, 즉 화폐의 신비에 빠져들어 그것을 찬양하기 바빴던 부르주아 경제학자들과 화폐의 폭력성에 치를 떨며 그것을 내던져버리고자 했던 사회주의자들이 똑같은 오류를 범했음을 지적했다. 그들은 모두 어떤 사물을 보며 자신들이 화폐를 보고 있다고 믿었던 것이다.

먼저 부르주아 경제학자들은 이렇게 물었다. 도대체 금에는 어떤 신비한 힘이 있어서 다른 상품들과 교환될 수 있고, 그것들의 가치척도가 될 수 있는가. 그들은 다른 상품들과 비교함으로써 금의 신비를 밝히고자 했다. 하지만 그들 중 누구도 금 속에서 가치의 원자를 찾지는 못했다. 애당초 가치란 그렇게 발견될 수 있는 게 아니었다. 가치는 한 상품이 다른 상품들과 맺는 '관계'이지, 한 상품에 내재한 고유성이 아니기 때문이다.

게다가 그 '관계'는 자연적 사물들이 아닌 사회적 사물들의 것이다. 금은 자연에서 왔지만 자연은 우리가 알고 있는 형태로 금을 낳지 않았다("자연 자체는 환율이나 은행가를 낳지 않듯이 화폐도 낳지 않는다"). 금은 이미 사회화된 사물이다. 맑스의 말처럼, 왕이 왕인 이유는 신하의 눈에 그가 왕으로 비친다는 사실에 있지, 그가 실제로 왕의 품성을 타고났느냐에 있지 않다. 금의 휘황찬란한 자태는 우리 시신경을 통과한 뒤에 나타난다. 그래서 금의 비밀은 우리의 눈에서도 찾아져야 한다. 그리고 사물들의 관계는 인간들의 관계를 통해서도 해명되어야 한다.

사회주의자들도 부르주아 경제학자들처럼 이 점을 이해하지 못했다. 그들은 화폐를 없애겠다며 어떤 사물만을 없애고자 했다. "교황만 없애면 가톨릭이 없어질 것이라고 믿었던 사람들." 맑스는 그들을 그렇게 불렀다. 그들은 노동시간 전표가 화폐를 대체할 수 있다고 생각했다. 그러나 노동시간 전표는 화폐의 출현을 막는 부적이기는커녕 그 자체로 화폐였다. 금의 중량 대신 노동시간이 쓰여 있으면 화폐가 아니라는 생각. 그것이 바로 화폐에 대한 그들의 몰이해를 보여준다. 상품만 있고 화폐는 없는 사회. 그들의 꿈은 '신앙은 있는데 신은 없는 종교'처럼 공상적이다. 그들은 단지 어떤 신만을 부인했으면서도 스스로를 무신론자라고 믿었다.

그렇다면 화폐란 무엇인가. 베네딕투스 스피노자에 따르면 "어떤 것을 안다는 것은 그것이 어떻게 산출되는지를 안다는 것"이다. 화폐도 그것의 산출 작용 속에서 이해될 필요가 있다. 화폐를 산출하는 어떤 작용 속에서만 한 사물은 화폐가 되고, 그 작용이 계속되는 한에서만 화폐는 화폐로 남을 수 있다. 어떤 점에서 화폐는 화폐로서 계속 재생산된다고 할 수 있다. 그 작용이 멈추면 아마도 화폐는 언제 그랬냐는 듯이 자신의 옛 시절로, 즉 단순한 금속이나 무가치한 종잇조각으로 돌아갈 것이다.

따라서 나는 근대 화폐의 정체를 밝히기 위해 '무엇이냐'고 묻는 대신 '어떻게 산출되느냐'고 물었다. 그리고 근대의 시장, 국가, 사회, 과학에 주목했다. 화폐를 통해 상품을 거래하고 채무를 지불하는 시장, 화폐를 발행하고 그 질서를 관리하는 국가, 화폐적인 인간관계라고 할 수 있는 사회, 부(富)와 관련해서 화폐를 개념화하고 화폐에 대한 과학적 인식을 제공하는 과학. 이 네 요소들을 나는 화폐거래네트워크, 화폐주권, 화폐공동체, 화폐론이라고 불렀다.

근대 화폐의 산출에는 이 네 요소들이 관여하고 있다. 화폐는 화폐거래네트워크를 통해서 상품들의 매체, 혹은 하나의 상품으로서 생산된다. 그리고 화폐주권을 통해서는 하나의 명령으로서——신민들에 대한 채권으로서, 노동에 대한 청구권으로서——생산된다. 또 화폐공동체를 통해서는 하나의 유대(nexus), 하나의 공동체로서 생산되며, 화폐론을 통해서는 하나의 개념으로서 생산된다.

나는 근대 화폐를 이 네 요소들로 이루어진 성좌(constellation) 내지 구성체(formation)로 이해한다. 이 책에서 '구성체'라는 말을 사용한 것은 동적인 성격을 좀더 강조하기 위해서다. 화폐는 중첩된 산출 작용의 결과물이지만, 그 작용은 화폐가 실존하는 내내 지속된다. 근대 화폐가 우리 눈앞에 있다고 할 때, 그것은 과거에 '생산된' 것으로서가 아니라, 지금 '생산되고 있는' 것으로서 있는 것이다.

'구성체'라는 말은 형성의 '결과'와 형성의 '과정'을 동시에 지칭한다. 화폐를 구성체로 이해한다는 것은 그것을 항상 '과정' 상의 어떤 것으로 이해한다는 의미이기도 하다. 근대 화폐의 형성(formation of modern money)을 근대적 화폐구성체(modern monetary formation)로 다루자고 할 때, 나는 그런 의미도 담고자 했다.

고대의 어느 철학자는 밤하늘의 별들을 보며 음악 소리가 들린다고 했다. 모든 별들은 음악적 조화 속에서 운행된다는 것이다. 나 역시 화폐의 운행 속에서 어떤 노래를 듣는다. 상품들 사이에서, 권력들 사이에서, 인간들 사이에서, 개념들 사이에서 나오는 소리들. 어느 하나로 환원되지 않는 그 복수의 소리들이 잘 훈련된 연주자들의 연주처럼 서로 어울린다. 어떤 소리가 도드라질 때는 상품처럼 들리기도 하고, 다른 소리가 도드라질 때는 권력처럼 들리기도 한다. 또 어떤 때는 인간관계로 들리기도 하고, 어떤 때는 추상적인 부로 들리기도 한다. 하지만 그것들이 표현하는 것은 결국 하나의 노래이다. 우리는 여러 소리가 아닌 하나의 노래를 듣는 것이다. 화폐의 노래, 아니 노래로서의 화폐.

그러나 화폐를 노래라고 말하는 이는 별을 노래라고 말한 이처럼 행복할 수가 없다. 화폐의 마법에 영혼을 빼앗긴 이가 아니라면, 상품과 명령, 화폐적 인간관계와 부로 이루어진 사중주를 어떻게 행복하게 들을 수가 있겠는가. 그 하나 하나의 소리가 어떻게 만들어진 것임을 아는 이상. 화폐의 노래 이후 세상이 어떻게 침묵하게 되었는지를 아는 이상.

* * *

"시장터의 동전 소리가 지혜의 소리를 누르는 시대." 커다란 비명 소리가 침묵으로 퍼져나가는 이 시대에 내게 다른 노래를 가르쳐준 사람들이 있다. 이름하여 선물의 노래. '연구공간 수유+너머'에서는 누구나 연구실에 들어온 선물에 사연을 붙여 낭송하는 법을 배운다. 그것은 화폐의 지배를 벗어난 세계에서만 들을 수 있는 노래, 화폐조차 선물로 뒤바꿔버리는 노래이다. 불행히도 나는 동료들 중 가장 유치다. 선물을 주는 데도 서툴지만 받는 법, 그것에 고마움을 표하는 법이 너무 서툴다. 물론 선물을 가장 잘 받는 법은 그 선물을 가장 값지게 쓰는 것, 즉 아주 훌륭한 책을 쓰는 것이리라. 하지만 일단은 감사의 말이라도 꼭 전하고 싶다. 장-자크 루소는 애인에게 기식하면서 말로만 때웠다고 하지만, 말이라도 해야겠다는 게 내 심정이다.

먼저 임현진, 김수행, 김문조, 정근식, 장덕진 선생께 감사를 드린다. 화폐에 접근하는 방법과 내용은 물론이고 문헌에 대한 인용까지 선생들의 손길을 거쳤다. 선생들은 내가 화폐라는 안개 속을 헤맬 때 적절한 개념들을 흘려주었고, 도약하기 위해 넘지 않으면 안 될 장애물도 구해오셨다. 나를 옆에 앉힌 채 원고를 '정말로' 한 쪽씩 넘기며 의견을 들려주신 분까지 있었다. 선생들의 선물을 조금 일찍 알았다면 분명 학교는 내게 치명적인 유혹이 되었으리라.

다음으로, 삶이 선물임을 가르쳐준 '연구공간 수유+너머'의 동료들에게 감사를 전한다. 앞으로도 틈만 나면 이들에게 감사를 표할 생각이다. 그래도 그것은 턱없이 부족한 감사가 될 것이다. 내게 무수한 선물을 제공해 주었고 심지어 '나'를 선물로 받아준 이들. 이들을 떠올리는 것만으로도 나는 기분이 좋아진다. 논문을 쓰는 내내 동료들은 좋은 집필공간을 내주었고 밥을 해주었으며 함께 산책해 주었다. 돈에 대해 연구할 뿐 돈 버는 데는 아무런 재주도 없는 내게 용돈을 찔러 넣어주고 연구에 필요한 책들 대부분을 사준 것도 동료들이다. 이들 사이에 서 있다는 것만으로도 나는 나를 긍정한다.

그리고 도서출판 그린비에 큰 감사를 전한다. 책을 함께 만들었다는 사실만으로도 모든 지은이들은 출판사에 감사를 표해야 할 것이다. 하지만 그린비에 대한 내 감사는 너무나 각별한 것이다. 이 책은 그린비에서 나왔지만 이 책을 받을 이 또한 그린비다. 그린비는 논문을 쓰는 내내 일정액의 연구비를 지원해 주었다. 무슨무슨 재단 같은 곳에서 주는 돈에 비하면 작은 돈인지 몰라도, 그린비가 준 연구비는 그런 재단에서 생색내는 사람들로서는 상상할 수도 없을 만큼의 가치가 있는 것이다. 그린비는 내게 말해 주었다. "그들이 주지 않는다면 우리가 주겠다." 내가 거기에 답하려면 참으로 많이 노력해야 할 것 같다. "그들이 하지 않는다면 우리가 하겠다." 말은 쉽게 던져놓을 수 있지만, 말로만 주지 않은 것을 말로만 답할 수는 없는 노릇이니 앞으로 할 일이 참 많다.

2005년 10월

지은이

:: 차 례

| 일러두기 |

1 이 책의 주는 크게 인용주와 내용주로 구분되어 있다. 인용문의 출처를 밝혀 놓은 인용주는
  일련 번호(1, 2, 3 ……)로 표시되며, 후주로 처리되어 있다. 내용주는 각주로 처리하였으며,
  별표(*)로 표시되어 있다.

2 각주에 있는 인용은 괄호 안에 저자명, 서명, 인용 쪽수 순으로 정리했다. 구체적인 서지사항
  은 이 책 뒤에 붙인 〈참고문헌〉에 모두 정리되어 있다.

3 인명이나 지명, 그리고 작품명은 〈국립국어연구소〉에서 2002년에 펴낸 '외래어 표기법'에 근
  거하여 표기했다. 단, 이미 관례적으로 쓰이고 있는 표기는 관례를 그대로 따랐다.

4 단행본·전집·정기간행물 등에는 겹낫표(『 』)를, 회화·사진·정기논문 등에는 낫표(「 」)를
  사용했다.

화폐,
마법의 사중주

1장 | 근대의 화폐를 이해하기 위하여

살림살이의 대부분이 화폐로 이루어지는 자본주의 사회에서 화폐의 중요성을 언급하는 것은 불필요한 일이다. 화폐의 중요성을 깨닫고 싶다면 지금 이 사회에서 살아가는 것만으로도 충분하다. 산다는 것 자체가 화폐에 매달리는 일이므로 누구도 화폐의 중요성을 부인하지 않는다. 제아무리 건장한 사내라 해도 자신의 힘을 화폐와 바꿀 수 없다면, '일자리 구함'이라는 푯말을 목에 걸고 무기력하게 서 있어야 한다. 제아무리 많은 물건을 가진 제조업자라 해도 내일 돌아올 어음을 막을 수 없다면, 오늘 시장에 물건들을 버리듯이 내놓아야 한다. 학자라고 해서 돈으로부터 멀리 떨어져 있는 것은 아니다. 맑스기 말했듯이 "나에게 연구의 소명은 있으나 돈이 없다면, 나에게는 연구의 소명도 없는 것이다".[1]

'화폐적인 것이 현실적인 것이며 현실적인 것이 화폐적인 것이다.' 화폐가 없이는 어떤 욕망이나 능력도 비현실적이다. 그래서 갖고 싶은 것이 있으면 우선 화폐부터 가져야 한다. 어떤 능력이 필요하다

너의 화폐는 진정한 능력 그 자체다

아테네의 부유한 귀족 타이먼은 주변 사람들이 자신의 돈 때문에 아첨하는 줄도 모르고 그들에
게 아낌없이 돈을 준다. 그러나 그가 파산하자 그가 '친구'라고 믿었던 모든 이들이 등을 돌린
다. 사람들을 피해 산속 깊이 들어가 나무 뿌리를 캐 먹으며 연명하던 타이먼은 우연히 황금을
캐게 된 뒤, 자신의 삶을 망친 돈의 능력을 이렇게 저주한다. 돈은 "검은 것을 희게, 추한 것을
아름답게, 늙은 것을 젊게" 만들고, 심지어 "문둥병조차 사랑스러워 보이도록" 만들며, "늙은
과부에게도 '젊은 청혼자들'이 오게 만든다"고(『아테네의 타이먼』 4막 3장). 맑스는 "화폐의 본
질을 탁월하게 묘사하고 있다"며 이 구절을 즐겨 인용하곤 했다(위 그림은 1795년 영국의 화가
존 오피가 그린 것으로서, 아테네를 파괴하겠다고 나선 알키비아데스에게 타이먼이 자신이 캔 황금을
군자금으로 전해 주는 장면이다).

면 제 능력을 팔아서라도 우선 화폐의 능력을 확보해야 한다. 화폐 사회에 오래 살다보면 누구에게나 들리는 환청이 있다. '화폐의 노예가 돼라. 그러면 모든 것의 주인이 될 수 있다.'

네가 할 수 없는 모든 것을 너의 화폐는 할 수 있다. 너의 화폐는 먹고 마실 수 있으며, 무도회에도 극장에도 갈 수 있다. 너의 화폐는 예술, 학식, 역사적 진품, 정치권력에 정통하다. 너의 화폐는 여행할 수 있다. 너의 화폐는 네가 모든 것을 갖도록 할 수 있다. 너의 화폐는 모든 것을 구매할 수 있다. 너의 화폐는 진정한 능력 그 자체다.[2]

윌리엄 셰익스피어는 『아테네의 타이먼』에서 이렇게 말했다. 이 눈에 보이는 신(神)은 "검은 것을 희게, 추한 것을 아름답게, 늙은 것을 젊게" 만들고, 심지어 "문둥병조차 사랑스러워 보이도록 한다". 화폐를 가졌다면 "늙은 과부에게도 젊은 청혼자들이 오리라".[3] 화폐만 있다면, 화폐만 있다면 그렇다. 그러나 화폐가 없다면 모든 것들은 유령처럼 현실성을 잃는다. 모든 희망은 공상이 되고 모든 능력은 무능력이 된다. 삶 자체의 존재감이 사라져버린다.

사람들은 오늘날에도, 아니 오늘날에 더욱 셰익스피어의 말을 실감할 것이다. 최근 어느 화폐 심리학자는 화폐에 대한 우리의 태도를 실감케 하는 말을 했다. "조사 결과 대부분의 사람들은 자신들이 처해 있는 문제들의 대부분이 돈만 있으면 해결될 수 있다고 믿고 있다."[4] 이만큼 돈에 대한 예속을 잘 보여주는 말이 또 있을까. 온갖 문제들이 돈 하나면 해결된다는 것. 도대체 돈이 무엇이기에.

1. 화폐와 신앙

화폐를 찬찬히 들여다보자. 물건과 서비스를 내놓게 하는 그 힘이 어디서 나오는가. 화폐를 보면 볼수록 그 답은 묘연해진다. 존 K. 갤브레이스는 이렇게 말했다. "작은 종잇조각 위에 그려진 국가의 영웅이나 기념비, 루벤스나 다비드 풍의 고전적 도안, 물건이 많이 쌓인 청과시장을 녹색이나 갈색 잉크로 인쇄한 무가치한 것이 어떻게 다른 종잇조각과 달리 사람들을 사로잡는 것일까."[5]

화폐를 사용하지 않는 어떤 존재가 우리의 화폐를 본다면 정말로 낯설어 하리라. 우리가 사용하는 만 원짜리 지폐는 제작비가 수십 원에 불과한 것이다. 우리가 사용하는 카드는 물리적으로는 상점의 주인에게 아무것도 넘겨주지 않으면서 우리에게 많은 물건과 서비스를 제공케 한다. 단지 우리는 만 원이라고 써진 종이를 전달함으로서, 그리고 마그네틱 카드를 판독기에 넣어 약간의 조작을 가함으로써, 무언가를 넘겨주었다고 믿고 있을 따름이다.

그런데 이 믿음이 중요하다. 이상한 말처럼 들리겠지만, 만 원이 만 원인 이유는 우리 모두가 그것을 만 원이라고 믿기 때문이다.* 조금 더 엄밀히 말하자면 내가 내민 '그것'이 다른 이에게 만 원으로 받아들여질 것이라고 믿기 때문이다. 이런 믿음 때문에 화폐는 종종 '세

---

* 미국의 1달러 뒷면에는 이런 말이 쓰여 있다. "In God We Trust One Dollar." 많은 지폐들에 '약속한다'(promise), '신뢰한다'(trust)라는 등의 표현이 사용되는 것은 화폐에서 믿음이 얼마나 중요한가를 말해 준다. 그러나 믿음을 강조하는 것은 역설적으로 화폐가 얼마나 '믿지 못할 것'인지도 말해 준다.

속화된 종교'로서 묘사된다. 맑스는 이성을 통해 신의 현존을 증명하려는 사람들을 비웃으며, 그 시도가 헛된 이유를 화폐의 비유를 통해 설명했다. "당신이 지폐의 사용법이 알려지지 않은 곳에서 당신의 지폐를 사용해 보라. 당신은 웃음거리가 될 것이다. 그것은 다른 신을 숭배하는 나라에 당신의 신을 데려가는 것과 같다."[6] 신을 존재케 하는 것은 이성이 아니라 신앙이다. 따라서 이성을 통해 신의 현존을 증명하려는 시도는 오히려 신을 통해 이성의 부재를 증명하게 될 것이다. 화폐 또한 그렇다.

게오르크 짐멜은 화폐에 대한 믿음이 신에 대한 믿음과 유사하다며,[7] 편안함을 누리기 위해 화폐를 격렬하게 추구하는 것은 영혼의 평안을 위해 신에게 헌신하는 태도와 닮았다고 했다. "화폐에 대해 성직자들이 종종 적대감을 보이는 이유는 화폐에 대한 심리적 태도와 신에 대한 심리적 태도가 유사하기 때문이다." 성직자들은 화폐에서 만족을 찾으려는 사람들의 태도가 교회에서 구원을 얻어야 할 심리적 필요를 감소시킬지 모른다고 생각했다. 오늘날 화폐의 지위를 가장 잘 나타내는 말은 무엇일까. 짐멜은 이렇게 말했다. "화폐는 세계의 세속적 신이다."[8]

화폐에서 종교적 냄새를 맡은 것은 학자들만이 아니었다. 1972년 서독의 재무부 장관 헬무트 슈미트는 당시 금본위제의 붕괴에 대해 아주 흥미로운 말을 했다. "화폐신학을 둘러싼 종교전쟁의 시대가 끝났다."[9] 화폐신학과 종교전쟁. 그 역시 화폐를 신학의 문제로 바라보았던 것이다. 하지만 그는 금본위제의 붕괴로 그런 것이 끝났다고 했다. 화폐가 금을 더 이상 신앙의 근간으로 삼지 않게 되었다는 것이다. 그는 화폐와 금을 잇던 줄이 끊어져버린 사태를 두려워하지 않았다. "태양에서 지구가 풀려날 때 우리는 무엇을 하는가? …… 계속해서 추락하는 것은 아닌가?"[10] 프리드리히 니체의 광인이 신의 죽음을 알린 뒤, 신과의 줄이 끊어진 인간의 운명에 대해 던진 그 불안한 질문을 그는 의식하지 않았다.

그러나 금본위제의 붕괴를 신의 죽음으로 이해한 슈미트는 너무나 성급했다. 신은 시체로도, 그 그림자로도 살아간다는 니체의 말처럼, 화폐의 종교적 성격은 금과의 줄이 끊어진 뒤에도 변하지 않았다. 오늘날에도 화폐에 절대적인 것은 신앙이다. 사실은 금본위제 시대에도 금에 대한 '신앙'이 실제의 금보다 더 중요했다. 다음은 갤브레이스의 말이다. "1907년 미국에 공황이 일어났을 때 존 P. 모건은 뉴욕시에 있는 개신교 목사들을 불러 모았다. 그리고는 다음 일요일 예배 때 모인 사람들에게 은행에 맡긴 돈을 찾지 말 것을 설득해 달라고 요청했다. 그것은 신앙을 확인하는 시기였으며, 그 신앙 속에는 은행제도에 대한 것도 포함되어 있었다."[11] 화폐에 대한 믿음만 확고하다면 그것을 떠받치는 실제 금이 어느 정도인가는 부차적이었다.

그래서 밀튼 프리드먼은 화폐에 대해 재미있는 정의를 내렸다. 화폐제도란 우리가 믿는 만큼 그 진실성이 커지는 허구라고. "모든 화폐제도는 어떤 점에서 본다면 하나의 허구에 불과한 것을 서로 받아들이기 때문에 존재한다." 물론 "그것을 지키는 것의 가치가 매우 크므로 그 허구가 쉽게 깨지지는 않는다".[12]

화폐는 일종의 허구이다. 그러나 이것으로서 화폐 존재에 대한 우리의 궁금증이 해소되는 것은 아니다. 궁금증은 오히려 더 커진다.

왜 우리는 그런 허구적 존재에 의존하지 않으면 안 되게 되었는가. 왜 우리는 삶의 조건으로서 그런 허구를 필요로 하게 되었는가. 무엇보다도 왜 우리는 그런 허구적 존재에 지배받고 있는가.

2. 눈에 보이는 화폐, 눈에 보이지 않는 화폐

사실 화폐로 사용되는 사물을 뜯어보는 것은 화폐를 이해하기 위한 좋은 방법이 아니다. 제아무리 금은이라 하더라도 거기에는 단 한 분자의 가치 물질도 들어 있지 않기 때문이다. 맑스는, 다른 모든 상품들과 교환될 수 있는 금에 깜짝 놀라 그것이 화폐로 사용되는 이유를 해명하려 했던 부르주아 경제학자들을 비웃었다.* "아직까지 진주나 다이아몬드 속에서 가치를 발견한 화학자는 단 한 사람도 없다."[13]

화폐에 눈을 빼앗기면 화폐를 볼 수가 없다. 맑스는 왕이 왕인 이유를 왕에서 찾으려 하지 말고, 그가 신하의 눈에 왕으로 보인다는 사실에서 찾으라고 말한 적이 있다. "개인 A가 개인 B에게 왕으로 숭배를 받으려면, B의 눈에 왕이 A의 육신을 가지고 있어야 한다."[14] 중요한 것은 어떻게 '보이느냐'에 있지, 실제 모습이 어떠냐에 있지 않기 때문이다. 맑스는 상품 형태의 신비성에도 이런 착시 문제가 핵심임을 지적했다. "마치 물건이 시신경에 주는 인상이 시신경 자체의 주관적 흥분으로서가 아니라 눈 밖에 존재하는 물건의 객관적 형태로 파

---

* "정치경제학자들은 금과 은의 신비한 특성을 설명하기 위해 그것들을 그보다 덜 반짝이는 상품들과 바꿔치기도 해보고, 일찍이 상품의 등가물 역할을 한 적이 있는 모든 열등한 상품들의 목록을 나열해 보기도 했다"(맑스, 『자본론』 I(상), p.73).

이것은 화폐가 아니다?

화폐에 대한 가장 큰 오해는 화폐를 사물로 이해하는 것이다. 그러나 세종대왕의 얼굴이 그려져 있는 저 종잇조각은 왜 자신이 화폐인지를 말해 줄 수 없다. 화폐성은 어떤 사물로부터 나오는 게 아니기 때문이다. 어쩌면 저 종잇조각이야말로 화폐 행세를 하면서 진짜 화폐적인 것을 가리고 있는지 모른다.

악되는 것과 마찬가지다."[15] 어떤 사물이 어떻게 보이는가는 그것을 바라보는 인간들과 밀접히 관련되어 있으나, 우리는 그것을 물건들의 속성 탓으로 쉽게 돌린다.

그 많은 사물들 중에서 왜 하필 금이 화폐로 사용되었을까. 이에 대한 맑스의 답변은 아주 흥미롭다. '가치 형태'의 전개과정을 설명하면서 그는 '아마포'를 일반적 등가물로 제시한 뒤, '화폐 형태'란 그 '아마포'의 역할을 '금'이 수행한 것뿐이라고 말한다. 다른 어떤 사물일 수도 있다는 의미에서 '금'이라는 것이다. "일반적 등가 형태가 **사회적 관습**에 의해 최종적으로 상품 금이라는 현물 형태와 일체화되었을 뿐이다."[16] 따라서 사물에서 별도의 이유를 찾아내려는 시도는 헛되고도 헛되다. 왜 금이 화폐로 사용되었느냐고 묻는다면, 왜 어떤 것이 희생양으로 선택되었느냐는 물음에 르네 지라르가 답변하였던 것처럼, 우리는 이렇게 말할 수밖에 없다. "여기서는 자의적인 것이야말로 근본적인 것이다."[17]

화폐에 대한 가장 큰 오해 중 하나는 화폐를 사물(thing)로 이해하는 것이다.* 피에르 프루동의 화폐소멸론에 대해 맑스가 보인 냉소도 그와 관련이 있다.[18] 화폐가 없는 상품교환 체제가 가능할까. 맑스가 보기에 그것은 가톨릭을 그대로 둔 채 교황을 없애려는 시도이고, 당나귀는 때리지 않고 자루만 때리는 것과 같다. 화폐를 노동시간 전표로 바꾼다 하더라도, 심지어 어떤 기호로 바꾼다 하더라도, "교환가치가 생산물의 기본 형태로 남아 있는 한 화폐를 폐지하는 것은 불가능하다".** 문제는 가톨릭이지 교황이 아니기 때문이다. 어떤 평범한 인간도 교황으로 등극하는 순간 충분히 성스럽게 보일 것이다. 중요한 것은 화폐로 사용되는 사물이 아니라, 어떤 사물을 그렇게 만들어 내는 사회적 배치다.

맑스도, 맑스가 비판했던 부르주아 이론가들도 모두 화폐에 놀랐

---

* 최근에는 화폐 소재의 탈물질화가 아주 많이 진행되어, 꽤 많은 사람들이 화폐를 사물로 보는 것이 무익하다고 말하고 있다. 가령 조엘 커츠만은 오늘날 화폐는 시스템이나 네트워크에 가깝다고 한다. "이제 그것은 더 이상 해변가에 묻어두거나 소파의 쿠션 뒤에서 찾을 수 있는 사물이나 물건이 아니다. 그것은 이제 하나의 시스템이다. 그것은 온갖 종류의 수십 수백만 대의 컴퓨터들이 연결되어 있는 하나의 네트워크다"(Kurtzman, *The Death of Money*, p. 11).

** 맑스는 상품 교환 속에 이미 화폐가 내재하고 있다는 것을 지적하고 있다. 화폐가 사물이기 이전에 하나의 관계임을 이해했기 때문이다. 만약 노동시간을 표시한 금화나 노동시간 전표로 화폐를 대체한다고 해도 그것은 화폐를 없앤 것이 아니라 그 겉모습만 바꾼 것에 불과하다. 왜냐하면 전표에 기록된 과거의 노동시간은 현재의 필요노동시간에 따라 그 가치가 현저하게 달라질 것이기 때문이다. 오히려 어떤 화폐보다 더 혼란스런 변동에 내맡겨질 것이다. 프루동은 교환가치가 생산물의 사회적 형태로 남아 있는 한 화폐 자체를 폐지하는 것이 불가능하다는 사실을 이해하지 못했다.

다. 차이가 있다면 부르주아 이론가들은 '사물'에 놀랐고, 맑스는 '관계'에 놀랐다는 것이다. 맑스의 이런 시각은 '화폐'라는 말로 우리가 지시하는 바가 무엇인지 다시 생각해 보게 한다. 그는 화폐가 특정한 상품처럼 보이는 이유를, 화폐의 완성된 모습에서 화폐를 분석하려는 태도에서 찾았다. 그러나 화폐는 특정한 상품이 아니라 "상품들 사이의 **관계**가 특정한 상품에 반영된 것에 불과하다".[19] 우리는 화폐의 존재를 그런 '관계'의 존재로 이해해야 하며, 화폐 발생의 기원을 그런 '관계'의 발생에서 찾아야 한다.*

맑스는 화폐 발생의 비밀을 '휘황찬란하게 빛나는 화폐 형태'가 아니라 오히려 평범한 어떤 관행에서 발견하고자 했다. 그에게는 평범한 것을 기괴하게 보는 눈이 있었다.** 서로 다른 두 상품이 교환되는 자본주의적 일상, 그는 거기에 놀랐다. 어떻게 서로 다른 것들이 등가교환될 수 있는가. 우리는 도대체 어떤 훈련을 받았기에 다른 것들 속에서도 같은 것을 보는가.

이런 질문에 답하기 위해서 우리는 꽤 많은 것들을 미리 알고 있

---

* 짐멜 역시 화폐를 하나의 관계로서 이해했다. 그는 화폐를 교환관계 자체가 하나의 사물로 독립한 것이라고 말했다. 한편 다음의 언급들은 화폐 발생의 기원을 그런 '관계'의 발생에서 찾고 있음을 보여준다. "하나의 상품에 내재하는 가치가 있을까 하는 생각을 물리칠 때 비로소 '가치 형태'가 보이기 시작한다"(고진, 『마르크스 그 가능성의 중심』, p. 35), "관계적인 것을 실체로 착각하지 말라. 이것이 맑스의 물신 비판의 핵심이다"(김상환, 「화폐, 언어, 무의식」, p. 40).
** 가라타니 고진은 맑스의 위대함이 바로 이와 같은 맑스의 보는 '눈'에 있다고 말한 바 있다. "『자본』이라는 작품이 탁월한 이유는 자본주의적 생산의 비밀을 폭로한 데 있는 것이 아니라, 이렇게 흔하디 흔한 상품의 '아주 기괴한' 성질에 맑스가 놀랐다는 사실에 있다. …… 기성 경제학 체계는 평범한 상품을 기괴한 것으로 보는 눈에 의해 무너진 것이다"(고진, 앞의 책, p. 23).

지 않으면 안 된다. 화폐를 '사물'이 아닌 '관계'라 했을 때, 그 '관계'의 범위는 전통적인 경제학의 범위를 훨씬 넘어선다. 맑스 자신도 그 것을 잘 이해하고 있었다. 그에 따르면 화폐의 출현은 특정한 인간관계의 출현이기도 하다.[20] 그는 화폐가 그 자체로 하나의 공동체, 즉 '과거의 공동체를 해체한 새로운 공동체'라고 했다.[21] 화폐는 '관계'이지만 그때의 관계는 상품관계이면서 동시에 '인간관계'이기도 한 것이다. 게다가 우리는 화폐의 단위를 정하고 화폐의 권리를 법적으로 보장하며, 화폐조세를 통해 화폐의 유통을 실질적인 것으로 만들고, 화폐질서의 관리자 역할을 수행하는 주권의 존재를 생각해야 한다. 가치의 등가교환 체제를 떠받치고 있는 그 부등(不等)하고 초월적인 '권력관계'를 놓치지 말아야 한다. 화폐는 또한 개념이기도 하다. 과학적 담론의 장에서 화폐는 다른 개념들과 관계함으로써 그 의미와 역할을 규정받는다.

따라서 화폐의 역사를 이해하려면 아주 넓은 시야를 가져야 한다. 화폐는 우리가 알고 있는 것보다 훨씬 넓고 깊은 존재다. 마술사에게 속는 이유는 우리가 엉뚱한 곳을 보기 때문이다. 우리가 보지 못하는 곳에 비밀이 있다. 화폐 역시 그렇다. 화폐로 사용되는 사물은 마술사의 소도구처럼 정작 화폐적인 것을 보지 못하게 한다. "디즈니랜드는 실제의 미국 전체가 디즈니랜드라는 사실을 감추기 위해 거기 있다"는 장 보드리야르의 말처럼,[22] 화폐 역시 그것이 의미하는 온갖 관계들을 감추기 위해 거기 그런 모습으로 존재하는 것처럼 보인다. 눈을 빼앗기지 않아야 한다. 화폐를 알고 싶다면 화폐를 가능케 하는 사회적 배치 전체를 볼 수 있어야 한다.

3. 화폐에 대한 이론적 빈곤

경제학의 공상

근대 화폐의 출현에 대한 기존의 설명들은 이런 점에서 아주 실망스럽다. 우리는 대체로 경제학에 기대어 화폐를 이해하지만, 경제학자들의 주류는 정작 이 문제를 진지하게 다루지 않는다. 화폐 자체의 이론적 중요성을 아예 인정하지 않고 있다. 그들에게 화폐가 중요하다면 오직 화폐로 구매할 물건들을 고려하는 한에서다. 그들은 종종 화폐가 실질가치의 흐름을 가리는 베일과 같다고 비난하기도 한다. 화폐가 실질은 아니라는 것이다. 그들의 이상적인 이론 모형에 화폐의 자리가 없는 것은 그 때문이다.*

경제학자들 사이에 널리 퍼져 있는 근대 화폐의 출현에 대한 통념들은 거의 공상에 가깝다. 그들은 인간의 초역사적 본성을 가정하거나 자연의 어떤 필연을 가정한 뒤, 그 가정에서 화폐의 출현을 정당

---

* 통상적으로 화폐는 경제학의 연구 주제로 생각되어 왔지만, 실제로 주류 경제학에서 화폐는 진지한 분석 대상이 되지 못했다. 고전파나 신고전파 등의 주류 경제학에서는 근본적으로 화폐론이라고 부를 만한 게 존재하지 않는다. 이들은 화폐가 그것으로 구매하는 물건에 대해서만 중요성을 갖는다고 말한다. 즉 어떤 불합리성에 빠지지 않는 한 경제행위자들의 목표는 모두 실물에 있다는 것이다. 그래서 이들은 경제위기 시 "화폐를 얻기 위해서 상품을 버리는" 사람들을 환각상태에 있는 사람들로 묘사했다(고진, 『마르크스 그 가능성의 중심』, p. 250). 화폐를 실물 획득을 위한 수단 혹은 실물 교환을 가리는 베일 정도로 간주하므로, 이들의 이론이 상정하는 이상적 균형모델에서는 화폐의 자리가 없다. 사실 이런 특징은 주류 경제학만이 아니라, 전통적 입장의 맑스주의 경제학, 즉 형식(형태)으로서의 화폐보다는 실체로서의 '가치' 분석에 더 매달렸던 이들에게도 확인된다. 미셸 아글리에타와 앙드레 오를레앙은 고전파, 신고전파, 전통적 맑스주의자들 모두 경제적 사물에 공통된 질을 당연하고 명백한 것으로 전제하며, 화폐보다는 이 공통된 실체에 관심을 갖는다는 점에서 '가치실체론자'라고 비판했다(アグリエッタ・オルレアン, 『貨幣の暴力』, p. 8).

화한다. 애덤 스미스가 대표적인 예다.[23] 그는 인간의 '교환 성향'과 '분업 조건'에서 화폐의 기원을 찾았다. 그에 따르면 인간은 생활에 필요한 재화를 타인에게 의존해 얻을 수밖에 없는 분업 사회에 살고 있다. 개인은 자기 생산물 중 일부를 타인의 생산물과 교환해야만 살아갈 수 있다. 그런데 물물교환을 하다보면 '욕구의 이중적 우연 일치'(double coincidence of wants)라는 불편이 생긴다. 가령 사과를 가진 개인 A와 염소를 가진 개인 B 사이에 교환이 성립하려면 개인 A는 염소를, 개인 B는 사과를 원해야 한다. 교환은 이렇게 욕구가 이중적으로 우연하게 일치하는 경우에만 일어날 수 있는데, 사실 이런 일은 매우 드물다. 그래서 교환의 불편을 해소하기 위해 "현명한 사람들은 타인이 거절하기 힘든 어떤 하나의 상품을 확보하기 위해 노력하게 되는데," 이 상품이 화폐가 되었다는 것이다.

화폐가 물물교환의 불편을 어떻게 해소했는지를 수학적으로 좀 더 세련되게 설명하는 경제학자들도 있다. 물물교환의 경우 우리는 각각의 물건들마다 상대적 가격표를 가지고 있어야 한다. 만약 'n'개의 물건이 있으면 우리에게는 nC_2 즉, $\frac{n(n-1)}{2}$개의 가격표가 필요하다. 하지만 화폐가 있다면 'n'개의 가격표로 충분하다. 상품 개수가 3개를 넘으면 당연히 화폐를 사용하는 것이 효율적이다.

결국 이런 설명을 요약하면, 화폐란 물물교환의 불편을 덜기 위해 자연히 발생한 것이 된다. 하지만 맑스가 잘 지적했듯이 "자연 자체는 환율이나 은행가를 낳지 않듯이 화폐도 낳지 않는다."[24] 화폐의 발생을 말하기 위해 경제학자들이 상정한 자연스런 가정들은 실제 역사에서는 매우 부자연스럽다. 그것들을 하나씩 따져보자.

첫째, 생존을 고민하고 교환을 행하는 주체를 개인으로 설정할 수 있는가. 과연 삶은 개인의 노력으로 영위되는가. 인류학이나 역사학의 연구자들에 따르면 원시공동체들에서 경제활동의 주체는 개인이 아니라 공동체다. 생존에 필요한 물건이 있다면, 그것은 개인이 아니라 공동체의 집합적인 노력 속에서 이루어진다. "이곳에서는 공동체 전체가 궁핍에 빠지지 않는 한 개인은 결코 굶주릴 위험에 처하지 않는다."[25]

둘째, 원시공동체들은 개인이 자유롭게 돌아다니면서 물건을 교환하도록 방치하지 않는다. 재화의 분배는 개인끼리의 자유로운 교환보다는 공동체 내부의 엄격한 규칙에 따라 행해진다. 이 책의 4장에서 자세히 확인하겠지만, 이들은 자유로운 상거래 행위가 공동체의 질서를 위태롭게 만들 수 있다고 생각해서 배척한다. 당연히 재화 교환수단인 화폐의 사용에 대해서도 이들은 편리함보다는 불안함을 느낀다. 화폐가 없을 때 큰 불편함을 느끼는 곳은 오히려 삶을 온통 시장교환에 의존하고 있는 근대 사회라고 할 수 있다.* 맑스의 말처럼 화폐 발생의 이유처럼 간주되는 '화폐 없는 교환의 불편함'은 사실 근대 자본주의의 전사(前史)가 아니라 그 산물이다.[26]

셋째, 화폐가 '교환수단'으로서 먼저 발생했는지도 확실하지 않다. 막스 베버는 '교환되지 않는 지불수단'으로서의 화폐가 '교환수단'으로서의 화폐보다 선행했다고 지적한 바 있다. "교환이 없는 경제

---

* 맑스는 물물교환의 불편에서 화폐가 생겨났다고 생각하는 사람들에게, "그런 불편함이 일반화된 노동으로서의 사회적 노동이 발전한 데서 기인한다는 사실을 망각하고 있다"고 비판했다(맑스, 『정치경제학비판을 위하여』, p.39).

에서도 화폐는 한 경제에서 다른 경제로, 교환에 기초를 두지 않고 지급될 수 있고 이때 지불수단이 필요할 수 있다. 가령 조공이나 수장에게 보내는 선물, 결혼 시의 납폐, 신부 지참금, 속죄금, 벌금 등은 전형적으로 지불수단으로 납입되는 것이다. …… 카르타고 같은 도시뿐만 아니라 페르시아 제국에서도 화폐 주조는 대체로 군사상의 지불수단의 조달을 위해 행해졌을 뿐, 교환수단의 조달을 위해 나타난 것은 아니었다."[27]

고대 제국들 중에는 화폐를 교환수단이 아닌 계산수단으로만 사용한 경우도 있었다. 그들은 거대한 궁전이나 사원의 창고관리를 위해서 화폐를 이용했다. 그들에게 창고는 시장의 교환과는 다른 재화 분배 방식 ——칼 폴라니가 재분배(redistribution)라고 부른 방식—— 때문에 중요했다.[28] 시장은 없었지만 화폐는 있었다는 것, 이는 화폐가 반드시 교환수단으로서 출현한 것은 아님을 잘 보여준다.**

넷째, 화폐가 수행하는 '경제적 기능'들만으로 화폐의 발생을 이해할 수 있을까. 우선 '기능'으로 '발생'을 설명하는 것은 잘못이다. 가령 잠자리 날개와 새의 날개는 그 기능('날기')에 있어서는 동일하지만 유래는 전혀 다르다. 전자는 표피 세포가 변화한 것이고, 후자는 앞발이 변화한 것이다. 화폐의 발생 역시 마찬가지다. 지금 최폐기 시

** 사실 화폐는 기능별로 그 양태와 역사가 다르다. 그런데 오늘날처럼 그 기능들이 모두 통합된 것은 근대 시장경제가 확고하게 지배력을 행사하면서다. 폴라니는 그 이유를 이렇게 말한다. "시장체제가 도입되면서 새로운 형태의 책무가 경제적 거래의 법적 잔재로서 출현하게 되었고, 지불은 경제적 거래에서 생긴 이익에 대응하는 것이 되었다. …… 그럼으로써 화폐가 교환수단이기에 지불수단이라는 말이 가능해진 것이다"(칼 폴라니, 『사람의 살림살이』, p. 211).

람들의 상품교환을 편리하게 해주는 수단이라고 해서, 화폐가 그것 때문에 생겨났다고 볼 수는 없다. 오히려 근대 화폐의 발생과정을 살펴보면, 우발적인 온갖 사건들과 특수한 여러 욕망들이 서로 맞물려 있고, 매우 복합적인 상호작용이 있었다는 것을 확인할 수 있다.*

다음으로 화폐의 발생을 경제적 현상에 국한해서 논의할 수 없다는 것도 분명하다. 마르셀 모스는 원시 사회의 경제적 급부체계를 '총체적인 사회 현상'(phénomène social total)이라고 불렀는데, 그것은 경제적 급부체계에 "종교제도, 법제도, 도덕제도, 경제제도 등이 한꺼번에 나타나기 때문"이다.[29] 비록 그 구체적 양상은 다르지만 우리는 근대 화폐에 대해서도 마찬가지 말을 할 수 있다. 그것은 경제적 현상임과 동시에 정치적·사회적·문화적 현상이다.** 이 책에서 자세히 살펴볼 근대 화폐의 형성과정에서 이 점은 더욱 잘 드러날 것이다. 그것은 근대 주권이 형성되는 과정이자, 근대 시장이 형성되는 과정이며,

---

* 근대 화폐가 수행하고 있는 기능들은 원인이라기보다는 결과에 가깝다. 니체는 형벌의 기원과 목적을 혼동하는 역사학자들을 다음과 같이 비판했는데, 이는 화폐의 현재적 효용을 기원으로 되돌리는 학자들에 대한 비판으로도 사용될 수 있다. "그들은 어떤 '목적'을 찾아내고, 그 다음에는 순진하게 이런 목적을 형벌을 유발하는 요인으로 여겨 그 시초에 붙이고는 끝내는 것이다"(니체, 『도덕의 계보』, p.421). 이 책의 본문에서도 확인되겠지만, 근대 화폐의 역사적인 발생과정은 아주 복잡하다. 심지어 여기에는 근대적인 어떤 지향을 가진 실천들만이 아니라 전근대적 지향을 가진 실천들까지 결합하고 있다. 가령 중세 가톨릭 질서를 옹호하고 제국의 부활을 꿈꾸었던 스페인의 전쟁은 서유럽에서 근대적인 화폐제도가 발생하는 데 매우 중요한 계기가 되었다. 그리고 '재편성되고 재충전된 봉건적 지배기구'라고 볼 수도 있었던 절대주의 국가(앤더슨, 『절대주의 국가의 역사』, p.15)가 탐욕 때문이든 어떤 우연 때문이든 근대 화폐체제의 하부구조를 구축하는 데 결정적 기여를 한 것도 사실이다.

** 이런 맥락에서 하이너 간스만은 "학제의 벽을 얼마나 넘었느냐가 화폐에 대한 접근에 있어서 하나의 시금석이 될 것"이라고 말한다(Ganßmann, "Money : A Symbolically Generalized Medium of Communication? On the Concept of Money in Recent Sociology", p.287).

근대 사회가 형성되는 과정이고, 부에 관한 과학적 담론이 형성되는 과정이다.

결론적으로 말하자면 화폐 발생에 대한 주류 경제학자들의 이해 방식에는 중요한 두 가지가 결여되어 있다. 그것은 역사적 감각과 넓은 시야이다. 그들이 역사라고 말하는 것은 실제 역사라기보다는 현재의 논리를 과거로 투사한 것에 지나지 않는다. 그들은 한 발자국도 현재 바깥으로 나아가지 않는다. 또한 그들은 화폐가 경제적인 것 못지않게 정치적이며, 사회적이고, 문화적인 것이라는 사실을 생각하지 않는다. 즉 한 발자국도 경제학 바깥으로 나아가지 않는다. 화폐에 관해서만 보자면 경제학자들은 지나치게 고집스럽거나 나태하다.

사회학의 회피

짐멜은 화폐가 비경제적인 사실로서도 다루어져야 한다는 점을 강조하며 이렇게 말했다. "수도원의 출현이 종교적 현상일 뿐 아니라 심리학, 일반역사, 그리고 사회학 범주들에 의해서도 연구될 수 있는 현상이듯이" 화폐 역시 "단순한 국민경제학적 사실인 것은 아니다".[30] 화폐의 "전제 조건들을 비경제학적 개념들과 사실들에 의해 검증하고, 그 사실이 비경제학적 가치와 관계에 대해 미치는 영향력을 검토"하는 것은 정말로 필요한 일이다.

화폐는 짐멜만이 아니라 맑스, 베버 등 여러 고전 사회학자들에게 아주 중요한 연구주제였다. 리처드 스웨드버그 등은 맑스의 『자본』, 짐멜의 『돈의 철학』, 베버의 『경제와 사회』, 에밀 뒤르켐의 『사회분업론』 등을 "경제에 대한 최초의 사회학적 분석이자 최고의 사회학적 분석"이라고 표현했는데,[31] 화폐와 관련해서도 그들은 정말이지 '최초'였으면서 '최고'였다. 현대 사회학자들에게는 대단한 불명예가 되겠지만, 화폐와 관련해서 고전 사회학자들의 업적에 필적하는 현대 적 업적을 찾는 것은 거의 불가능하다.* 니겔 도드의 냉정한 평가에 따르면, "기존 사회학의 연구에서 화폐에 대한 본격적 분석이라 부를 만한 것은 하나도 찾아볼 수 없다. 화폐 자체를 분석 대상으로 삼은 이론가들은 없으며, 고작해야 자기 저작의 다른 측면들을 예시하고 확장하는 수단으로 화폐를 다루고 있을 뿐이다".[32]

화폐처럼 사회적으로 중요한 주제에 대해 사회학자들이 무관심 하다는 것은 놀라운 일이 아닐 수 없다. 그들은 왜 화폐에 대해 연구 의 열의를 느끼지 못하는 것일까. 도드는 그것이 "중대한 사회제도로 서 화폐가 갖는 중요성을 인식하지 못하기 때문"이라고 답했다.[33] 아 무래도 도드의 답변에서 방점은 앞쪽에 찍혀야 할 것 같다. 사회학자 들이라고 해서 화폐의 중요성을 모르지는 않을 것이다. 문제는 화폐 가 '중대한 사회제도'라는 것, 즉 자신들이 연구할 수 있고 연구해야 하는 영역이라는 사실을 깨닫지 못한 데 있다.

---

* 맑스는 화폐와 근대 소외의 문제를 다루었고, 화폐를 통한 사회적 관계의 객관화에 대해서 도 중요한 시각을 제공했다. 또한 화폐가 공동체를 대체한 새로운 공동체라는 점을 이해했 고 상품, 자본, 인간관계로서 화폐의 의미를 잘 드러냈다. 또한 자본주의 발전과 관련해서 신용화폐가 갖게 될 중요성도 잘 부각시켰다. 짐멜은 화폐에 대한 철학적 이해는 물론이 고, 화폐와 근대적 생활양식 사이의 관련을 아주 포괄적으로 다루었다. 그는 도구적이고 익명적인 상호작용의 증대, 개인적 자유의 확산, 객관적 문화의 확산, 합리적 지식의 발전, 순간적 사랑의 확산, 삶의 유동성 증가 등을 화폐경제의 발전과 관련지어 설명했다. 그리 고 '존재의 상대주의'라는 근대 문화에 대한 총체적 결론을 화폐 분석을 통해 이끌어냈다. 베버는 근대 서구에서 진행된 합리화의 조건이자 결과라는 관점에서 화폐를 다루었고, 국 가와 시장을 중심으로 화폐의 타당성 문제를 체계적으로 제기했다.

제프리 잉햄은 화폐사회학의 과소발전 이유로서 19세기 말에 나타난 '방법론 논쟁'을 들고 있다.[34] 방법론 논쟁에서 경제학은 자연과학처럼 보편 법칙을 통한 인과적 설명을 중시하는 입장으로 나아간 반면, 사회학은 해석적이고 경험적 과정을 중시하는 문화과학의 입장을 취했다. 이 과정에서 경제학과 사회학 사이에는 하나의 심연이 생겼으며, 나중에는 연구 방법론만이 아니라 주제에 대해서도 관심을 달리하게 되었다. 그런데 화폐는 경제학의 주제로 받아들여졌기에 사회학자들은 더 이상 관심을 두지 않았고 그 발언권을 경제학자들에게 넘겼다는 것이다. 그 이후 경제 현상에 대한 사회학적 분석이라고 하는 것들은 대체로 "경제학이 골라내고 남은" 잔여범주들에 대한 것이었다.[35] 어찌 보면 사회학자들은 "스스로를 사회생활의 크고 중요한 측면들로부터 단절시키는"[36] 일종의 '바보짓'을 한 셈이다.

세계대전 이후 현대 사회학자들이 화폐에 대해 말한 내용을 살펴보면, '사회학은 경제학과 다르기 때문에 같다'는 기묘한 역설을 확인할 수 있다. 방법론 논쟁 이후 두 학문 사이에는 하나의 심연이 생겼지만 그것은 또한 서로에게 완전히 의존하는 지적인 분업체제를 산출했다. 분업이란 서로 다르기 때문에 성립하고, 바로 그렇기 때문에 서로에게 의존하는 체제이다. 나는 내가 생산하지 못하는 것을 전적으로 타자에게서 얻는데. 사회학자들은 화폐에 대한 견해를 자신들과 갈라선 경제학자들로부터 얻었다. '내가 먹는 빵과 그가 먹는 빵은 같은 빵이다. 왜냐하면 우리는 서로 다른 일을 하기 때문이다.'

많은 사회학자들은 화폐를 일종의 '교환 매체'로 본다는 점에서 경제학자들과 크게 다르지 않다. 경제학자들이 상품의 교환수단, 가치의 교환수단이라고 부르는 것을 단지 소통의 상징적 교환수단이라고 부르는 정도이다. 학자들에 따라서는 화폐를 전체 사회체계 속에서 이해하며 화폐의 기능과 의미를 경제 외적인 것까지 확장하고, 화폐가 소통에 끼치는 영향을 면밀히 따져보기도 하지만, 어떻든 화폐를 소통의 매체, 교환의 수단이라고 보는 점에서는 차이가 없다.*

최근에 들어서야 '화폐사회학'을 주창하는 일부 학자들 사이에서 화폐에 대한 경제학적 이해의 무분별한 수용에 반대하는 움직임이 나타나고 있다. 가령 웨인 E. 베이커는 화폐 거래가 의존하는 사회구조를 통해서 화폐를 이해해야 한다는 입장을 취한다. 그는 화폐에 대한 정의가 "[권력을 쥔] 경제 핵심부에 있는 세력들의 집합적 행위를 통해 이루어진다"고 주장한다.[37] 그의 조사에 따르면 경제핵심부에 있는 세력들의 자산일수록 화폐성(moneyness)이 강하다. 사회경제적 권력을 가진 자들이 화폐의 소재나 용법을 정의하면, 나머지 사람

---

* "사회학자들에게도 화폐는 중립적 매체였다. 탈코트 파슨스의 경우 경제학자들이 가치의 교환수단이라고 말한 것을 사회적 소통의 상징적 교환수단이라고 말한 것뿐이다. 위르겐 하버마스도 크게 다르지는 않다"(Ingham, "On the Underdevelopment of the 'Sociology of Money'", 1998). 파슨스는 화폐를 하위체계들을 소통케 하는 언어의 일종('특수언어')으로 본 반면, 하버마스는 화폐를 언어와 전혀 다른 행위 모델에 입각한 체계의 요소로 간주해 '언어의 대체물'로 보았다. 하지만 이들은 모두 화폐를 교환의 매체로 보았다는 점에서 일치했다. 간스만에 따르면 "이들의 모델은 모두 화폐 거래의 소통적 측면만을 묘사하는 모델이다. 그러나 화폐는 그 이상이다"(Ganßmann, "Money: A Symbolically Generalized Medium of Communication? On the Concept of Money in Recent Sociology", p. 297). 화폐의 소통적 측면, 언어적 측면만을 다루는 이론가들은 흔히 화폐 자체에 대한 축적 욕망을 주목하지 않으며, 화폐가 다른 재화에 대해 갖는 어떤 특권을 이해하지 못한다. 화폐와 언어 사이에는 이런 축적과 비대칭성으로 인해 어떤 근본적 차이가 존재한다. 언어와 화폐 모두 사회적이지만, 화폐는 언어와 달리 사적인 축적이 가능하다. 그리고 이런 소유관계가 사회적 부에 대한 접근 가능성을 구조적으로 틀 짓는다. "화폐를 소유하지 못한 사람은 노동해야 한다"(Ganßmann, ibid., p. 300). 그러나 언어 모델로는 이것을 표현할 수 없다.

들은 대체로 그 정의에 따라 움직인다.** 따라서 화폐를 정의함에 있어 사회의 권력구조를 먼저 이해하지 않으면 안 된다. 화폐란 무엇인가. 그는 이렇게 말한다. "그것은 권력이다."

비비애너 A. 젤리저는 화폐가 사용되는 방식과 맥락에 따라 전혀 다른 의미를 갖게 된다는 점을 강조했다.[38] 베이커의 연구가 구조적이고 거시적이라면 젤리저의 연구는 미시적이고 문화적이다. 그녀에 따르면 화폐는 결코 문화적으로 중립된 것도 아니고 사회적으로 익명적인 것도 아니다. "똑같은 천 달러라 해도 복권당첨을 통해 번 돈과 임금으로 받은 돈, 유산으로 물려받은 돈, 은행에서 훔친 돈, 친구로부터 빌린 돈 중 어떤 것이냐"에 따라 의미가 다르고 쓰임새가 다르다. 그녀에 따르면 화폐가 사람들의 삶을 변화시키는 것 못지않게, 사람들은 화폐의 의미를 변화시킨다.

이들 이외에도 화폐를 "표준화된 계산체계, 시간 정보, 공간 특성에 대한 정보, 법률 정보, 타인의 생각과 행동에 대한 지식 등으로 이루어진 네트워크"로 파악하고, 화폐의 기반이 되는 신뢰를 이 네트워크 전체에 대한 신뢰로 파악한 도드라든가, 이른바 국민통화(national currency)의 탄생을 국민국가의 탄생이나 국민 정체성의 형성과 긴밀히 연관해서 파악한 에릭 헬레이너 등도 주목할 만한 연구업적을 내놓았다.[39]

** 베이커의 연구결과는 통화주의자들의 화폐수량설에 대한 강력한 비판이 될 수 있다. 통화에 대한 규정 자체가 사회구조적 요인에 의해서 영향을 받고 있음을 보여 주기 때문이다. 통화의 구성에 경제핵심부의 사적 행위자들이 개입하는 상황에서, 중앙은행이 통화량을 중립적으로, 그리고 완벽하게 통제할 수 있다는 발상은 아주 순진한 주장이거나 아니면 아주 불순한 주장이다.

그러나 사회학에서 화폐에 대한 연구는 여전히 초보를 면치 못하고 있다. 화폐 개념을 비유적으로 확장하거나, "화폐의 사회적 효과나 의미만을 분석하는 수준"[40]에서 그다지 멀리가지 못했다. 특히 화폐 발생에 대해서는 거의 연구를 수행하지 못했다. 잉햄에 따르면 화폐의 발생을 제대로 이해하지 못한 것은 자본주의 역사를 제대로 이해하지 못한 것과 같다.* 그러나 아직 사회학자들은 경제학자들에 의존하지 않을 정도로 대담하지는 못하다. 사회학자들은 지적인 분업체제 안에서 안주하고 있다. 또는 화폐에 무심하거나 소심하다.

4. 근대적 화폐구성체라는 시각

구성체로서의 화폐

화폐를 도대체 어떻게 다룰 것인가. 앞서 우리는 화폐에 대한 기존 통념들에 대해 최소한 두 가지 문제점을 지적했다. 하나는 화폐를 사물처럼 이해하는 것이고, 다른 하나는 화폐를 몰역사적으로 대하는 것이다. 그래서 이 책에서는 다음과 같은 두 가지 원칙을 정했다.

첫째, 화폐는 사물이 아니라 사회적 배치로서 이해되어야 한다. 어떤 사물의 화폐성은 그 사물에 내재한 성격이 아니라 특정한 사회적 배치 속에서 그것에 부여된 성격이기 때문이다. 스피노자는 『지성

---

* 잉햄은 화폐의 발생에 대한 불충분한 연구가 화폐에 대한 이해만이 아니라 자본주의 기원에 대한 역사사회학의 접근에도 문제를 일으키고 있다고 지적한다. 화폐경제를 물물교환의 진화된 형태로 간주하거나 화폐를 교환의 매개로 인식해서는 실제 자본주의의 역사를 기술할 수 없다는 것이다.

개선론』에서 "어떤 것을 안다는 것은 그것이 어떻게 산출되는지를 안다는 것"이라고 했다. 화폐가 무엇인지에 대한 답은 화폐로 사용된 사물이 아니라, 그것을 화폐로 만들어준 요소들의 작용에서 찾아야 한다. 그것은 마르틴 하이데거의 표현을 빌리자면, 화폐의 실존에 '책임을 함께 지고 있는'(mit schuld) 요소들의 결합을 찾는 것이다.[41] "'제기'(祭器)는 어떻게 실존하게 되었는가." 하이데거에 따르면 고대 그리스인들은 '제기'의 출현에 '책임을 함께 지고 있는' 요소들을 드러냄으로써 그 물음에 답하고자 했다. '제기'의 모양인 형상, 재료인 질료, 용도를 규정하는 목적, 그리고 이것들을 한데 모은 인간의 활동(운동). 형상인, 질료인, 목적인, 운동인으로 불리는 이 네 요인들(4원인설**)이 함께 참여함으로써만, 그리고 함께 참여하는 동안에만 어떤 사물은 비로소 '제기'가 된다. 그는 이것을 일컬어 '책임짐의 공속적 방식'(zusammengehörigen Weisen des Verschuldens)이라고 했다. 근대 화폐의 출현에 대해서도 비슷한 접근이 가능하다. 즉 근대 화폐의 출현에 대해 책임을 나누어 맡고 있는 요소들은 무엇이고, 그것들은 어떻게 결합하게 되었는가. 우리는 이 물음에 답하는 것이야말로 근대 화폐의 출현을 해명하는 일이라고 생각한다.

둘째, 화폐는 역사적 생성물로서 이해되어야 한다. 화폐의 실존에 참여하고 있는 요소들은 결코 선험적으로 주어져 있는 것이 아니

** 하이데거에 따르면 이런 '원인' 개념은 근대 과학에서 이해하고 있는 원인 개념과는 아주 다르다. 근대 과학에서 '원인'이란 '결과보다 시간적으로 선행해서 그 작용을 미치는 것'이지만, '4원인설'의 원인들은 어떤 것을 있게 하는 '근거' 내지 '기반'이다. 즉 그 원인들은 시간적으로 선행하지 않고 그 대상이 존속하는 동안 함께 한다.

다. "자연은 화폐를 낳지 않는다"는 맑스의 말처럼, 화폐를 초역사적인 인간 본성이나 자연 조건으로부터 도출해서는 안 된다. 화폐는 사회적 배치로서 파악되어야 하지만 그 배치 자체가 역사적 형성물임을 잊어서는 안 된다.

정리하자면 화폐는 사회적 배치이자 역사적 생성물로 다루어져야 한다. 이 두 가지를 하나의 개념으로 종합할 수는 없을까. 우리는 '구성체'(formation) 개념이 이 목적에 가장 잘 부합한다고 생각한다. '구성체'란 어떤 것의 실존을 다양한 요소들의 배치로 설명하면서, 그 배치를 '이행'과 '생성'이라는 시간성 속에서 고려하기 때문이다. 가장 전형적인 예가 맑스의 '사회구성체론'(Gesellschaftsformation)이다. 많은 맑스주의자들이 이 개념을 '생산양식'이나 '경제적 토대' 개념과 혼동하지만, 사실 이 개념의 의의는 토대로 환원되지 않는 요소들을 중층적으로 고려하는 데 있다. 레닌의 말처럼 "중요한 점은 맑스가 자신의 연구작업을 일반적 의미의 '경제이론'에 한정시키지 않았으며 …… 자본주의적 사회구성체의 전체를 생생한 구성체로서, 즉 일상생활의 모든 측면, 다시 말해서 생산관계에 고유한 계급적대, 계급지배를 보호하는 정치적 상부구조, 자유와 평등에 대한 관념, 부르주아적 가족관계 등을 포함한 구성체로서 보여준 것이다".[42]

'자본주의에 선행하는 역사적 형태들'에 대한 맑스의 분석을 보면, '사회적 배치'로서 구성체 개념이 갖는 의미를 잘 이해할 수 있다. 그는 생산수단(P), 공동체(G), 개별자들(I)이 배열되는 방식(구성)을 비교하고, 그것에 따라 사회가 얼마나 다른 성격을 갖는지 해명했다. 그가 '고대적'이라고 부른 로마 사회의 경우, 생산수단(P)의 사적 소유는 공동체(G)의 구성원으로서 자신(I)을 재생산하기 위한 생활수단을 확보케 해준다. 도시공동체의 목적은 그 구성원들을 소유자로서 재생산하는 것이다. 그러나 '봉건적'인 게르만 사회의 경우엔 생산수단(P)을 사적으로 소유한 개인들(I)이 상호관계를 통해 비로소 공동체(G)를 구성한다. 이미 생산수단을 소유한 자들이 특수공동체를 이루는 것이다. 그러다가 자본주의에 들어오면 노동자(I)는 생산수단(P)에서 완전히 분리되고 신분적 예속(전통적 공동체)에서도 완전히 분리된다. 과거의 공동체는 해체되고 '개인'은 진정한 주체가 된다. 이제 개인과 개인의 연결은 공동체가 아니라 화폐(G)를 통해서 이루어진다. 자본주의 사회는 공동체의 성원으로서 자신을 생산하는 것을 목적으로 삼지 않는다. 단지 화폐의 생산이 목적이며 화폐를 통해서만 사회적 관계맺음이 이루어진다.*

흥미로운 점은 맑스가 처음에 '형태'(Form) 개념을 썼지만 나중에는 '구성체' 개념을 썼다는 사실이다.** 여기에는 우리가 제시한 두 번째 원칙, 즉 '역사적 생성'의 문제가 들어 있다. 맑스가 '사회 형태'

---

* 아래 그림은 페렌츠 퇴케이가 맑스의 사회구성체론을 간단한 도식으로 정리한 것이다(퇴케이, 『사회구성체론』, p. 157).

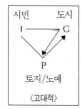
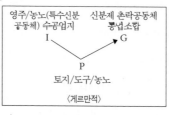

** 맑스가 '사회구성체'라는 개념을 사용한 것은 『정치경제학비판을 위하여』(1859), 『자본』(1867, 서문), 「자수리치에게 보낸 편지」(1881) 등에서다.

라는 개념에서 '사회구성체'라는 개념으로 나아간 과정을 추적한 에밀리오 세레니에 따르면, 변화의 가장 큰 이유는 맑스가 "정적인 시각이 아닌 동적인 시각에서" 역사를 이해하고 싶어했기 때문이다.[43] '구성체'라는 단어 속에는 형성의 '과정'과 '결과'라는 의미가 함께 들어 있다. 그래서 구성체론은 시대에 따라 서로 다른 유형들을 제시함과 동시에 그 유형들이 항상 이행의 과정에 있음을 보여준다.

여기서 이행의 필연적 경로라는 것은 있을 수 없다. 어떻게 유형화되느냐에 따라 전혀 다른 경로가 선택되기 때문이다. 낡은 구성체는 결코 새로운 구성체의 형성을 위해 예정되었던 것이 아니다. 오히려 새로운 구성체야말로 낡은 구성체의 해체를 통해서만 파악될 수 있다. 질 들뢰즈와 펠릭스 가타리는 "자본주의가 봉건제를 해체한 것이 아니라 봉건제의 해체가 자본주의 탄생을 가능케 했다"고 했다. 이 순서를 혼동하면 목적론에 빠진다. 맑스는 1881년 베라 자수리치에게 보낸 편지에서, "역사적 구성체에는 제1의, 제2의 등으로 부를 수 있는 [여러] 계열들이 존재"한다며, "코뮌에 내재하는 이중성에 의해 사유요소가 집단요소를 극복하느냐, 집단요소가 사유요소를 극복하느냐에 따라 [그 역사적 경로가] 달라진다"고 했다.[44]

근대 화폐의 출현에 대해서도 우리는 '구성체론'이 필요하다고 생각한다. 이행의 필연성, 발생의 필연성을 제거하고 그것을 다양한 요소들과 우발적 사건들의 결합 속에서 이해하는 것. 마치 베버가 "서유럽에서 자본주의란 다양한 요인들이 특정 시간대에 맞물려 결합한 결과"라며, 그것을 새로운 '성좌'의 출현, 혹은 '조건들의 조합'이라고 불렀듯이,[45] 우리는 근대적 화폐의 출현을 다양한 요소들이 특정한 시간 속에서 서로 맞물려 발생한 '근대적 화폐구성체'라는 시각에서 이해할 필요가 있다.

서유럽의 근대적 화폐구성체

근대적 화폐구성체의 요소들은 무엇이고, 그것들은 어떻게 결합하게 되었는가. 우리는 최소한 근대 화폐를 산출한 네 개의 영역을 지목할 수가 있다. 그것은 근대의 시장, 국가, 사회, 그리고 과학이다. 이 네 영역은 각각 화폐의 경제적 차원, 정치적 차원, 인간관계적 차원, 인식적 차원을 구성한다. 그리고 화폐와 관련해서 보면 시장은 화폐거래네트워크로, 국가는 화폐주권으로, 사회는 화폐공동체로, 과학은 화폐론으로 나타난다.

첫째, 화폐의 경제(시장)적 차원으로서 화폐거래네트워크. 일반적으로 시장경제는 화폐경제와 동의어로 쓰일 만큼 시장과 화폐의 관련은 긴밀하다. 근대적 의미에서 시장경제는 화폐를 통해서 상품을 거래하고 채무를 지불하는 체제라고 할 수 있기 때문에, 시장은 넓은 의미에서 '화폐거래네트워크'이다. 하지만 이 책에서는 그것을 좀더 제한적인 의미로 사용했다. '화폐거래네트워크'는 '화폐를 통해 이루어지는 거래네트워크 일반'(시장 일반)이 아니라 '화폐 자체를 거래하는 네트워크', 즉 화폐의 교환과 송금, 보관, 대부, 지불, 결제 등에 관련된 은행업과 금융업 및 기타 신용제도, 그리고 이들로 이루어진 화폐시장을 가리킨다. 본문에서 확인하겠지만, 근대적 화폐질서가 만들어지기 이전 유럽에는 대외교역망을 따라 흐르던, 국가와는 자율적으로 존재하던 화폐 흐름이 있었고 그것을 관리하던 국제적 네트워크가 있었다. 이 책에서는 이 네트워크에 일어난 변화에 주목한다.

둘째, 화폐의 정치(주권)적 차원으로서 화폐주권. 이 개념은 기본적으로 화폐의 정당성과 합법성이 국가에 의해 부여된다는 발상에 기초하고 있다. 안정적인 지불체계가 존재하려면 계산 단위가 법률로 정해져야 하는데, 현실적으로 그것을 가능케 하는 것은 국가이며, 화폐 소지자가 미래에 그것을 안정적으로 사용할 수 있다고 기대하는 것도 국가의 관리를 염두에 두기 때문이다. 이런 맥락에서 모든 화폐는 사실상 국정화폐라는 주장도 있다.[46] 하지만 이 책에서는 '화폐주권'을 좀더 실질적인 것으로 정의한다. 화폐주권에서 중요한 것은 국가가 실질적 차원에서 얼마나 지배력을 행사하느냐이다. 따라서 화폐주권은 국가가 "화폐의 발행 및 관리에 대한 국가의 합법적인 독점적 통제권"을 어떻게, 얼마나 행사하는가에 달려 있다고 하겠다.[47] 더 구체적으로는 공식적으로 사용될 법화(legal tender)를 특정화하고, 통화량을 조절하며, 화폐거래네트워크를 감독하고, 거시적인 통화정책을 수립하고 집행하는 것 등이다. 그런데 국가가 화폐의 발행과 관리에 대한 의지와 능력을 가지게 된 것은 근대 이후, 그것도 꽤 시간이 지난 뒤였다. 이 책에서는 국가가 어떤 과정을 통해 화폐질서의 관리자로 등장했고 근대적 화폐구성체의 형성에 결정적 영향을 미치게 되었는가를 살펴볼 것이다.

셋째, 화폐의 인간관계(사회)적 차원으로서 화폐공동체. 시장이나 국가에 비하면 그 중요성이 간과되고 있는 요소이다. 하지만 화폐유통이 특정한 인간관계의 수립을 전제한다는 것은 너무나 분명하다. 가족이나 친구처럼 친밀감이 높은 관계에서 화폐거래가 잘 일어나지 않는 이유를 생각해 볼 필요가 있다. 실세로 과거 공동체들에서 화폐 거래가 발전하지 못한 이유 중 하나는 화폐의 발달을 저지하는 인간 관계와 관련이 있다. 과거의 공동체들에 화폐가 침투하면 '공동체적 유대'와 '화폐적 유대' 사이의 갈등이 크게 일어난다.[48] 19세기 사회 학자들은 '화폐가 침투하면 공동체가 파괴된다'는 사실에서 공동체 적 유대와 화폐적 유대가 전혀 다른 것이라는 사실을 깨달았다. 그들 에게 화폐는 과거 공동체들을 대체한 새로운 공동체였다. 당연히 화 폐를 거부하는 공동체와 화폐로 조직된 공동체를 구분해야 했고, 페 르디난드 퇴니에스 등 일부 학자들은 전자를 '공동체'(Gemeinschaft) 로, 후자를 '사회'(Gesellschaft)라고 불렀다. 이 책 역시 근대 사회의 탄생을 화폐공동체의 탄생이라는 시각에서 다룰 것이다.

넷째, 화폐의 인식(과학)적 차원으로서 화폐론. 근대 화폐의 형성 과정은 화폐에 대한 앎의 형성과정이기도 하다. 근대에 들어서면서 화폐를 학문의 중요한 대상으로 포착하고 화폐의 기능과 역할에 대한 지식, 즉 화폐론이 형성되었다. 화폐론은 화폐 관련 제도나 정책의 지 적 기반이었으며, 화폐 관련 사건에 대한 사람들의 해석 기반이기도 했다. 16세기 이후 서유럽에서 등장한 다양한 화폐론들은 각 시기마 다 화폐에 대한 사람들의 인식이 어떻게 달라졌는가를 잘 보여준다. 이 책에서 우리는 역사적으로 추상적인 부의 관념이 어떻게 형성되었 는지, 그리고 이 추상적인 부와의 관계 속에서 화폐에 관한 앎이 어떻 게 발달했는지를 살펴볼 것이다.

우리는 근대 화폐를 네 가지 차원에서 분석함으로써 이런 요소들 을 얻었다. 물론 근대 화폐의 역사적 출현은 이런 분석과는 반대 순서로 이루어졌다. 즉 근대적 화폐거래네트워크, 화폐주권, 화폐공동체, 화폐론 등이 다양한 사건들을 거치면서 형성되었고 몇 가지 계기들에 의해 서로 맞물렸을 것이다.

하지만 단순히 이론적 분석의 순서를 역전시킨다고 역사가 되는 것은 아니다. 분석의 차원에서 볼 때는 지금과 같은 근대적 화폐구성체로의 귀결이 자연스럽지만, 실제 역사를 보면 그런 귀결에 이른다는 것이 불가능하게 느껴진다. 너무 많은 우연들이 개입한 탓이다. '다시 시작한다면 결코 그런 귀결을 장담할 수 없으리라.' 발생의 시점에서 화폐거래네트워크 그 자체에는 전국화를 향한 아무런 동기도 없었으며, 국가 역시 화폐질서의 일반 관리자가 될 의지나 능력을 갖추지 못했다. 게다가 서유럽의 전근대적 공동체들은 화폐의 유통을 경계했고, 화폐를 다루는 일을 도덕적으로 비난했다. 또한 학자들은 부와 화폐를 끊임없이 혼동하고 있었다. 도대체 어떤 일들이 일어났는가, 우리는 화폐의 발생 경로를 따라가면서만 이 물음에 답할 수 있을 것이다.

따라서 우리가 근대 화폐를 화폐거래네트워크, 화폐주권, 화폐공동체, 화폐론 등으로 이루어진 화폐구성체로 이해하고, 근대 화폐의 출현을 이들 네 요소가 형성되고 맞물리는 과정으로 이해하는 것이 사실이지만, 그 작업은 역사를 회고적으로 정당화하는 목적론자들의 것과는 완전히 다르다. 우리는 아무런 목적성도 존재하지 않는 발생지로부터 출발해서 온갖 우연적 사건들이 개입하는 시간을 따라 구성적으로 나아가는 것이다.

2장 | 화폐거래네트워크에서 일어난 변화

화폐거래네트워크는 화폐의 교환·송금·보관·대부·지불·결제 등에 관계하는 은행, 금융 및 기타 신용 관련 제도들, 그리고 화폐 자체를 거래하는 화폐시장을 가리킨다. 그것은 한편으로 시장 거래를 매개하고, 다른 한편으로는 그 자체로 하나의 시장을 형성한다. 그래서 먼저 화폐거래네트워크의 발전을 시장의 맥락에서 고려하는 게 중요하다. 물건과 서비스에 가격이 붙고 그 분배가 매매를 통해 이루어지는 시장이 발전해야만 화폐 거래도 발전한다. 물론 그 반대도 사실이다. 어찌 보면 시장의 발전은 화폐거래네트워크의 발전을 전제한다. 물물교환처럼 시공간이 동일한 경우가 아니라면, 서로 떨어진 두 지점 사이에서 가치를 보존하고 전환해 줄 네트워크가 필요하기 때문이다.

하지만 화폐거래네트워크를 시장의 발전과 관련해 이해한다고 해서 그것이 꼭 시장과만 관계한다고 말하는 것은 아니다. 화폐거래네트워크는 환전이나 결제, 대부를 원하는 상인이나 산업가들에게 중요한 만큼이나, 효과적인 통치를 위해 안정적인 재정을 조달해야 하는 국가에게도 중요하다. 실제로 서유럽에서 근대적 화폐거래네트워크가 형성되는 과정에는 이 네트워크에 대한 국가의 관심이 결정적 영향을 미쳤다. 전국적 시장의 창출이 그렇듯이 전국적 화폐거래네트워크의 구축도 국가의 역할을 고려하지 않고서는 설명될 수 없다.

이 장에서 우리는 대외교역을 매개하며 국가와 독립적으로 형성되어 있던 화폐거래네트워크가 국가와의 상호작용을 거쳐 어떻게 전국적 네트워크로 발전해 갔는지를 살펴볼 것이다. 하지만 우리는 먼저 화폐 거래의 전형이 왜 국가와 독립적으로 형성되어 있었는지, 즉 왜 그것이 대외교역에서 발전할 수밖에 없었는지를, 화폐의 이방인적 성격과 당시 시장 상황을 통해서 설명하고자 한다.

1. 화폐의 시장적 기원

화폐의 이방인적 성격

형태상으로 보면 화폐는 서유럽 사회가 본격적으로 시장경제로 이행하기 오래 전부터 존재하고 있었다. 대략 기원전 2천 년 전 고대 메소포타미아 왕국의 기록을 보면 은을 통한 채무나 형벌에 대한 지불 기록이 있고, 최소한 기원전 6세기에 소아시아의 리디아 왕국에서, 흔히들 서양 최초의 주화라고 하는 것이 만들어졌다.[1] 하지만 이런 화폐들은 근대의 화폐들과 여러 가지 점에서 달랐다. 오늘날 일부 토착 부족들에게서도 확인되는 이 화폐들은 "근대 서양의 화폐라는 개념과 심각한 차이가 있어 비록 따옴표로 표시하기는 했지만 '화폐'라는 단어를 써도 될지 의문을 가지는 게 당연하다".[2]

무엇보다도 이 화폐들은 경제학자들이 처음부터 당연시하는 화폐 기능인 '교환의 등가물'이 아니었다. 베버의 표현을 빌리자면 이들은 '교환되지 않는 화폐들'이었다. 베버나 폴라니는 교환수단이 아니라 "지불수단으로서 화폐를 사용하는 것이 초기 시대의 가장 일반적인 화폐 용도였다"고 말한다.[3] 결혼 시 신부에 대한 대가로, 혹은 피살자 근친에 대한 위자료로, 범죄에 대한 벌금으로, 종교의식에 참여하는 상징으로, 그리고 수장에게 보내는 선물로 그것들이 사용되었다. 교환수단이 아닌 계산수단으로만 사용된 경우도 있었다. 고대 제국들에서는* "교환이 이루어지지 않더라도 거대한 궁전이나 사원의 창고 관리에 필요한 가치척도로서" 이용된 것이다.[4] 피에르 빌라르의 말처럼 "회계는 있었지만 본격적 의미의 화폐는 없었던" 셈이다.**

교환수단으로서 화폐의 사용이 전혀 없었던 것은 아니다. 제한적이기는 했지만 일부 지역에서는 교환수단으로서의 화폐가 나타나기도 한다. 하지만 이 경우에도 화폐는 신분이나 성별에 따라 사용이 제

---

* 고대 제국들은 중앙의 거대 창고로부터 재분배하는 형식을 취했다. 그래서 시장이 없는 경우가 많았다. 페르시아의 키루스(Cyrus) 대왕은 그리스 사신에게 '도시 한복판에다 터까지 잡아놓고 떼로 모여 서로를 속이고 거짓 맹세를 하는 자들'이라고 그리스인들을 비난했다고 한다. 헤로도투스는 이것이 "물건을 사고파는 시장터를 갖고 있다는 것을 빌미로 그리스인들을 싸잡아서 비아냥거린 것"이라며, "페르시아인들에게는 시장의 관습이 없어서 걸고 열린 시상에서 물건을 사는 법이 없고, 실로 전국에 단 하나의 시장터도 갖고 있지 않다"고 설명했다. 실제로 수메르와 이집트 고왕국부터 함무라비 바빌로니아와 아시리아를 거쳐 페르시아에 이르기까지 고대 세계의 주요 도시 유적에는 시장터의 흔적이 발견되지 않는다고 한다(홍기빈, 『아리스토텔레스, 경제를 말하다』, p. 53).

** "예를 들면 [크리스토퍼] 콜럼버스가 도래하기 이전 아메리카의 경제, 특히 잉카경제는 본격적인 의미의 화폐가 없었다. 개인들의 생산과 부역노동, 국가에 의한 생산물의 축적과 분배를 위한 복잡한 회계는 있었지만 시장이나 화폐는 없었던 것이다. 그러나 막대한 양의 귀금속은 있었다. 이런 귀금속의 존재가 자동적으로 화폐 사용으로 귀결되지 않았다"(빌라르, 『금과 화폐의 역사 1450~1920』, p. 30).

한되어 있었다. 가령 "석회석은 남자만 소유할 수 있었고, 진주조개는 부인의 화폐였다. 화폐는 추장이 사용하는 화폐와 추장 아닌 자가 사용하는 화폐로 나뉘기도 했다".[5] "1352년 니제르에 있는 말리 제국의 한 도시에서는 가는 동선과 굵은 동선이 화폐로 사용되었는데, 가는 동선은 가난한 자의 화폐로 숯이나 수수가 교환 대상이었던 반면, 굵은 동선으로는 무엇이든 살 수 있었다."[6]

각 개인은 살기 위해서 교환할 수밖에 없고, 교환하다보면 자연스럽게 일반적인 교환의 매체가 생겨난다는 식의 통념은 실제 화폐의 역사와는 맞지 않는다. 과거 공동체들에서는 다양한 사회적 코드들을 무시하고 오로지 가격에 따라 재화들이 교환되는 일은 거의 일어나지 않는다. 4장에서 더 자세히 살펴보겠지만, 개인이 화폐를 통해 재화를 획득한다는 것은 과거 공동체들에게는 커다란 위협이 아닐 수 없었다. 그래서 일반적 등가물로서의 화폐는 고대 사회에서 자주 비난을 받곤 하였다.

> 화폐 자체는 철저한 평등주의자로서 일체의 차이를 제거해버린다. 그러나 화폐는 그 자신이 상품이며 누구의 사유물로도 될 수 있는 외적 물건이다. 사회적 힘이 개인의 사적인 힘으로 될 수 있는 것이다. 그러므로 고대 사회는 화폐를 사회의 경제적 및 도덕적 질서의 파괴자라고 비난하였다.[7]

따라서 우리는 막연하게 상상된 자연경제를 통해서, 즉 자유로운 개인들이 존재하고 그들이 교환을 통해 생활을 영위한다는 식의 상상

농부가 시장에 간 이유

"닭이든 거위든 다 크기도 전에 내다 팔아야 한다." 16세기의 한 농부는 세금으로 낼 화폐를 구하기 위해 거위를 들고 시장에 갔다. 그러나 다음에는 그 자신을 내다 팔기 위해 시장에 가야 했을 것이다.

을 통해서 근대적인 화폐의 발생을 설명하려 해서는 안 된다. 맑스의 말처럼 "자연 자체는 환율이나 은행가를 낳지 않듯이, 화폐도 낳지 않는다".[8] 오히려 우리는 16세기 브르타뉴의 한 늙은 농부가 자신을 불편하게 만든 화폐에 대해 불평하는 것을 자연스럽게 생각해야 한다.[9] 그는 이전에는 쉽게 받을 수 있었던 이웃의 도움이 이제는 돈을 내야만 얻을 수 있는 것에 대해 분개한다. 물건도 돈을 내야 살 수 있고, 세금을 내기 위해서도 돈을 구해야 한다. 그러다보니 "닭이든 거위든 다 크기도 전에 내다 팔아야 한다". 화폐를 사용해야 하는 현실에 대해 그는 "완전히 딴 세상에 사는 것 같다"고 말한다.

화폐경제에 진입하는 과정은 이처럼 '완전히 딴 세상'에 들어가는 것과 같다. 그것은 과거 공동체들의 연속적인 발전이기는커녕 급작스런 단절이자 붕괴이다. 페르낭 브로델도 화폐경제가 태어난 곳처럼 묘사되는 서유럽에서 화폐경제가 성립된 과정을 이렇게 묘사하고 있다. "화폐에 문을 열어준 모든 오랜 건축물은 조만간 지금껏 가지고 있던 균형을 상실할 것이고, 그때부터 통제가 잘 안 되는 힘을 발산하게 될 것이다."[10] 브로델의 묘사는 아주 상징적이다. 그것은 화폐를 외부에서 온 손님처럼 묘사하고 있기 때문이다.

맑스와 베버가 화폐 발생과 관련해 공동체의 바깥을 주목한 것은 이 '외부에서 온 손님'과 같은 의미에서일 것이다. 맑스는 일반화된 등가물을 발생시키는 상품의 교환과정이 "자생적 공동체들 품안에서 현상하지 않고 그것이 멈추는 곳, 그것의 경계에서 현상한다"고 말했다.[11] 베버도 "일반화된 교환수단으로서의 화폐 기능은 대외상업에서 시작되었다"고 말했고,[12] 짐멜조차 화폐를 이방인들의 영역에서 구했다. 고대는 물론, 16세기 무역·금융·은행업의 대소유주들이 대개 외국인이었던 것은 화폐의 이방인적 성격과 관계가 있다는 것이다.[13]

재화의 분배가 정치적이고 도덕적인 내부의 규칙에 따라 이루어지는 공동체들 안에서 자유로운 화폐 거래가 성립되기 어렵다는 점을 고려한다면, 우리는 대외교역에서 화폐 거래가 발달하는 이유를 이해할 수 있을 것이다. 대외교역은 대체로 공동체들의 규칙이 직접 적용될 수 없는 상업적 공간이며, 그런 규칙의 직접적인 지배를 받지 않는 세력들에 의해 운영되었기 때문이다. 그래서 맑스는 고대인들에게는 일반적으로 화폐가 연결자 노릇을 못했지만, 공동체 사이에서 중개무역을 담당했던 상업 민족들에게는 연결자로 기능했다고 말한다. "페니키아인, 카르타고인이 그러했다. …… 그들은 유대인들이 중세에 그러했던 것처럼 고대 세계의 중간 지대에서만 살 수 있었다."[14]

화폐와 대외교역

16세기 서유럽 사회를 보아도 화폐 거래의 발전과 관련하여 대외교역의 중요성은 두드러진다. 브로델은 대외교역, 특히 원격지교역이 갖는 중요성에 대해 이렇게 말했다.

> 원격지교역은 그 교역량을 놓고 볼 때는 우세한 것이 아니지만(향신료 무역은 그 교역량뿐 아니라 액수 면에서 보더라도 유럽 내의 곡물 무역보다도 규모가 훨씬 작다), 그 효율성과 건설적인 새로움으로 인하여 결정적인 중요성을 가지고 있었다. 그것은 모든 빠른 '축적'의 원천이었다. 그것이 앙시앵 레짐 세계를 이끌었고 화폐는 여기에 봉사했다. 화폐는 원하는 대로 그것을 뒤쫓기도 했고 앞서기도 했다. 교역은 경제의 방향을 정해 주었다.[15]

원격지교역은 그것을 조직하는 데 막대한 자금이 들고, 들어온 상품들을 효과적으로 곳곳에 분배해야 하기 때문에 상인과 은행가들의 광범위한 네트워크가 필요했다. 우리는 이 네트워크가 존재하는 공간이 '유럽의 외부'(extra-Europe)도 아니고 '국내'(domestic area)도 아닌, '유럽 내부'(intra-Europe)의 어떤 공간('내재하는 외부')이었음을 이해해야 한다. '유럽의 외부'나 '국내'는 화폐가 자유롭게 거래

될 수 있는 공간이 아니었다. 원격지에서는 보통 노략질이 일어났고, 평화로운 교역을 할 때조차 사실상 물물교환이었기 때문이다. 국내 역시 정치적·도덕적 제약이 심했던 관계로 상인과 은행가들이 자유롭게 공동체 안팎을 출입하며 활동할 수 있었던 곳이 아니다. 그래서 우리는 유럽 안에 있으면서도 국가나 공동체의 직접적인 통치력 아래 있지 않았던, 대외교역의 주도 세력에 주목할 필요가 있다.

16세기까지 대외교역이 국내교역과 분리되어 있었고, 국가의 직접적인 통치를 받지 않았다는 증거는 곳곳에서 확인된다. 국지적인 교역이 확대되어 전국적 교역이 되고, 그것이 더 확대되어 세계교역이 된다는 통념과는 달리 국내교역과 대외교역은 별도로 생겨나고 별도로 운영되었다. 교역이 자연스럽게 번져 나가거나 뒤섞인다는 생각은 잘못이다. 당시 서유럽의 교역 형태를 보면 국내교역은 안쪽으로 말려 들어가 있었고, 대외교역은 바깥으로 말려 나가 있었다.

국내의 국지적 시장들을 보면 18세기까지도 교역 확대의 동기가 작동하지 않았다. 제임스 G. 캐리어는 국지적 시장들이 대체로 지역 지향적(local orientation)이었다고 말한다. "이것은 새로운 지역으로 옮겨 다니는 것을 막고 있는 정주법에서 잘 나타난다. 지역 관료들은 낯선 이방인들을 감시했고 가급적 빨리 그들을 몰아내려고 했다."[16] 이런 상황에서 외부의 상인들이 들어온다거나 상인이 되어 다른 도시의 시장으로 물건을 팔러나가는 일은 쉽지 않았다.

시골엔 시장 자체가 드물었고, 도회지의 시장은 공개시장(open market)이었다. 공개시장이란 한편으로 특정 집단에 한정하지 않고 모든 사람들에게 거래를 개방한다는 의미였지만, 다른 한편으로는 거래 자체가 투명하게 공개되어야 한다는 의미였다. 매매는 지정된 장소에서 도시 당국의 엄격한 감시 아래 이루어졌다. "시칠리아에서는 규정된 가격보다 1그라노(grano)만 더 받아도 상인을 갤리선 노역수로 보내버렸다."[17] 상인은 결코 자기 집에서 물건을 팔아서는 안 되며,* 비밀 거래나 사적 거래를 해서도 안 된다. 중요한 것은 '자유로운 교환'이 아니라 '공정한 교환'이었다.[18] 또한 교환에서 '이익'을 노리는 것은 교환의 전통적 윤리인 '호혜'를 위반하는 것으로 여겨졌다. "교환은 호혜성과 재분배를 포함하는 사회 문제라는 것이 전통적인 견해였다. 누군가 다른 이의 희생을 딛고 무언가를 얻어낸다는 의미에서의 경쟁은 이런 전통적 윤리를 위반한 것으로 여겨졌다."[19]

이런 상황에서 내부의 시장이 팽창하지 않고 화폐 거래가 발전하지 않은 것은 당연했다. 폴라니는 이 국지시장들이 "달팽이처럼 안으로 움츠려 들려고만 했기 때문에" 전국시장으로 발전할 수가 없었다고 말한다.[20] 그에 따르면 심지어 대외교역의 중심지 역할을 했던 대도시들조차 자체의 국지시장은 대외교역과 섞이지 않도록 철저히 분리해서 가두었다.

물론 대외교역 쪽에서도 국내교역과 분리하려는 의지가 작동했다. 유럽의 거대 도시들을 중심으로 구축되어 있던 대외교역 네트워크에는 지역 상인들이 결코 접근할 수가 없었다.[21] 두 교역에 종사하

---

* 브로델은 이와 관련된 매우 흥미로운 사례를 제시한다. 그것은 17세기 그르노블에 갔던 한 스트라스부르인이 푸줏간 주인들이 고기를 시장에서 팔지 않고 상점에서 파는 것을 보고 크게 놀라는 장면이다. 당시 상점은 물건을 파는 곳이 아니었던 것이다(브로델, 『물질문명과 자본주의』 II-1, p.74).

같은 상인이 아니다

오랫동안 유럽의 대외교역과 대내교역은 철저히 분리되어 있었다. 지역 상인들은 대외교역 네트워크에 접근할 수 없었다. 이들은 서로 부르는 이름도 달랐다. 대외교역에 종사하는 대상인은 '네고시앙'(négociant), 일반 상인은 '마르샹'(marchand)이라고 불렸다(위 그림은 자크 사바리의 『완벽한 대상인』 1675년판 속표지 그림이다).

는 상인들을 지칭하는 말들이 아예 서로 달랐다.* 지도상으로 보면 대외교역이 열리는 시장들은 분명 특정 도시나 국가의 통치를 받는 지역이었지만, 대외교역 네트워크 자체는 국가들의 소유물이 아니었다. 가령 14~15세기에 북유럽에서 활발한 활동을 벌였던 한자동맹을 어느 국가 상인들의 것이라고 부를 수는 없었다.**

따라서 우리는 16세기 유럽의 교역이 '최저 수준'의 교환기구인 초보적 형태의 시골 장터에서 '최고 수준'의 교환기구인 정기시(fair)나 증권시장까지 위계화되어 있었고, 그것들이 건축물의 서로 다른 층처럼 섞이지 않은 채 공존했다는 브로델의 해석에 동의할 수 있다.[22] 그리고 이렇게 분리되어 있는 교환의 상이한 층들을 따라 화폐의 거래 형태가 전혀 달랐다는 것도 미루어 짐작할 수 있다.

가령 시골 장터에서는 물물교환이 많았다. 물론 그 중에는 교환에서 좀더 귀한 대접을 받는 상품도 있었을 것이다. 도시에서는 국내 주화들이 사용되었고, 국제적 명망이 있는 곳에서는 외국 주화들도 환전상을 거쳐 사용되었다. 하지만 대외교역 상인들은 우리가 아래

---

* 찰스 킨들버거에 따르면 대외교역에 종사하는 상인들은 국내의 도소매업에 종사하는 상인들과 다른 이름으로 불리고 있었다. 프랑스에서는 '마르샹'(marchand)과 구분해 '네고시앙'(négociant), 독일에서는 '핸들러'(händler)와 구분해 '카우프만'(kaufmann)이라고 불렸다. 네덜란드에서는 영어로 마땅히 표기할 수는 없지만, 외국에서 상품을 들여오거나 내보내는 '퍼스트핸드'(First Hand), 그것을 분류하고 저장하고 평가하는 '세컨드핸드'(Second Hand), 그리고 지역적으로 상품을 분배하는 '서드핸드'(Third Hand)가 모두 구별되었다(Kindleberger, *A Financial History of Western Europe*, p. 37).
** 한자동맹 같은 유럽 내 대외교역 네트워크들이 독립 조직이었다는 것은 이들이 공통의 문명과 언어를 가졌던 것으로도 나타난다. 이들은 남부 독일어와 다른 저지대 독일어를 기반으로 라틴어, 에스토니아어, 폴란드어, 이탈리어, 체코어, 우크라이나어, 리투아니아어 등의 요소를 포함한 공통의 언어를 사용했다(브로델, 『물질문명과 자본주의』 III-1, p. 137).

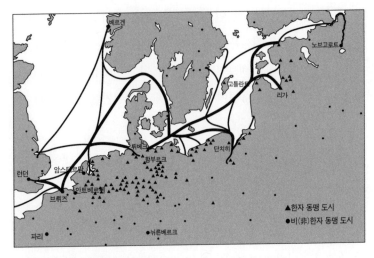

1400년 경 한자동맹의 대외교역 네트워크

"한자동맹은 독일 상인들의 것이 아니었다. 그것은 북해 및 발트해 연안도시의 독점 상인들의
자치단체였다. 한자동맹은 독일의 경제활동을 전국화하기커녕 의도적으로 내륙지역을 교역
에서 배제시켰다. 안트베르펜, 함부르크, 베네치아, 리옹 등의 교역은 네덜란드나 독일, 이탈리
아나 프랑스 등의 교역이 결코 아니었다"(폴라니, 『거대한 변환』, p. 25).

절들에서 살펴볼 것처럼, 환(換)은행가들(exchange bankers)의 네트
워크를 활용해서 다양한 종류의 상업증서들과 신용화폐들을 사용했
다. 아예 유럽의 바깥인 원격지에서는 금과 은으로 만든 정화(specie)
나 금속괴(ingot)들이 사용되었는데, 엄격히 말해 이것들은 화폐가 아
니었다. 대체로 그것들은 후추나 염료 등과의 물물교환에 사용될 하
나의 상품에 지나지 않았다.*

심지어 18세기 중엽에도 서유럽 곳곳에서 분리된 채 공존하고 있
는 화폐의 회로들(monetary circuits)을 발견하는 것은 어려운 일이 아
니었다. 이탈리아의 내륙 지역에서 임금으로 주로 지급된 것은 소금,

포도주, 기름 등이었다. 브로델의 표현을 빌리면 물물교환과 생존경제는 시장경제만큼이나 활발했다.[23] 같은 시기 영국도 마찬가지였다. 한쪽에서는 어음과 채권, 은행권(bank note)이 유통되고 주식투자가 활발하게 일어나고 있었지만, 다른 한쪽에서는, 스미스의 증언처럼, "빵 가게나 맥주 집에 돈 대신 못을 가지고 가는 것이 보기 드문 일이 아니었다".[24]

이렇게 서로 분리되어 있는 화폐 회로들은 화폐가 물물교환에서 주화, 지폐, 신용화폐 순으로 발전했다는 통념을 반박하고 있다. 물물교환, 주화의 사용, 신용화폐는 상이한 영역에서 동시에 작동하고 있었다. 물론 오늘날에 물물교환이 사실상 사라져가고 신용화폐가 지배적인 화폐 형태로 자리잡아가는 현실을 무시할 수는 없겠지만,** 진화를 설명하기 위해 그것들을 시대 순으로 늘어놓은 화석처럼 생각해서는 안 될 것이다. 그것들은 상이한 영역에서 상이한 사람들에 의해 사용된 것이기 때문이다.

---

* 아름다운 문양과 빛깔 때문에 인기가 많았던 중동이나 극동 지방의 주화들을 만들기 위해 각종 주화나 금속괴를 녹인 것이 그 좋은 예가 될 것이다. 이는 돈을 녹여 인기 있는 상품을 만든 것과 같다. 따지고 보면 유럽에서 주화를 주조한 것 자체가 회교권 주화를 모방하면서 시작되었다. "유럽의 왕국들은 화폐를 주조할 때 회교권 화폐의 문양을 유지해서 수화를 주조했다. 좀더 뒤에는 코란의 구절을 기독교이 구`절로 대체하는 것이 합당하다고 생각했는데 이때에도 글기는 여선히 아랍어로 되어 있었다"(발라르, 『금과 화폐의 역사 1450~1920』, p.43).

** 물론 "금화를 태환지폐가, 태환지폐를 불태환지폐가, 불태환지폐를 신용카드가 대체해 온 과정"에서, 하나의 시뮬라크르처럼 된 화폐의 철학적 의미를 묻는 것이 의미없는 일은 아니다. "대상에 대한 기호로서, 다음엔 기호에 대한 기호로서, 그 다음엔 기호에 대한 기호에 대한 기호로서, 마침내 순수한 자기 지시적 기표가 된 화폐"(김상환, 「화폐, 언어, 무의식」)는 우리로 하여금 좁게는 실물을 반영하지 않는 화폐적 운동에 대해, 넓게는 포스트모던한 세계상에 대해 생각해 볼 거리를 준다.

우리가 이제부터 살펴볼 영역은 화폐와 관련해서 가장 선진적인 관행을 창조해낸 대외교역 쪽에 관여한 은행가들의 네트워크이다. 이들은 특히 유럽 남부의 이탈리아 도시 출신들이 많았는데, 이미 13~14세기부터* 근대적 형태의 금융 기법을 일부 선보이고 있었다.[25]

2. 사적 은행가들의 대외교역 네트워크

환은행가들의 네트워크

맑스는 유통수단과 지불수단의 기능 형태상의 차이가** 얼마나 큰지를 '사회적 관계'를 가지고 설명한 적이 있다. 화폐가 단순히 상품 교환을 매개할 때는, 판매자와 구매자가 화폐를 통해 비로소 관계를 맺는다. 하지만 화폐가 지불수단으로 사용될 때, 즉 "판매자는 현재 상품의 보유자로 판매하지만, 구매자는 미래 화폐의 대리인으로 구매할 때"[26]는 "미리 사회적 관계가 형성되어 있어야 한다".[27] 즉 사회적 관계가 유통수단에서는 결과이지만, 지불수단에서는 전제라는 것이다.

---

* 13세기 샹파뉴의 정기시에서 이탈리아 상인들이 선보인 금융 기법은 일반 사람들 눈에는 마법과 같았다. "이들이 가진 것이라고는 융단 깔린 테이블 하나와 저울밖에 없었지만, 이들의 마대 안에는 금괴와 금화들이 가득 차 있었다. 매매 차액의 결제, 다음번 정기시까지 지불연기, 영주와 국왕들에 대한 대부, 만기가 된 환어음의 지불 등이 그들 손을 거쳐 갔다. 결과적으로 샹파뉴 시장에서 국제적인 성격을 띤 것, 특히 근대적인 것은 모두 가까이에서든지 멀리에서든지 이탈리아 상인들의 지배를 받았다"(브로델, 『물질문명과 자본주의』III-1, pp. 150~151).

** 맑스는 화폐가 어떤 기능 형태를 취하느냐에 따라 그 기원과 양태가 달라진다고 보았다. 로만 로스돌스키는 맑스가 '기능적 현존 형태'라는 말을 여러 번 사용한다고 했다(로스돌스키, 『마르크스 자본론의 형성』1권, pp. 206~207). 일반적인 화폐에 대한 기능적 정의(화폐란 가치척도, 교환수단, 가치저장수단이다)와 달리 맑스는 그 기능들이 상이한 기원과 양태를 보이기 때문에, 그것들을 뒤섞을 게 아니라 구별해야 한다는 점을 분명히 한다.

우리가 16세기 서유럽의 대외교역을 매개했던 화폐거래네트워크를 이해하기 위해서는 이처럼 사전에 형성되어 있던 어떤 사회적 관계를 이해해야 한다. 유럽에서 환어음과 크레딧을 사용하는 관행들은 그것을 전문적으로 다룰 특정한 집단의 출현을 전제하고 있다.

독자적인 화폐네트워크를 구축하고서 어음과 크레딧을 자유롭게 사용했던 환은행가들은 누구이고 어떻게 출현했는가. 학자들 사이에서 환어음의 기원에 대해서는 논란이 많지만, 그것을 조직하고 사용한 이들이 환전상(manual exchanger)이 아니라 대외교역을 관장했던 은행가들이라는 사실에는 대체로 공감대가 형성되어 있다.[28]

이와 같은 은행가들은 처음에는 대외교역에 종사하는 상인들 중의 일부였다. 그렇지만 점차 자신들에게 필요한 화폐적 수단들을 개발하기 시작하면서, 어음과 크레딧을 전문적으로 취급하는 은행가들이 되었다. 그런 이유로 라틴 기독교권을 중심으로 나타난 유럽의 은행가 집단은 처음부터 대외교역과 긴밀히 결합되어 있었다. 이들은 한편으로 13세기부터 발전하기 시작한 원격지 모험 상업을 조직하고, 다른 한편으로는 환어음을 만들어 유통시켰다. 지리적으로만 보면 이들은 국내교역과 원격지교역 사이에 끼여 있는 존재였지만, 이들의 활동을 면밀히 살펴보면 두 교역의 단순 매개자라기보다는 "원격지교역의 상품과 국내이 주화들 사이를 연결하면서 그 두 교역의 주축 역할을 했음을 알 수 있다".[29]

물론 이런 일을 대외교역에 종사하는 모든 상인이 할 수 있었던 것은 아니다. 유럽 전역에 걸친 독자적 네트워크를 갖고 있지 못하면 이것은 엄두도 낼 수 없는 일이기 때문이다. 처음에 이 일을 감당했던 것은 이탈리아 상인들이었다. 13세기 이후 이탈리아의 도시들이 상업적으로 팽창하면서 원격지교역과 국내교역을 매개하는 상인 집단들이 나타났다. 이들은 모두 환어음을 잘 사용했는데, 베네치아나 아말피 등의 도시는 그것을 원격지교역에, 피렌체·루카·밀라노 등은 유럽 내 대외교역에 주로 사용했다.[30] 이 중에서도 피렌체인들의 활약은 주목할 만한 것이었다. 양모 산업에서 잉글랜드의 압박이 커지기도 했지만, 피렌체 기업들은 능동적으로 산업과 무역의 비중을 줄이고 이익이 훨씬 큰 대부 산업(financing) 쪽으로 이동했다.[31]

역설적이긴 하지만 이탈리아 상인들에게 이런 일이 가능했던 것은 이탈리아 도시의 정치적 불안정과 갈등 때문이었다. 내부에는 교역을 통해 부를 축적하게 된 신흥 부유 상인과 전통적인 토지 귀족의 다툼이 있었고, 외부에는 이탈리아의 부유한 상업망을 장악하고자 하는 프랑스와 스페인 등의 각축이 있었다. 이 다툼에서 밀려난 패배자들은 모국에서 추방당한 이산자들(diaspora)이 된다. 가령 스페인이 피렌체를 장악했을 때 많은 피렌체 가문들이 스페인과 경쟁관계에 있던 프랑스로 도피했고, 이후 프랑스 군주의 보호를 받으며 리옹 정기시의 중심 세력이 되었다. 이상한 말이지만 그들은 추방되었기 때문에 국제적일 수 있었다.

'이산'은 국제적인 네트워크를 형성시킨다.* 이것은 이탈리아 상인들만의 특별한 경험이 아니다. 근대 유럽에서 국제적인 화폐네트워크를 가지고 있던 이들에겐 이런 경험이 있었다. 샤를 몽테스키외가 『법의 정신』에서 환어음(lettre de change)을 만든 자들이라고 지목한 유대인들이 그러했고,** 제네바를 한때 유럽 금융의 중심지로 만들었던 신교도 망명자들의 '프로테스탄트 인터내셔널'이 그러했다.***

해외에 거주하는 상업 가문들은 출신지에 따라 '네이션'(nation)
을 형성했다. 이들은 유럽 각지에 몇 개의 회사들(companies)을 설립
하고, 거기에 대리업자(factor)나 대리인(agent)들을 두었다. 대리인들
은 대체로 가족이거나 유대가 깊은 동일 네이션에 속하는 사람들이었
다. 각종 상품 정보와 환율 정보가 이들을 통해서 축적되었다. 이들의
내적 응집력은 대단했다.

환은행가들의 클럽은 특별한 삶의 방식을 유지하고 있었다. 결혼도
독점의 과두제적 성격을 유지하기 위해 네이션 내부의 동족결혼 방
식을 택했다. …… 소수 가문들 사이의 자식 교환은 비슷한 삶의 방

---

* 필립 D. 커틴은 이와 같은 은행가들과 상인들의 유럽 도시 연결망을 '교역 디아스포라'
(trade diaspora)라고 불렀다. 그에 따르면 유대인, 아르메니아인, 제노바인처럼 지리적
으로 이산된 상인 집단들은 언어, 종교, 친족, 출신지 등이 동일하고, 상호간의 신용, 신
용정보, 특혜를 확대함으로써 대외교역에서의 불확실성을 줄여갈 수 있었다(Curtin,
Cross-Cultural Trade in World History).
** 몽테스키외는 상업에 대한 열망이 생겨나면서 유럽의 군주들이 유대인을 추방하되 그들
의 재산을 몰수하려는 의도를 가지고 있었다고 말한다. "유대인은 각국에서 순차로 추방
되었는데, 그들은 자신들의 재산을 건질 수 있는 방법을 발견했다. …… 그들은 환어음
을 발명했다. 그리하여 이 방법에 의해 상업은 도처에서 폭력을 피하여 유지될 수 있었
다. 부유한 상인들은 눈에 띄지 않는 재산──어디든 보낼 수 있고 어디서나 흔적을 남기
시 않는──을 가지고 있었기 때문이다"(몽테스키외, 『법의 정신』, p. 334).
*** 이 집단들은 프랑스 은행 역사에서 매우 중요하게 평가받는다. 이들은 주로 공적 신분을
가지고 있었던 재정가들(financiers)과 달리 국가 업무가 아닌 사적 거래와 국제적 사업
에 종사했다. 빌라르는 이들 중 다수가 신교도였다는 이유로 종교적 요소가 과대평가되
어선 안 된다고 주장한다. 그가 강조하는 것은 오히려 '망명자들'이라는 사실이다. 이들
은 정통신앙에서 벗어난 이단자들로, 프랑스 국내의 사회관계에서 배척된 반면 가족적
연계와 상호간 신뢰를 통해 국제적인 수준에서 신교도 망명자들 사이의 네트워크를 구
축했다. 프랑스의 프로테스탄트 은행가들과 스위스 제네바의 연계는 혁명 이후 프랑스
은행의 중요한 축이 되었다고 할 수 있다(빌라르, 『금과 화폐의 역사 1450~1920』, p. 338).

식과 교육 방식을 가져왔다. 학교에서는 산술, 읽기, 쓰기, 언어, 무엇보다도 부기를 가르쳤다. …… 학교를 통해 주입된 특별한 심성은 전문적인 테크닉에만 국한된 게 아니라 새로운 관습이나 습관과도 관련이 있었다.[32]

환은행가들은 주로 대외교역 상인들과 결합해서 그들의 송금을 도왔다. 각 나라마다 존재하는 일정한 화폐적 독립성이 이들의 수완이 갖는 위력을 배가시켰다. 근대 국민국가의 수준은 아니었지만, 유럽의 여러 통치 단위들(왕국, 공국, 도시 등)은 나름의 화폐 단위들을 가지고 있었다. 게다가 당시 상법은 상인들로 하여금 그 자신이 사업을 수행한 나라의 화폐로만 값을 청구할 수 있도록 하고 있었다. 가령 프랑스에 온 포르투갈 상인은 물건을 팔고 포르투갈 화폐가 아닌 프랑스 화폐를 받아야 하는 것이다.

따라서 직접적으로 물물교환을 하는 경우가 아니라면 대외교역에서는 항상 환전 문제가 생겨났다. 상업을 수행한 나라의 화폐를 어떻게 자국 화폐로 전환할 것인가. 환전상을 통해 정화로 직접 지불할 수도 있겠지만, 이는 너무 불편한 일이었고 환전상들의 환전 규모도 무역 규모를 감당할 만큼 크지 않았다. 환은행가들의 환어음은 이런 문제들을 해결해 주었다.

네트워크가 작동하는 방식

환은행가들의 문제해결 방식은 얼핏 보면 간단하다. 은행가는 물건을 팔고 돈을 받을 게 있는 상인에게 원하는 돈을 내어주고 대신 채권을 인수한다. 이때 은행가는 상인으로 하여금 은행가의 대리인이 지급받을 수 있도록, 구매자 앞으로 어음을 발행해 달라고 요구한다. 그리고 구매자가 거주하는 지역의 지사를 활용해서 구매자로부터 그곳 화폐를 받는다. 처음 상인에게 준 종류의 화폐는 잃었지만, 다른 지역에서 다른 종류의 화폐(구매자가 준 화폐)를 얻는 셈이다. 게다가 일정한 환전 수수료도 챙길 수 있다. 은행가의 네트워크가 광범위할수록 이런 일은 쉽게 이루어진다.

하지만 우리가 은행가들의 네트워크를 상인의 활동을 보조하고 수수료를 받은 정도의 기구로 생각해서는 안 된다. 환은행가들은 수수료에 만족하는 게 아니라 훨씬 복잡한 수법을 동원해서 체계적으로 부를 축적한다. 그들은 한 지역의 화폐를 잃고 다른 지역의 화폐를 얻는 식으로 끝내지 않는다. 그들에겐 다양한 화폐들을 회전시켜서 결국엔 처음 화폐로 환산해서 이익을 만들어내는 수법이 있었다.

마리-테레즈 부아예-그장뵈 등이 사료에 기초해서 재구성한 예를 참고하면 그 수법에 찬탄을 금할 수 없다.[33] 피렌체인 라고에게 물건을 팔고 돌아온 카스티야 상인 카스트로. 그는 피렌체의 화폐 리라(lire)가 아닌, 카스티야의 화폐 마라베디(maravedis)를 원한다. 그가 가진 것은 라고에게 받을 리라로 표시된 채권뿐. 그는 카스티야 은행기인 시몬 루이즈를 찾아가서 해결책을 구한다.

루이즈는 카스트로에게 마라베디화를 내줄 테니 대신 라고에게 받을 채권을 달라고 한다. 만약 물건값이 750리라였다면 루이즈는 카스티야 환율에 따라 카스트로에게 41,500마라베디를 지급했을 것이다. 채권을 받은 루이즈는 피렌체에 있는 자신의 현지 대리은행가(통

필요한 것은 책상과 필기구 뿐—은행가 루이즈의 수법

정화를 쌓아두고 교환해 주었던 환전상들과 달리 환은행가들은 책상과 필기구만으로 대규모 환전과 송금, 채무청산 등을 수행했다. 일반인들 눈에 그것은 악마적 속임수로 비추어졌다. 우리는 16세기의 포르투갈 은행가 루이즈(위의 그림)가 남긴 여러 자료들 덕분에 16세기 대외은행가들의 환전과 송금, 부의 축적을 이해할 수 있게 되었다. 본문에서 재구성한 16세기 은행가들의 수법은 그의 기록을 참고한 것이다(아래 그림은 당시 루이즈가 사용했던 어음이다).

신원, correspondent) 수아레즈를 시켜 라고에게 돈을 받아낸다(정확히는 카스트로가 루이즈에게 어음을 써준 것이다. 라고 앞으로 발행된 이 어음에는 돈의 수신자가 루이즈의 대리인 수아레즈로 되어 있다).

피렌체의 상황이 좋다면 수아레즈는 카스트로의 반대 경우에 처한 피렌체 상인을 찾을 수 있을 것이다. 즉 카스티야에서 물건을 판 뒤 마라베디화로 표시된 채권을 갖고 있으나 본인은 리라화를 원하는 그런 상인 말이다. 그런 상인을 찾았다면 수아레즈는 그에게 리라를 주고 대신 루이즈에게 연락해 카스티야에서 채무자를 찾아 돈을 받아 가라고 할 것이다(방법은 카스트로의 경우와 같다). 피렌체에서는 리라가, 카스티야에서는 마라베디가 높이 평가되므로 두 번의 환전을 통해 루이즈는 짭짤한 수익을 올릴 수 있을 것이다.

그런데 사실 이런 경우는 드물다. 피렌체에는 카스티야에 연결된 화폐거래네트워크가 많다. 즉 루이즈의 경쟁자가 많다. 은행가들의 경쟁은 이익의 규모를 줄어들게 한다. 그래서 루이즈는 대리인 수아레즈에게 프랑스 리옹 쪽의 교역을 알아보라고 지시한다. 리옹에는 피렌체에서 떠나온 상업 가문들이 많다. 그런데 이들은 피렌체의 특산품 '서지'(명주실로 짠 옷감)를 리옹에 파는 일을 했기 때문에, 피렌체 화폐인 리라가 필요했다. 수아레즈는 서지를 구하려고 피렌체에 온 리옹 가문의 대리인을 만난다. 그는 리라를 줄 테니 리옹에서 리옹의 화폐인 에퀴화(écu)를 받을 수 있게 해달라고 말한다. 피렌체의 환율에 따르면 750리라는 112에퀴에 해당한다. 방법은 앞서와 같다. 피렌체에 와 있는 리옹 가문의 대리인은 자기 가문 앞으로 어음을 발행한다. 리옹에 있는 루이즈의 다른 대리인 본비시가 돈의 수신자로 되어 있다. 본비시는 수아레즈에게서 112에퀴 어음을 전달받은 뒤 곧장 해당 가문을 찾아가 에퀴화를 받는다.

이제 남은 것은 카스티야 은행가 루이즈에게 마라베디화로 그것을 송금하는 일이다. 다행히 리옹은 교역의 중심 도시이기 때문에 카스티야와 교역하는 상인을 쉽게 찾을 수 있다. 본비시는 리옹에서 카스티야로 책을 수출하는 루이으라는 상인을 만난다. 루이으는 카스티야의 어느 수입상에게 채권을 가지고 있다. 그는 본비시에게 112에퀴를 받고 대신 마라베디화로 표시된 채권을 넘긴다. 루이으는 자기 책을 수입한 카스티야 상인에게 112에퀴에 해당하는 마라베디화를 루이즈라는 은행가에게 지급할 것을 명하는 어음을 써준다. 본비시에게서 그 어음을 받은 루이즈는 카스티야의 정기시인 메디나 델 캄포로 가서 해당 상인에게 어음을 제시하고 112에퀴에 해당하는 44,016마라베디를 받는다. 이로써 하나의 순환이 끝나고 루이즈는 처음 카스트로에게 주었던 41,500마라베디보다 더 많은 돈을 갖게 된다.

이런 일이 가능한 것은 지역마다 환율 시세가 다르기 때문이다. 은행가들은 자신의 네트워크를 통해 이런 정보를 잘 알고 있기 때문에 부를 축적하는 데 그것을 활용할 수 있다. 지역마다 환율 시세가 다른 이유는 나라마다 존재하는 세뇨리지* 탓이다. 각 통치자들이 부가하는 세뇨리지 때문에 자국의 화폐는 외국의 화폐보다 항상 법적으로 높이 평가된다. 자국 화폐에는 세뇨리지가 가산되어 있지만 외국 화폐는 시장가치로 유통되기 때문이다. 이런 상황에서 당시 상법이 상인들로 하여금 사업을 행한 나라의 화폐로만 요금을 청구할 수 있게 강제하므로, 대외은행가들에게 운신의 폭이 생기는 것이다.

어떻든 은행가들이 이렇게 단순한 '해외지불약속' 만으로 상인들에게 화폐를 공급했다는 사실은 아주 놀라운 것이다. 물론 그 덕분에 상인들은 환은행가들의 네트워크를 통하면, 환전상이나 대부업자에게 담보를 잡히고 돈을 빌리지 않아도 되었고, 그 돈을 외국에 가지고 나가지 않아도 되었다.[34]

우리는 채권을 기초로 어음을 발행하고 그것을 화폐로 유통시킨 은행가들의 활동을 일종의 '화폐화'(monetization)라는 관점에서 접근해 볼 수 있다. 언뜻 보면 환은행가들의 네트워크는 화폐를 발생시켰다기보다는 화폐를 매개한 것으로 보인다. 하지만 부아예-그장뵈 등의 지적처럼 환은행가들의 활동은 국가의 화폐 발행과 견줄 만한 '화폐화'의 과정임이 분명하다.[35] 국가가 금속괴를 이용해서 주화를 만들어내듯이(metallic monetization), 환은행가들도 크레딧(채권 따위)을 화폐로 변형시켰다고 할 수 있다(banking monetization). 그 자체로는 화폐가 아닌 금속괴가 주화로 바뀌듯이, 크레딧 역시 화폐 역할을 수행한 어음으로 바뀐 셈이다. 단지 차이가 있다면 국가의 주화는 법적 명령에 의해서 만들어지지만, 어음은 사적 행위자들 사이의 환협약(exchange convention)에 의해 만들어진다는 점뿐이다. 따라

---

* Seigniorage. 과거 봉건영주(seigneur)들이 자유롭게 화폐를 주소한 것에서 연원한 말로, 원래는 주화의 제조비용(금속가격＋세공비)과 주화의 실제 유통가치의 차이를 가리켰다. 영주들은 화폐 발행을 통해 이 같은 차액을 수입으로 얻었다. 19세기 이후에는 은행권이 주화를 대체하면서 정부가 이런 발행차익을 누릴 수 없게 되었다. 대신 정부는 중앙은행으로부터 돈을 빌려다 씀으로써 세뇨리지 효과를 얻을 수 있었다. 정부가 화폐를 빌릴 때의 가치는 그 화폐가 발행되기 이전의 것이지만, 갚을 때는 인플레로 인해 그만큼 저하된 가치이기 때문에, '인플레이션 세금'(inflation tax)이라는 말이 사용되기도 한다(코헨, 『화폐와 권력』, pp.86~87).

환전은 일종의 통역이다

대외교역은 항상 환전의 문제를 야기했다. 물품 대가로 받은 다른 나라의 화폐를 어떻게 자기 나라의 화폐로 바꿀 것인가. 대외상인들은 서로 다른 언어를 통역해 줄 통역사와 같은 존재, 즉 환은행가를 필요로 했다(위 그림은 14세기 말의 환전상이고 아래 그림은 16세기의 환전상이다).

서 우리는 국가가 발행하는 주화의 회로와는 전혀 다른 화폐의 회로가 국가 바깥에 존재했다는 것을 인정해야 한다.

브로델은 대외교역이 "보편적 교환의 언어를 말하는 법을 배우는 일"이라고 했는데,[36] 환은행가들의 '화폐화' 작업을 보면 이들이야말로 교환의 언어에 대한 전문가들이었음을 알 수 있다. 서로 다른 계산 단위들을 이들은 쉽게 전환시켰다. 하지만 브로델의 말은 약간 수정될 필요가 있다. 사실 이들은 '보편의 언어'를 만들거나 배우는 사람들은 아니었다. 오히려 이들의 행위를 언어에 빗댈 수 있는 것은 "언어[자체]에 있는 게 아니라, 언어의 이국성(Fremdheit)"에 있다.[37] 환은행가들이 다루는 것은 '이국성'이며, 이들의 존재가 의존하는 것도 '이국성'이라고 할 수 있다. 이들은 통역사들처럼 두 언어에 능통한 사람들이지 보편 언어를 배운 사람들이 아니다. 바로 그렇기 때문에 언어적 통일이 일어나면 통역사들이 사라지듯이, 나라마다의 고유한 화폐적 차이가 사라지면 이들도 사라질 수밖에 없었다. 이 점을 기억해 두는 것은 매우 중요하다. 이후 이들의 네트워크가 변질되었을 때 실제로 보편의 언어가 만들어지기 때문이다. 통일된 환율 시세표와 그것의 금속 주화로의 표현이 그런 화폐적 보편 언어가 될 수 있을 터인데, 이것의 출현은 실제로 환은행가들의 몰락을 가져왔다.

화폐거래 시장

환은행가들의 활동은 일종의 화폐거래 시장인 '정기시'를 통해 이루어졌다. 정기시는 말 그대로 일 년 중 대략 서너 차례 정기적으로 열리는 시장인데, 주로 대상인들의 도매시장으로 활용되었다. 서너 차례라는 것은 대체적인 것이고 실제로는 한두 번 열릴 수도 있고, 십여 차례가 열릴 수도 있다. 정기시들은 유럽의 주요 도시들을 따라 순환되었다. 정기시가 열리는 시기와 기간을 보면 이것들이 얼마나 체계적으로 연결되어 있는지를 알 수 있다.

정기시들이 어떤 순서로 이루어지는가를 살펴보면 이 정기시들이 상호의존적이었으며, 상인들의 입장에서 볼 때 차량이나 끌짐승, 아니면 자기 자신의 등에 상품을 싣고 한 곳에서 다른 곳으로 이동하면서 한 차례의 순환을 하고 나면 곧바로 처음부터 다시 순환에 들어가게 된다는 것을 알 수 있다.[38]

이런 정기성은 상품과 화폐, 크레딧을 움직이게 하는 데 이상적인 환경을 제공한다. 상인과 은행가들은 크레딧과 어음을 들고 정기시에 모여들었다. "B에 대한 A의 채권, C에 대한 B의 채권, A에 대한 C의 채권 등이 대면하면 일정한 금액까지 정(+)과 부(-)의 양으로 상쇄될 수 있다. 그리하여 나머지 채무 차액만 청산하면 된다." 맑스가 리옹의 정기시에서 어음 교환이 일어나는 원리를 설명한 내용이다.[39] 브로델은 정기시를 "채무들이 모여들어 서로가 서로를 상쇄하여 봄눈 녹듯이 사라지게 만드는 곳"이라고 불렀다.[40]

주화는 여기서 보조적 수단에 불과했다. "수십만 개의 진짜 금화만 가지고도 리옹에서는 몇 백만 에퀴에 달하는 교환을 결제할 수 있었다. 해결이 안 된 채무가 있으면 어느 정도를 어느 장소에서 갚는다는 약속[환어음 발행]을 하거나, 다음 번 정기시에 떠넘기는 방식으로 해결하였다."[41] "이것은 마치 오늘날 바젤에서 국제결제은행이 회합하는 것과 비슷하다. 이곳에는 상품은 전혀 모여들지 않고 현찰도 아주 소액만 들어오는 반면 거액의 환어음이 모여들었다."[42]

16세기 중반에 이렇게 '어음에 의한 교환'이 이루어졌던 주요 장소들은 다음과 같다. 리스본(포르투갈 왕국)/ 메디나 델 캄포, 마드리드-아칼라, 세비야(카스티야 왕국)/ 발렌시아(발렌시아 왕국)/ 사라고사(아라곤 왕국)/ 바르셀로나(카탈로냐 왕국)/ 나폴리(나폴리 왕국, 스페인령)/ 메시나와 팔레르모(시칠리아 왕국, 스페인령)/ 로마와 볼로냐(교황령)/ 피렌체와 루카(토스카나 공국)/ 베네치아(베네치아 공화국)/ 제노바(제노바 공화국)/ 밀라노(밀라노 공국, 스페인령)/ 비센초네(프랑슈콩테, 사보이 공국, 파르마 공국 등)/ 리옹과 루앙(프랑스 왕국)/ 안트베르펜*(스페인 저지대 국가들)/ 런던(잉글랜드 왕국).[43]

이 장소들을 잘 살펴보면 서유럽에서 라틴 기독교권을 중심으로 각 주권지역마다 대체로 하나의 교환소(exchange places)를 가지고 있다는 것을 알 수 있다. 실제로 동일한 주권지역의 도시들끼리는, 가령 프랑스의 리옹과 루앙끼리는 어음교환이 일어나지 않았다. 동일한 주권지역은 계산 단위가 동일하기 때문에 어음교환을 통한 송금 같은

---

* 안트베르펜에서는 우리가 기억해 둘 만한 새로운 어음 관행이 생겨나기도 했다. 그것은 바로 어음의 할인(escompte)제도였다. "내가 어음을 사거나 판다고 할 때 거기에 적혀 있는 명목가격은 실제의 판매가격이나 구입가격과 차이가 난다. 현찰로 어음을 살 때는 명목가격보다 낮은 금액을 지불하고, 내가 다른 사람의 부채 대신 어음을 인수할 때는 채무자에게 그 부채액수보다 높은 가격의 어음을 요구한다. …… 〔안트베르펜에서 나타난〕 이 새로운 체제는 루앙, 리스본, 런던에서도 통용되었는데, 특히 런던의 경우 이런 관점에서 보면 안트베르펜을 계승한 셈이었다. 〔이에 비해〕 암스테르담은 전통적인 환어음 체제에 연결되어 있었다"(브로델, 『물질문명과 자본주의』 III-1, p. 213).

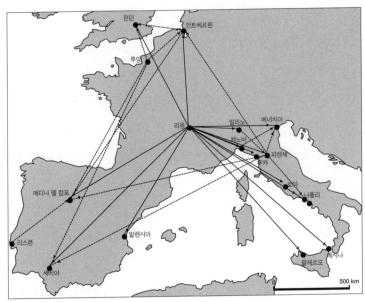

리옹 정기시 전성기의 유럽의 어음 교환 트라이앵글

정기시들은 아주 체계적으로 조직화되어 있었다. 리옹을 중심으로 남북 축으로는 저지대 국가들과 이탈리아 도시들이, 그리고 동서 축으로는 세비야와 이탈리아 도시들이 연결되었다.

것이 필요 없기 때문이다. 이런 장소들 중에서도 특히 중심적 역할을 하는 곳이 있는데, 그것을 '중심 정기시'라고 부른다. 15세기 중반에서 16세기 후반까지는 리옹이 이런 역할을 했다. 리옹은 동서 축으로는 스페인의 세비야와 이탈리아 도시들을 이었고, 남북 축으로는 저지대 국가들과 이탈리아 도시들을 이었다. 리옹에는 거의 모든 교환소에 대한 시세표가 있었다. 각 화폐들의 교환비율들인 콘토(conto)가 리옹에서 결정되었다. 옆쪽의 그림이 잘 보여주듯이 리옹은 네트워크의 중심지였다.

리옹에서의 지불 절차는 정기시가 어떻게 진행되는지를 잘 보여준다.[44] 첫번째 날은 '인수의 날'(day of acceptance)로 불린다. 해당 정기시에서 만기가 된 채권이나 채무증서를 가진 모든 상인들이 교환 광장(Exchange Square)에서 만난다. 이들이 만나는 시간인 오전 10시에서 정오, 저녁 5시에서 7시 사이에는 광장에 마차 등의 통행이 금지되고 상인들의 만남이 보장된다. 어음을 인수한 사람은 그것을 제시한 사람(지불이 지정된 자)에게 정기시의 마지막 주간에 지불하겠다는 서약을 한다. 인수가 거부된 어음은 공증 절차에 들어간다.

이틀 정도가 지나면 둘째로 '교환의 날'(day of exchange)이 시작된다. 처음에는 환어음을 통제하는 세력으로 입증된 소수 집단의 사람들이 만난다. 주로 프랑스인, 독일인, 밀라노인, 피렌체인, 제노바인, 루카인들이 만나 다음 지불 정기시 날짜를 정하고 위장스 (usance, 지불유예기간)가 결정되지 않은 도시들에 대해 어음 제시 마감 날짜를 정한다. 이 모임이 끝나면 바로 같은날 피렌체인, 제노바인, 루카인들이 각기 만나 환율 시세를 조정한다. 1572년까지 세 네이션들은 각각의 시세표를 가지고 있었다. 이후에는 단일한 콘토가 만들어졌다. 콘토가 결정된 뒤 대체로 이틀 안에 계약이 맺어진다. 하지만 콘토는 가이드라인만을 제시할 뿐 실제로는 브로커의 기술에 의해서 시세 조정이 얼마든지 가능했다.

마지막으로 '지불주간'(days of payments)이 이어진다. 모든 상인들은 첫번째 날처럼 交換광장에 모여서 채권과 채무를 청산하고*

---

* 이탈리아인들은 그것을 스콘트로(scontro)라고 불렀고, 잉글랜드인들은 클리어링 (clearing), 프랑스인들은 콩팡사시옹(compensation), 네덜란드인들은 레스콘트레 (rescontre)라고 불렀다.

리듬의 변화

화폐거래 시장이라는 점에서 정기시와 거래소는 별 차이가 없었다. 어떤 점에서 보면 거래소는 상시적으로 열린 정기시와 같았다. 그러나 정기시의 붕괴와 거래소의 득세는 어떤 중대한 변화를 나타낸다. 도시체제를 특징짓는 유럽적 리듬이 붕괴하고 국가체제가 등장했다는 것(위 그림은 1666년 런던 거래소의 모습이다).

결제되지 않은 어음에 대해서는 이자(deposito)를 붙여서 다음 정기시에 청산될 어음을 새로 발행한다. 이 지불주간에 일어나는 일들은 일반인들의 눈에는 마법과도 같았다. "일백만 리브르 투르누아(livres tournois)가 단 일 솔(sol)도 사용하지 않고서 하루 아침에 모두 지급되었다."[45]

정기시처럼 정해진 날짜에만 거래가 열리는 게 아니라 일 년 내내 거래가 이루어지는 곳도 있었다. 어음 교환소나 거래소(bourse)가 그것이다. 특히 거래소는 정기시의 쇠퇴 이후 17세기부터 중심 역할을 수행했다. 거래소 자체의 역사는 정기시만큼 오래된 것이지만 그것이 주도적 역할을 수행한 것은 암스테르담이 이탈리아나 스페인의 도시들을 제치고 유럽의 중심지로 떠오르면서였다.

브로델은 "거래소는 정기시의 최상층부와 같은 것이다. 단지 연속적이라는 점에서 그것과 다르다고 할 수 있다"[46]고 했다. 하지만 거래소의 중요성은 '연속성'에만 있는 게 아니었다. 오래된 '교환기구' 중의 하나인 거래소가 17세기 이후 중요하게 떠오른 배경에는 정기시들간의 잘 짜여 돌아가는 대외적 화폐네트워크에 어떤 문제가 생겼다는 것을 의미하기도 하기 때문이다. 정기시는 특정 국가의 도시들에서 열릴 때조차 (개최 시기나 주간이) 유럽 전체의 리듬 속에 위치하는 것이었다. 하지만 거래소는 그런 리듬을 탈 필요가 없었다. 거래소는 정기시보다 훨씬 장소적 성격을 강하게 가질 수밖에 없으며, 그것의 득세는 유럽에서 도시들의 체제가 후퇴하고 화폐 거래가 점차 국가 영향력 아래 놓이게 되는 상황과 무관하지 않았다.

3. 화폐거래 질서의 변질

영토국가와의 상호작용

한동안 환은행가들의 사적인 네트워크는 전성기를 구가했다. 하지만 그것에 치명적 위협을 가할 존재 또한 빠르게 성장했다. 바로 영토국가다. 영토국가들은 근대 국민국가로 발전해 가는 과정에서 대외교역 네트워크가 존재하는 '사이' 공간을 빠르게 침식해 갔다. 서유럽에서 근대적인 '국가간 체제'(inter-state system)의 성립을 알린 1648년의 베스트팔렌 조약은 국가와 국가 사이에 별도의 공간이 존재하지 않음을 알리는 것이기도 했다. 여기서 별도의 공간이란 지도상에 표시될 수 있는 공간이 아니라, 통치력이 미치지 않는 시스템상의 빈 공간, 즉 내부에 있지만 사실상 외부처럼 존재하는 공간을 말한다. 존 G. 러기의 말에 따르면 "중세체제는 근대적 주권 개념에 들어 있는 소유성과 배타성을 전혀 내포하지 않은 분할된 영토적 지배 형태였다. 그것은 단순한 영토권, 즉 정치적 공간을 가진 이질적(heterogeneous) 조직체에 불과했다".[47] 그러나 베스트팔렌 체제 이후 유럽의 체제는 영토성(territoriality)을 따라 주권을 절대화했고, 그 경계 또한 점차 명확해졌다. 물론 영토성과 실질적인 주권이 얼마나 일치했느냐에 대해서는 학자들 사이에 이견이 있다.[48] 하지만 어떻든 서유럽의 정치적 공간이 근대에 들어 크게 변화한 것은 사실이다.

결국 국가간 체제의 성립과 함께 대외적으로 존재하던 화폐네트워크도 어떤 식으로든 국가에 융합될 수밖에 없었다. 하지만 그 과정이 국가에 의한 일방적인 장악이기만 했던 것은 아니다. 분명히 대외 은행가들 쪽의 호응도 존재했다. 우리는 근대 화폐질서의 성립이 성장 중인 영토국가와 독자적 지반을 잃어가던 대외적 화폐네트워크 사이의 상호작용에서 시작되었다고 생각한다.

지오반니 아리기는 '영토주의'(territorialism)를 국가 형성 전략의 목표를 더 넓은 영토와 인구의 확보에 두는 것으로 정의했다. 영토국가들에게 자본은 국가 형성을 위한 수단적 가치를 갖는다.[49] 이것은 자본의 축적을 목표로 하고 영토에 대한 통제를 수단적 가치로 받아들였던 이탈리아 도시국가들의 '자본주의'(capitalism) 전략과는 상반된 전략이었다고 할 수 있다. 브로델 식으로 말하자면 영토국가는 "정치적 성숙이 경제적 성숙보다 앞선 국가"였다.[50]

16세기부터 유럽 역사의 전면에 등장하기 시작한 영토국가들은 전쟁을 포함해서 국가 형성에 드는 막대한 비용을 마련하기 위해 대외적 부에 눈독을 들였다.[51] 처음에 영토국가들은 자본주의적 도시국가들을 직접 병합하려고 했고, 그 다음에는 도시국가들의 부와 권력의 원천인 대외교역 네트워크를 장악하려고 했다. 그리고 마지막에는 영토주의 전략과 자본주의 전략을 결합시킨 중상주의 전략을 펼쳤다. 16~17세기에는 프랑스와 스페인이 이탈리아 도시들을 향해서 그렇게 했고, 17~18세기에는 영국과 프랑스가 저지대 국가들의 도시를 향해서 그렇게 했다.

대외교역에 종사하는 상인이나 은행가들에게 영토국가의 성장은 매우 위협적인 것이었다. 영토국가들의 전쟁으로 무역루트가 불안정해졌고, 상업과 금융망은 그것을 포획하려는 영토국가의 시도 때문에 많이 파괴되었다. 국가는 자국 상인들을 보호하는 조치를 취했고, 대외상인이나 은행가들에게 부여했던 혜택을 대부분 취소했다.*

그러나 시대의 변화를 빨리 읽은 일부 은행가들은 이것을 기회로 삼기노 했다. 언제 어디서나 낡은 체제 속에 안주하다 쫓겨나는 이들이 있는가 하면, 새로운 체제를 구축하기 위해 먼저 나아간 이들이 있

---

* 국내외 유출입에 대해 면세를 해주던 조치를 국가가 철회하면서 정기시의 결정적인 쇠퇴가 나타난 것은 이것의 한 예일 것이다.

는 것이다. 리옹의 정기시를 주도하던 피렌체인들은 쫓겨났고, 비센
초네*의 제노바인들은 나아갔다.

16세기까지만 해도 피렌체인들처럼 대외교역과 화폐거래네트워
크를 연계해서 수익을 올리고 있던 제노바인들은 세계의 움직임을 빨
리 읽었다.** 당시 무역 환경은 영토국가의 정치적·경제적 성장과 함
께 갈수록 적대적으로 변하고 있었다. 그런데도 국가의 보호를 전혀
받을 수 없었던 제노바 사업가와 은행가들은 이베리아 반도의 통치자
들과 결탁함으로써 문제를 해결하려고 했다. 제노바인들의 유연성은
그 어느 때보다도 이 순간에 빛났다. 아리기가 지적하듯이 이베리아
반도의 남쪽은 지중해와 연결되는 곳이기 때문에 지중해에서 제노바
의 경제적 영향력을 확대하는 데 유리했고, 아프리카에서 오는 금
(金), 그리고 대서양으로 이어지는 새로운 무역루트를 확보하는 데도
이점이 있었다. 그러나 무엇보다도 중요한 것은 자기 활동의 국가적
보호를 받는 것이었다.[52] 제노바인들은 자신들의 화폐네트워크를 통
해 스페인 국왕에게 금융 지원을 해주었고, 그 과정에서 스페인 권력
을 활용해 유럽의 화폐질서를 자신들에게 유리하게 재편했다.

---

* Bisenzone. 프랑스의 리옹 정기시와 대항시키기 위해 카를 5세가 당시 신성로마제국의
  영토였던 프랑슈콩테에 개설한 정기시. 나중에 이탈리아 쪽으로 점차 이전했고, 피아첸차
  에서 열렸을 때가 그 전성기였다. 비센초네는 오늘날 프랑스 도시인 브장송에 해당하지
  만, 실제로 브장송에서 정기시가 열린 것은 아니었다. 단지 사람들이 계속 이 정기시를 비
  센초네 정기시라고 불렀을 뿐이다(빌라르, 『금과 화폐의 역사 1450~1920』, p. 182).
** 브로델은 제노바 사업가들의 유연성과 민활성을 지적하며 이렇게 말했다. "제노바는 언
  제든지 방향을 바꾸고 필요한 변화를 수용했다. …… 상상하고 창안하는 것이야말로 미
  약한 몸체의 제노바, 거대한 세계가 움직일 때마다 거기에 반응해서 움직이는 극도로 예
  민한 지진계인 제노바의 운명이었다"(브로델, 『물질문명과 자본주의』 III-1, p. 222).

우리는 제노바인들이 창안한 유럽의 새로운 화폐체제가 근대적 화폐체제의 중요한 특징들을 그대로 보여주고 있다고 생각한다. 제노바 체제는 최소한 두 가지 측면에서 아주 새로웠다. 그 하나는 국가――비록 외부 국가이기는 했지만――와의 상호작용 속에서 화폐를 발행했다는 점이다.*** 스페인 정부****가 발행한 '아시엔토' (asiento) 를 화폐로 사용한 것은 과거 리옹에서 일반 무역업자가 발행한 어음을 화폐로 사용한 것과는 그 의미가 전혀 다른 것이다. 다른 하나는 화폐(아시엔토)를 금속주화와 직접적으로 연계시킨 것이다. 이전 세기 환은행가들은 금속주화(정화)에 대한 참조 없이 화폐 거래를 성사시켰다. 그들은 계산 단위로서의 화폐만으로도 충분했다. 하지만 제노바 체제에서의 어음은 주화체제와 긴밀하게 결합되어 있었다. 이는 과거에 분리되어 있던 주화와 어음의 두 화폐 회로가 통합되는 의미

*** 아리기는 제노바 체제를 '비영토적 자본축적의 네트워크'의 원형인 것처럼 말하고 있으나, 제노바의 전성시대를 우리는 영토주의와의 상호작용이 본격적으로 시작된 시대로 이해해야 한다고 생각한다. 제노바인들이 영토국가 외부에서 독자적 네트워크를 구축하고 활동했던 것은 16세기였고, 그것은 피렌체인들이나 루카인들도 마찬가지였다. 17세기 초 그들의 전성시대에 제노바인들이 이전 세기와 달랐다면 그 점은 '비영토성' 보다는 '영토성과의 적극적 상호작용'에서 찾아야 할 것이다. 17세기 제노바인들의 네트워크는 그것이 비록 전유럽에 걸쳐 있었다 하더라도 16세기와는 다른 성격의 것이었고, 우리는 이것이 점차 국가와 상호작용이 강도를 높여가는 추세 속에서 이해될 필요가 있다고 본다. 이는 오늘날 글로벌한 금융네트워크가 16세기 대외적 화폐네트워크와 근본적으로 다른 점이기도 하다. 아무리 초국적인 네트워크라 해도 오늘날 그것은 국가 (혹은 그것에 준하는 권력) 없이 존재할 수 없을 것이다.
**** 한편 근대적인 화폐체제의 초기 모델을 제공한 것이 제노바인들이라고 해서, 그들과 연합했던 이베리아 반도의 통치자들까지 근대의 개척자들로 평가받아서는 안 될 것이다. 그들은 합스부르크 가문과 교황청으로 상징되는 중세질서의 수호자로서 제노바인들을 활용했을 뿐이다. 월러스틴의 표현을 빌리자면, 제노바가 근대로 나아가는 동안 제국은 실패로 돌아갔다.

가 있을 뿐만 아니라, 어음 뒤에 그것의 실체로서 귀금속이 있다는 생각을 하게 했다.

아시엔토 체제와 금속의 화폐화

본래 '아시엔토'라는 말은 스페인 국왕과 개인 사이에 체결된 계약을 의미한다. 16세기적 맥락에서 그 의미를 좀더 좁혀 보면, 아시엔토는 스페인 국왕과 대외은행가 사이에 맺어진, 자금의 대부와 상환에 대한 계약이라고 할 수 있다. 대체로 영토국가의 군주에게는 항상 돈이 필요했지만, 다른 군주에 비해 스페인 국왕은 특히 많은 돈이 필요했다. 스페인의 카를로스 1세가 1519년 신성로마제국의 황제 자리를 놓고 프랑스의 프랑수아 1세와 경합하고 있었기 때문이다. 신성로마제국의 황제가 되기 위해서는 당시 황제 선거권을 쥐고 있던 선제후(選帝侯)들을 매수해야 했다. 결국 카를로스 1세는 푸거 가문에게서 막대한 자금을 지원받아 신성로마제국의 카를 5세로 등극했다.[*]

스페인 왕가에 대한 은행가들의 대부는 국고 수입과 광산을 담보로 한 것이었다. 남부 독일의 광산과 아메리카 등에서 들어오는 금속들은 스페인을 경유하자마자 대외은행가나 상인들에게 흘러갔다. 빌라르에 따르면 어떤 금속들은 스페인을 경유하지도 않았다. "〔스페인〕국왕에게 속한 귀금속은 사전에 담보로 잡혀 있었던 터라 스페인에

---

[*] 푸거 가문은 카를로스 1세의 할아버지인 막시밀리안 황제 때부터 합스부르크가에 대부를 해주고 있었다. 푸거 가문은 이를 통해 남부 독일의 은광산과 구리광산을 독점했고, 이후에는 막시밀리안이 통치하는 분산된 영토들을 따라 국제적인 재정 거래를 장악해 나갔다. 15세기는 이른바 '푸거의 세기'였다(자딘, 『상품의 역사』, pp. 289~296).

도착하기도 전에 외국인들의 수중으로 빠져나갔다."[53]

아시엔토 체제의 목표는 간단했다. 그것은 불규칙하게 스페인으로 들어온 귀금속을 받고 스페인 국왕에게 안정적으로 자금을 공급하는 일이었다. 처음에 아시엔토 체제를 책임진 것은 독일 은행가들이었다. 하지만 이들은 스페인 재정의 파탄과 더불어 급격히 몰락하고 말았다. 16세기 중반부터 본격적으로 아시엔토 체제를 주도했던 제노바인들은 스페인 재정을 직접 떠맡는 것의 위험을 잘 알고 있었다. 새로운 아시엔토 체제가 출범했을 때, 제노바인들은 자신들을 스페인 정부와 다양한 상업 세력들을 연결시키는 네트워크적 존재로 자리매김했다. 위험을 감당하는 쪽은 어음을 은으로 결제해야 하는 스페인 정부와 스페인 정부로부터 은을 직접 받아야 하는 상인들이었다. 제노바인들이 한 일이라고는 과거 무역과 연계되어 있던 자신들의 네트워크를 공적 대부 쪽으로 돌리는 것뿐이다.[54]

스페인 정부가 제노바인들에게 요구했던 것은 크게 두 가지였다. 첫째 스페인이 제공하는 은을 받고 대신 네덜란드와 전쟁을 벌이는 용병들에게 금화를 지급해 줄 것,** 둘째 스페인 국왕에게 안정적인 수익을 제공할 것. 사실 첫번째 요구가 대외 송금과 금속 전환이라는 두 과제를 담고 있기 때문에, 제노바인들이 해결해야 할 과제는 세 가지였다고도 할 수 있다. 대외 송금 자체는 국제적 화폐네트워크를 가진 제노바 은행가들에게 그다지 어렵지 않은 과제였다. 어려운 것은

** 16세기 후반 스페인의 지배 아래 있던 네덜란드가 독립하려 하면서 길고 긴 '80년 전쟁'이 시작되었는데, 스페인이 고용한 용병들이 금화로 급료를 지급할 것을 요구했기 때문에 이런 문제가 생겨났다.

그것을 금속 흐름과 연계하는 일이었다. 그들이 '해냈다'고 말할 수 있는 것은 바로 이 부분이다. 그들은 세비야의 은을 안트베르펜의 금으로 바꾸는 연금술을 완성했다. 아메리카의 은, 아프리카와 동방의 금, 스페인 재무성, 이탈리아 상인들, 저지대 국가의 상인들을 하나로 엮어 '은을 먹고 금을 토해내는' 거대한 '기계'를 만든 것이다.

이 거대한 기계는 다음과 같은 방식으로 작동했다.[55] 스페인 국왕에 대한 대부의 대가로 제노바 은행가들은 세비야에서 스페인 재무성으로 들어온 은에 대한 권리를 얻는다. 제노바 은행가들이 구해야 할 금을 쥐고 있던 쪽은 이탈리아 상인들이었다. 이탈리아 상인들은 동방과 몇몇 상품 및 은을 주고 금을 받는 교역을 하고 있었다. 은을 쉽게 구할 수 있던 제노바인들에게는 안성맞춤의 상대자였던 셈이다. 은행가들은 이들을 통해서 전쟁이 일어나는 저지대 국가로의 화폐 송금과 금으로의 전환을 동시에 이루려고 했다. 방법은 과거의 환어음 체제와 비슷했다. 비센초네의 정기시에서 제노바 은행가들은 이탈리아 상인들에게 스페인 정부가 발행한 은교환 어음을 주고, 대신 네덜란드 인근 저지대에서 지급받을 수 있는 어음을 발행케 한다. 이 어음에는 저지대 상인들이 제노바 은행가들에게 해당 액수를 금화로 지불한다는 내용이 담겨 있다.

그런데 이탈리아 상인들이 저지대인 안트베르펜에서 지급될 어음을 발행할 수 있으려면, 먼저 안트베르펜에서 받을 채권을 가지고 있어야 한다. 이것은 앞서 리옹의 환어음 체제에서도 확인한 내용이다. 이탈리아에 대한 플랑드르의 막대한 무역 적자가 이 문제를 해결해 주었다. 플랑드르의 무역 적자는 이탈리아 상인들이 그곳에 대해

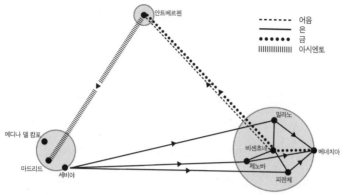

제노바인들의 연금술

제노바인들은 스페인 정부에게 은을 받고, 스페인이 고용한 용병들에게는 금을 내놓아야 했다. 은을 먹고 금을 토해내는 기계, 제노바인들은 그것을 만들어냈다(위 그림은 이른바 황금삼각형으로 불리는 제노바인들의 연금술 메커니즘이다).

실제로 채권을 가지고 있음을 의미하기 때문이다. 제노바 은행가들이 한 일은 외견상 과거와 똑같다. 그들은 어음만을 들고 정기시를 옮겨 다닌다. 은을 가져오고 금을 나르는 일은 은화를 지불해야 하는 스페인 정부나 금화를 지불해야 하는 대외교역 상인들의 몫이다.

과연 무엇이 변했는가. 리옹 정기시와 비센초네 정기시의 차이, 그리고 피렌체 체제와 제노바 체제의 차이는 무엇인가. 언뜻 보면 과거와 다를 바 없는 대외 송금이다. 하지만 구체적 내용으로 들어가면 그 차이가 점차 확연해진다.[56] 아시엔토에는 환율이나 채무의 지불에 관한 이행조항들(fulfillment clauses)이 상세하게 규정되어 있다. 은행가들은 반드시 금화인 피스톨화나 에퀴화로 지불해야 하며, 스페인 정부는 은화인 레알화로 상환한다. 그리고 환율은 이들 주화의 법적 교환 비율에 따른다.

우리는 이 규정들 속에 담긴 변화를 읽어내야 한다. 우선 아시엔 토에 규정된 환율은 사적 은행가들의 협의에 기초한 '콘토'와 완전히 다르다. 교환 비율은 제노바 은행가들이 받아야 할 이자를 반영해 결정된 것이다. 따라서 아시엔토는 콘토처럼 교환의 가이드 역할을 하는 게 아니라 '대부'를 교환으로 위장하는 장치이다. 즉 아시엔토 체제는 교환 장치가 아니라 국가에 대한 대부 장치였던 것이다.

은행가들이 이익을 취하는 형태를 비교하면 이 차이가 드러난다. 콘토만 가지고 리옹의 정기시에서 피렌체 은행가들의 수익을 추산하기는 힘들다. 하지만 아시엔토에 적힌 환율을 보면 교환을 통해 제노바 은행가들이 올린 수익을 짐작할 수 있다. 스페인에서 에퀴화가 갖는 법률적 가치와 계약에서 결정된 가치의 차이가 수익이기 때문이다.* 피렌체 은행가들은 각 지역에서 환율이 안정되어 있을 때, 이것을 준수하는 방식으로 수익 모델을 창출했다. 그것이 그들의 수법이었다. 하지만 제노바 은행가들의 수익은 정상적인 환율에서 아시엔토 계약이 얼마나 이탈했는가에 의해 결정된다. 그 이탈 정도가 대부를 통해 얻은 이자 수익이기 때문이다.

둘째, 아시엔토 체제는 국가를 매개로 해서 어음과 주화를 통합했다. 우리는 리옹에서 은행가들의 대외적 화폐네트워크가 주화의 회로와는 다른 회로를 구성하고 있다는 점을 강조했다. 하지만 아시엔

---

* 물론 이자 외에도 가외 소득이 있었다. 이탈리아에서 은이 훨씬 높이 평가되었기 때문에 이탈리아 상인들과의 교환에서도 그들은 수익을 낼 수 있었다. 또 비센초네 정기시에서 플랑드르 지역으로 송금할 때에도 제노바인들은 높은 수수료를 요구했기 때문에 이로부터 얻은 소득도 상당했다(빌라르, 『금과 화폐의 역사 1450~1920』, p. 233).

토 체제에서 어음의 교환은 사실상 주화의 교환을 의미했다. 그리고 교환되는 어음도 상환에 사용되는 주화도 모두 스페인 정부가 발행한 것이다. 제노바 은행가들을 빼고 보면, 아시엔토는 스페인 정부가 발행한 어음에 대해 스페인 정부가 금속 지급을 보증하는 체제이기도 한 것이다. 원리상으로만 보면 20세기까지 이어져온 태환지폐와 별 차이가 없다. 비록 화폐네트워크가 스페인의 것이 아니긴 했지만, 아시엔토 체제에서 우리는 사적인 어음 회로와 공적인 주화 회로가 통합된 것을 볼 수 있다.

셋째, 어음과 주화의 통합은 곧 '귀금속의 화폐화' 라는 매우 중요한 변화로 이어졌다. 여기서 말하는 '귀금속의 화폐화' 란 화폐의 소재로 귀금속을 사용했다는 의미가 아니라, 모든 화폐의 배후에 그 실체로서 귀금속이 자리를 잡게 되었다는 의미이다. 부아예-그장뵈 등은 이와 관련해서 16세기 후반 유럽의 화폐위기에 대한 새로운 견해를 내놓았다. 그들은 16세기 화폐네트워크를 파괴한 것이 막대한 귀금속의 유입이 아니라 그것의 '화폐적 사용' 이라고 지적했다.[57] 그들에 따르면 스페인 국왕의 전쟁에 대한 대부는 스페인에서 유럽으로의 금속 주화 흐름을 만들어냈고, 그때까지 분리되어 있던 귀금속의 회로와 어음에 의한 교환 회로를 상호침투케 했다. 유럽 바깥에서의 원격지 교역에 사용되던 귀금속들이 유럽 내부로 뛰어드는 것이다.**

** 그들에 따르면 16세기 말에 있었던 유럽에서의 가격혁명은 아메리카로부터의 막대한 귀금속 유입에 의한 것이 아니라 그것의 화폐적 사용에 따라 일어난 일이다. 귀금속 양 일반의 변화가 아니라, 화폐로 사용된 귀금속 양의 증가가 폭발적인 물가상승으로 나타났다는 것이다. 그 전까지 귀금속은 아메리카에서 들여와 아시아와의 원격지교역에 사용되었다 (Boyer-Xambeu et al., *Private Money and Public Currencies*, pp. 160, 179).

넷째, 다양한 화폐들 사이에 단일한 환율이 만들어졌다. 지역마다 참조할 각각의 시세표를 갖는 것이 무의미해졌기 때문이다. 이는 '귀금속의 화폐화'에서 자연스럽게 추론될 수 있는 것이다. 아시엔토 체제가 본래 지역시세표와 상관없이 결정된 것이기도 했지만, 제노바인들이 활용하는 정화가 유럽적 수준에서 지배적 지위를 확보함에 따라 각 화폐는 그 정화와의 교환비율로 가치가 정해졌다. 이는 19세기 금본위 체제 아래서 국가들간 환율이 금에 대한 상대적 교환비율로 정해진 것과 원리상 크게 다르지 않은 것이다.

4. 은행제도의 발전

공공은행의 설립

17세기 중반 이후 유럽은 국가 중심 체제로 재편된다. 화폐질서와 관련해서 이것은 대단히 중요한 의미를 갖는다. 앞서 지적했듯이 국가 '바깥'이라고 하는, 대외적 화폐네트워크의 독립적 공간이 사라지기 때문이다. 실제로 대외적 화폐네트워크는 17~18세기 국민국가 형성 움직임과 함께 소멸하기 시작했다.* 17세기 중반에 제노바의 세기가 끝나고 암스테르담의 세기가 시작된 것은 서유럽 질서의 어떤 중요한 변동을 나타낸다. 브로델에 따르면 암스테르담은 도시체제에서 국가체제로의 이행 중에 있는 도시이다.

암스테르담의 등장과 함께 제국주의적 구조와 성향을 가진 도시들의 시대는 끝났다. "근대적 통합국가의 지지 없이 진정한 상업 및 크레

딋의 제국이 존재하는 것은 이것이 마지막이다"고 바이올릿 바버는 이야기했다. 암스테르담의 역사적 경험이 제공하는 흥미로운 점은 이것이 경제적인 헤게모니의 두 국면, 즉 도시가 지배하는 국면과 근대 국가 및 국민경제가 지배하는 국면의 중간에 위치한다는 점이다. 두번째 국면의 시초는 영국의 지지를 받는 런던이 될 것이다.[58]

우리는 아시엔토 체제를 대외적 화폐네트워크와 국가의 상호작용 체제로 규정했다. 하지만 이때의 상호작용은 외면적인 것이었다. 즉 네트워크는 제노바인들의 것이었고 국가는 스페인의 것이었다. 이와 달리 암스테르담 은행가들의 화폐거래네트워크는 자국 네덜란드의 보호를 받았다. 아리기는 이것을 '보호비용의 내부화'라고 불렀지만, 우리는 국가의 관점에서 이것을 '금융비용의 내부화'라고 부를 수도 있을 것이다. 은행가들이 자기 보호의 비용을 타국이 아닌 자국에 의존한 것처럼, 국가도 전쟁 및 기타 비용을 외부 은행가가 아닌 자국 은행가로부터 충당했기 때문이다.

---

* 앤소니 기든스와 찰스 틸리는 17세기보다 18세기를 강조한다. "17세기까지 대부분의 국경은 전통적 형태를 유지하고 있었고"(기든스, 『포스트모더니티』, p.114), "규모가 크고 내저으로 분화되며, 직접적으로 통치되는 이질적 영토를 보유하는 동시에 시민들에게 통일적인 조세, 화폐, 사법, 입법, 군사, 문화체계를 부과하는 권한을 자처하는 통합국가는 18세기부터 최종적 우위를 점하기 시작했다"(틸리, 『유럽혁명 1492~1992』, p.75). 하지만 최종적 우위란 갑자기 만들어지는 게 아니다. 그 전에 어떤 과정이 점진적으로 시작되었다. 기든스가 말하는 것처럼, "17세기에 접어들어 변경지역 주민들에게 국가를 '선택할 권리'를 부여해 주는 조치가 취해졌다"(기든스, 위의 책, p.115). 더욱이 우리는 17세기 중반에 맺어진 베스트팔렌 조약을 가볍게 다루어서는 안 될 것이다. 아리기의 표현대로, 그것은 근대적 형태의 새로운 유럽 시스템으로서, "주권국가 위의 권위나 기구를 인정하지 않고 체계를 국가간 체제로 규정"하는 조약이었다(Arrighi, *The Long Twentieth Century*, p.43).

이런 변화를 상징적으로 보여주는 두 기관이 동인도 회사와 암스테르담 은행이다. 동인도 회사는 식민지 착취와 대외교역을 주도했던 조직이었는데, 단순한 상인들의 집합이 아니라 네덜란드 정부가 면허를 주고 해군으로 보호를 해준 회사였다. 또 암스테르담 은행은 정부가 외부의 대외은행가들을 대체하면서 상인들에게 안정적으로 화폐를 공급하기 위해 만든, 정부의 기획 아래 탄생한 은행이었고, 그 보증도 암스테르담 시가 직접 섰다.[59]

틸리는 유럽에서 근대 국가의 성립과정을 '철저한 가두기 작업'이라는 말로 표현했는데, 이 '가두기'라는 말은 대외적 화폐네트워크에 대한 영토국가들의 태도이기도 했다. 사실 국가가 한 일은 단순한 '가두기'가 아니라 철저히 '자기 것으로 만들기'였다.

영토국가에 의한 화폐네트워크의 '자기 것 만들기'가 시작되었음을 상징적으로 보여주는 것은 은행가 클럽의 구성 변화와 상인들의 귀화 현상이다. 은행가들의 구성을 보면 17세기부터 디아스포라 은행가들이 몰락하고 점차 정착민 은행가들이 득세한다.[60] 새로운 국제 질서는 디아스포라 상인과 은행가들의 지위를 크게 흔들었다.* "프랑스 대상인들의 팽창은 다른 한편으로 예전에 프랑스를 떠났던 신교도들이 돌아옴으로써 이루어졌다. 그와 같은 귀화 현상은 독일의 궁정 유대인들, 스페인의 카탈로냐 및 바스크에서 성장하던 상인들, 나아가

---

* "지배적인 지위에 있던 상인들이 쇠퇴해 갈 때는 점차 그것을 대체하는 구조가 등장한다. 1661년경이든지, 그보다 전인 1648년 재정위기가 닥쳤을 때부터 '프랑스의 토스카나인', 즉 프랑스에 정착한 이탈리아인의 지위가 흔들리고 있었다"(브로델, 『물질문명과 자본주의』 II-1, p. 224).

국가에 돈을 빌려주는 상인들로 성장했던 마드리드의 5대 주요 길드 상인들의 경우에서도 볼 수 있다."[61]

짐멜은 우리가 말하고 싶은 17세기 화폐질서의 변화를 가장 잘 표현했다.[62] 그는 근대적 은행가의 '이방인적 성격'이 17세기 들어서야 근대적 국가들의 노력에 의해 극복되기 시작했다고 말한다. 그에 따르면 17세기 화폐 역시 이전과 마찬가지로 '국제적'이지만 그 의미는 완전히 달라졌다. 화폐네트워크가 '국제적'이라는 말이 16세기에는 '국가 외부'를 의미했다면, 이제는 자기 국가를 기반으로 다른 국가에 진출하는 것이 되었다.

> 프랑스 국왕들은 오랫동안 피렌체 은행가의 도움으로 이탈리아와 교전했다. …… 후에는 독일의 자본에게 도움을 받아서 독일제국으로부터 알사스 지방을 빼앗았다. 스페인인들은 이탈리아를 지배하기 위해 이탈리아의 금력을 사용할 수 있었다. 17세기에 들어서야 비로소 프랑스, 영국, 스페인은 화폐자본의 이런 부유성(浮遊性)을 종식시키려고 노력하였다. 그 결과 화폐자본은 순수한 수단으로서 성격을 명확히 하게 되었고, 자국 정부의 자본 요구에 부응하게 되었다. 최근에 이르러 금융은 다시금 국제적이 되었는데, 그것은 전과는 전혀 다른 의미를 갖는다. 본래적 의미에서 '외국인'은 오늘날 더 이상 존재하지 않는다.[63]

17세기 이후 공공은행(public bank)의 설립은 대외적 화폐네트워크가 국가제도에 의해 대체되었음을 보여준다. 그 대표적인 예가

1609년에 설립된 암스테르담 은행이었다.* 이 은행은 대규모의 창고, 동인도 회사 등과 함께 네덜란드를 17세기 서유럽의 중심 국가로 만드는 데 큰 기여를 했다.[64] 이 은행은 아주 오랫동안 유럽 각 지역 상인들의 부러움을 샀고,** 각 영토국가들에게 비슷한 공공은행을 설립할 강한 동기를 부여했다.

화폐거래네트워크의 변화와 관련해서 암스테르담 은행이 갖는 첫번째 의의는 그것이 국가가 개입한 공공제도로서의 성격을 가졌다는 점이다. 국제적이었던 암스테르담이라는 도시가 또한 네덜란드라는 국가의 도시였듯이,*** 암스테르담 은행이나 증권시장 또한 "네덜란드가 대외상인들에게 다른 나라보다 더 나은 파이낸스를 제공해서

---

* 사실 암스테르담 은행이 최초의 공공은행인 것은 아니다. 암스테르담 은행처럼 공적인 목적에서 환전과 예금 업무를 해주고, 심지어 은행권 비슷한 것을 발행한 사례는 이전에도 있었다. 가령 15세기 초에 설립된 '성 조르조 은행' (Casa di San Giorgio)은 최소한 16세기 말에 물건을 받고 '비글리에티' (bigleitti)라고 불리는 증서를 발행해 주었다. 1555년 시칠리아의 팔레르모에도 이와 비슷한 은행이 있었다. 암스테르담 은행과 같은 시기에는 말할 것도 없다. 함부르크 은행(1619), 베네치아 지로 은행(1619), 그리고 뉘렘베르크 은행(1621) 등이 암스테르담 은행과 비슷한 성격의 공공은행이었다(Kindleberger, *A Financial History of Western Europe*, p. 49).

** 잉글랜드 은행이 탄생하기 직전 출판된 니콜라스 바본의 글은 한 세기 동안 잉글랜드 상인들이 암스테르담 은행을 얼마나 부러워했는지를 잘 보여주고 있다. "거대한 교역 도시들은 크레딧을 취급하는 공공은행들을 가지고 있다. 암스테르담이 그렇고 베네치아 그렇다. 공공은행들은 화폐에 되풀이되는 문제들을 해결하고 매우 신속하게 업무를 처리해 주는 등 지불을 쉽고 편하게 해주기 때문에, 교역에 커다란 도움을 준다. 공공은행들은 교역에 있어 매우 중요하기 때문에, 그런 은행을 원했던 런던의 상인들은 현금을 들고 금세공업자를 찾을 수밖에 없었다"(Barbon, *A Discourse of Trade*, p. 14).

*** 브로델은 '네덜란드에 '국가'라는 것이 존재했는가'라는 물음에 분명히 '그렇다'고 답하고 있다. 암스테르담이 유럽의 역사에서 "도시가 지배하는 국면과 근대 국가가 지배하는 국면의 중간"에 위치하고(브로델, 『물질문명과 자본주의』III-1, p. 239), 네덜란드 자체도 독립성이 강한 주들의 연합이었던 것이 사실이지만, 대외정책을 보면 '네덜란드 연방이 강한 국가였다는 것'은 의심의 여지가 없어 보인다. 특히 경제적 대외정책과 관련해서 국가적 성격은 매우 강하게 드러난다(브로델, 앞의 책, p. 279~282).

무역을 장악하기 위해 고안한" 것이었다.[65] 우리는 국가적 성격을 염두에 두지 않고서는 암스테르담 은행의 성격을 완전하게 파악할 수 없다.****

둘째로 우리는 암스테르담 은행의 환전 업무가 금속에 대한 태환을 기초로 하고 있었음에 주목할 필요가 있다. 제노바의 세기를 거친 이후 유럽에서는 금속화폐만이 '참다운' 화폐로 대접받았다. 정화에 대한 참조 없이 화폐 단위 사이의 복잡한 상호교환을 수행했던 16세기 대외은행가들과 달리 17세기 암스테르담 은행가들은 엄청난 규모의 어음과 크레딧을 유통시킬 때조차 금고에 같은 양의 금속을 채워넣었다. 금속과의 안정적인 태환 능력이야말로 암스테르담 은행의 명성이 높은 이유였다. 이 은행은 오늘날의 용어로 말하면, 100% 준비금을 가진 은행이었다. 어떤 화폐든 300플로린 이상의 예금을 다 받아들였고, 예금에 대해 예금증서를 발행했다. 그리고 이 예금증서는 어떤 경우에도 양화(良貨)로 지불되었다.*****

셋째로 암스테르담 은행은 국내 화폐와 대외 화폐를 유기적으로 결합시켰다.[66] 그것은 사실 금속 정화라는 공통의 실체를 전제했기 때

**** 암스테르담 은행이 그다지 이익을 추구하지 않았다는 점도 그것의 공적인 성격을 잘 나타낸다 사적인 기업이었다면 이익을 확대하기 위해 온갖 노력을 기울였겠지만, 암스테르담 은행은 기본적인 예금과 환전 업무에만 신경을 썼다. 수익은 주로 환전 수수료와 조폐창에 귀금속을 팔아서 얻는 것 등이었고, 주로 영업비용의 충당에 사용했다 (빌라르, 『금과 화폐의 역사 1450~1920』, p. 254).

***** 루이 14세가 네덜란드 공화국에 대해 일으킨 '네덜란드 전쟁'은 암스테르담 은행의 명성을 드높인 계기가 되었다. 1672년 프랑스의 위협으로 네덜란드 은행들의 예금자들이 공포에 휩싸였을 때에도 암스테르담 은행은 양화로의 지불을 계속했다. 이 일은 유럽인들에게 암스테르담 은행이 얼마나 안정적인지를 분명하게 각인시켰다(빌라르, 앞의 책, p. 254).

문에 가능한 일이다. 암스테르담 은행이 설립되기 직전, 해외 주화는 말할 것도 없고 복잡한 국내 주화에 대한 불만이 상인들로부터 쏟아져 나왔다. 당시 네덜란드에는 주(province)들을 통틀어 14개의 주조소가 있었고, 거기에 6개 자치도시의 주조소가 더 있었다. 네덜란드 정부는 이런 복잡한 화폐체제를 표준화하려 했지만 성공하지 못했다.[67] 하지만 그런 시도 자체는 평가할 만한 것이었다. 갤브레이스의 표현을 빌리면 여기엔 "공공은행에 의해 공급되는 화폐에 공공의 규제를 가한다는 사상이 최초로 담겨 있기" 때문이다. "상인이 악화(惡貨)와 양화를 뒤섞은 채로 가져가면 은행은 그것을 계량하고 금속의 순중량을 장부에 기록했다."[68] 장부에 기록되면 그것이 어떤 주화이든 해당액만큼 양화로 받을 수가 있었다. 과거엔 별개의 회로를 구성했던 국내 화폐와 국제 화폐가 결합되기 시작한 것이다.

지금까지 살펴보았듯이, 이처럼 암스테르담 은행은 근대 화폐의 형성에 있어서 진전된 요소들을 매우 잘 보여주고 있다. 중상주의 전략 아래서 국가와의 연계를 실시한 것, 화폐처럼 유통된 예금증서의 금속 태환을 보증한 것, 국내 화폐와 국제 화폐 사이에 유기적 관계를 수립한 것. 이와 같은 요소들은 과거에 비해 많이 앞선 것들이다. 하지만 앞서는 것은 과거에 대해서이지 미래에 대해서가 아니다. 네덜란드의 은행체제를 부러워했던 잉글랜드인들이 한 세기 뒤 공공은행을 만들었을 때, 그 은행은 암스테르담 은행보다도 확실히 몇 걸음 더 나아갔다. 조너선 윌리엄스 등의 표현을 빌리자면, "17세기 말이 되어서야 비로소 유통어음과 중앙화된 은행업이 오늘날 통화체제의 기초를 쌓기 시작했다".[69]

은행권의 발행

1694년에 설립된 잉글랜드 은행은 이름부터가 논란거리였다. 당시로서는 은행에 국가의 이름을 쓴다는 게 몹시 낯설었기 때문이다. 맑스에 따르면 잉글랜드 은행 설립 문제가 처음 논의되었을 때 토리당은 이렇게 항의했다. "번영하는 은행들이 베네치아, 제노바, 암스테르담, 함부르크에 존재하지만, 프랑스 은행 또는 스페인 은행이라는 말을 들어본 적이 있는가."[70] 중앙은행에 국가 이름을 쓰는 것이 자연스러웠던 19세기라면 모를까 확실히 17세기 말은 조금 이른 감이 있었다. 하지만 국호를 가진 은행은 18세기 화폐네트워크의 국가적 성격을 나타내는 데는 더할 나위 없이 좋은 예이다.

처음부터 공적인 제도로서 출발했던 암스테르담 은행과 달리 잉글랜드 은행은 사적 클럽이 공적 대부를 통해 공적 지위를 보장받는 형식이었다. 잉글랜드 은행이 탄생하기 전에도 영국에는 예금 업무를 수행하고 예금에 기초해서 노트(note)를 발행한 사적 환전상들이 있었다.* 가장 대표적인 경우가 귀금속을 예탁 받고 그 증서로 '골드스미스 노트'(goldsmith's note)라는 것을 발행한 금세공업자들이었다. 이들은 금속을 녹여 주화를 만들고, 반대로 주화를 녹여 금속괴로 만들 수도 있었다.[71] 국가는 이들의 화폐 주조에 대해서는 규제를 많이 했지만, 항상 돈이 모자랐던 터라 이들로부터의 대부에 크게 의존하고 있었다. 국가의 세입을 담보로 한 대부는, 정치적 상황에 따라 때

---

* 금/은세공업자(goldsmith/silversmith)가 대표적이고, 그 외에도 상인들(merchant), 중개상들(brokers), 공증인들(scrivener), 조세청부업자들(tax farmer) 등이 은행의 예금 업무 비슷한 일을 수행했다.

일 염려가 없진 않았지만, 이자율이 높아 큰 수익을 올릴 수 있는 사업이었다.*

암스테르담 은행과 같은 공공은행의 설립을 간절히 바랐던 런던 상인들은 금세공업자들을 그런 식으로 이용하려 했다. 하지만 금세공업자들이 공공은행을 대신할 수는 없었다. 이들이 가진 공공성 자체가 크지 않았다. 대부를 하면서 군주와 맺은 계약도 안정적이지 못했지만, 무엇보다도 공공성을 침해한 것은 사적 이익을 기반으로 한 이들의 업무처리 방식이었다. 은행 업무를 사적 이익의 방편으로 삼았기 때문에 부정의 소지가 아주 많았다.** 실제로 금속함량이 높은 양화를 챙기고 저질 주화들을 내놓는다든지, 주화의 테두리를 고의로 마모시키는 일들이 자주 일어났다.[72]

당연히 상인들로서는 불만이 클 수밖에 없었다. 1688년의 명예혁명과 그 뒤에 연이어 터진 전쟁들(1689~97년 프랑스와의 9년 전쟁, 1702~14년 스페인 왕위계승 전쟁 등)이 상인들에게 하나의 기회를 제공했다. 과거 왕가와 긴밀한 관계에 있던 금세공업자들은 명예혁명

---

* 어느 정도 과장되었을 수 있지만, 존 프랜시스는 1848년 그의 『잉글랜드 은행의 역사』에서 찰스 2세에 대한 대부로부터 금세공업자들이 20~30%의 이자를 받았다고 쓰고 있다. "사업이 이처럼 유리하였기 때문에 금세공업자들은 점점 더 국왕에게 대부하게 되었고, 모든 세입을 미리 예상하며 의회의 화폐 지출 결의를 담보로 삼고 또한 서로 경쟁적으로 어음, 지불명령서, 세금고지서를 담보로 삼았기 때문에, 모든 세입이 금세공업자들의 손을 거치게 되었다"(맑스, 『자본론』III(하), p.741. 각주 3번에서 재인용).

** 공적 대부를 제외한다면 이들의 주 수입원은 금속의 시장가치와 주화의 명목가치의 차이를 노리는 것에 있었다. 하지만 정상적인 환전을 통해서는 수익을 내기 힘들었다. 환전 시의 수수료를 무시한다면, 외국 주화의 상업적 가치가 법적 가치를 훨씬 초과해서 국내 주화에 대한 세뇨리지를 지불하고도 남을 정도가 되어야 환전 자체에서 수익을 챙길 수 있다. 하지만 이런 일은 자주 생기지도 않고 안정적인 것도 아니었다(Boyer-Xambeu et al., *Private Money and Public Currencies*, p.124).

이후의 새로운 국왕이 이전 왕가의 채무를 인정하지 않을까 걱정했고 전쟁에 대한 새로운 대부 역시 충분히 보상받지 못할 것이라고 생각했다. 그래서 이들은 새로운 국왕에 대한 대부에 소극적이었고 이 틈을 상인들이 놓치지 않았다. 금세공업자들에게 불만이 많았던 상인들은 역시 비슷한 불만을 가졌던 국왕에게 적극적으로 대부를 제공하고 은행 설립을 허가받았다.

런던 상인들의 조합은 마침내 1694년 국왕에게 대부했던 120만 파운드 스털링을 자본금으로 해서 주식회사 형태로 잉글랜드 은행을 창립했다. 잉글랜드 은행은 출자액을 기반으로 은행권을 발행할 수 있었고, 상업어음 할인과 개인 대부도 실시했다. 처음에 이 은행이 갖는 권리의 시한은 12년이었다. 하지만 그것은 계속 연장되었고 1720년 남해회사(South Sea Company) 사건***을 거친 후에는 아예 독점적 지위를 갖는 은행이 되었다.

잉글랜드 은행의 새로움은 크게 두 가지였다. 하나는 "예금과 계좌 이체의 기능 외에도 발권 기능을 의도적으로 조직해서 가졌다"는 점이고,[73] 다른 하나는 과거 공공은행이 하지 않던 "대부 혹은 우리가 포트폴리오(portfolio)라고 부르는 관리"를 했다는 점이다.[74] 발권과 여신 관리가 이후 은행들의 주요 업무로 발전한 점을 고려하면 잉글

*** 일명 남해회사 거품 사건. 1720년 남해회사는 남미무역 독점권을 따내기 위해 의회의 승인을 얻어 영국의 국채 인수를 제의했고, 이 회사의 주식값은 엄청나게 치솟았다. 1720년 1월 128파운드이던 주식이 그해 7월에는 1,000파운드가 되었다. 엄청난 주식투기가 있었으나 그해 9월 시장이 붕괴되면서 12월 주가가 124파운드로 폭락했고 이와 함께 국채를 포함해 남해회사 주식과 관련된 다른 주식 가격도 덩달아 떨어졌다. 이 책 3장의 '공채제도'에 관한 논의를 참조하라.

국가 이름을 쓴 은행

잉글랜드 은행이 처음 만들어졌을 때 토리당 사람들은 이렇게 따졌다. "당신은 국가 이름을 쓴 은행들을 들어본 적이 있는가." 만약 두 세기 정도만 더 살았다면 그들은 그 질문을 슬그머니 감추었을 것이다. 맨위 그림은 17~18세기 대표적 공공은행이었던 잉글랜드 은행의 1810년대 모습이다. 아래 왼쪽 그림은 1699년 발행된 잉글랜드 은행의 635파운드짜리 지폐이다. 예치금에 대한 영수증으로서 그 일부를 찾고 잔액을 여백에 적어 남길 수 있었고, 언제든 금으로 바꿀 수 있었다. 아래 오른쪽 그림은 1955~60년 발행된 잉글랜드 은행의 1파운드짜리 지폐인데, 지폐를 금으로 바꾸어 준다는 약속은 있었지만 실제적인 의미는 없어졌다.

랜드 은행의 선진성을 짐작할 수 있을 것이다.

잉글랜드 은행권은 금속의 태환증서에 불과했던 암스테르담 은행의 예금증서와는 성격이 많이 달랐다. 18세기 초 중요한 화폐 이론가이자, 지폐에 관한 스캔들로 유럽을 떠들썩하게 했던 사건의 당사자인 존 로가 잘 지적했듯이, 담보만 확실하다면 은행권의 발행을 금속에 강하게 묶어둘 필요가 없었다.[75] 당시 은행가들은 적절히 관리만 하면 준비금 이상의 은행권을 발행하는 것이 문제가 없음을 이론적으로, 그리고 경험적으로 알고 있었다. 은행권을 발행해서 대부할 수 있다면 은행은 큰 이익을 남길 수 있을 것이다. 그래서 18세기 초에는 잉글랜드 은행권이 남발되는 경향이 있었고, 그것 때문에 몇 차례 지불위기를 맞기도 했다. 이런 위기들은 앤 여왕을 비롯해서 몇몇 귀족들이 상당한 액수의 정화를 선대해 줌으로써 극복되었다.[76]

잉글랜드 은행이 1720년의 투기 사건 이후 국가로부터 사실상의 독점적 지위를 인정받으면서,* 잉글랜드 은행권도 점차 공식 화폐의 지위에 다가섰다. 맑스의 말처럼 은행권이란 따지고 보면 "은행업자가 발행하는 일람불(一覽拂) 어음에 지나지 않는 것"이다.[77] 하지만 잉글랜드 은행권처럼 공식 화폐로 받아들여져 상업 유통만이 아닌 일반 유통에 사용되고, 국가가 그 신용을 뒷받침하면 결국 법화가 되고 국민통화로 발전하게 된다.

---

* 1720년 제정된 '투기방지법'(Bubble Act)은 허가받지 않은 주식회사 설립을 금지시켰고, 특히 은행 설립의 경우 6인이 넘는 수가 합자를 할 수 없게 만들었다. 6인 이하의 수가 모여서 잉글랜드 은행과 경쟁할 수 있는 은행을 설립하는 것은 현실적으로 불가능했기 때문에, 잉글랜드 은행은 사실상 독점의 지위를 누렸다고 할 수 있다.

잉글랜드 은행에 대한 정부의 뒷받침은 갈수록 강화되었다. 1797년 태환위기가 닥쳤을 때 영국 정부는 '은행제한법'(Bank Restriction Act)을 만들어 은행권에 대한 금속 태환의 의무를 면제시켜 주었고, 잉글랜드 은행권을 강제 유통시켰다. 그리고 마침내는 '1844년 은행법'을 통해 잉글랜드 은행을 중앙은행으로, 그 은행권을 국민통화로서 확정했다. 이 과정은 국민국가의 화폐주권 형성과정과 너무도 긴밀히 연관된 문제이기 때문에 이 책 3장에서 별도로 다룰 것이다.

다만 여기서 우리는 잉글랜드 은행의 중앙은행화와 은행권의 국민통화화의 과정이 서유럽에서 화폐거래네트워크의 변화과정에 어떤 의미를 주는지 짚어볼 필요는 있다. 잉글랜드 은행의 중앙은행화는 국가가 화폐거래네트워크를 위계적으로 재편해 적극 관리한다는 사실을 보여준다. 국가는 중앙은행을 통해 화폐거래네트워크에 이상이 생길 때마다 적극 개입했고, 사전 감독 기능도 점차적으로 강화해 갔다. 이처럼 국가가 화폐거래네트워크의 관리자가 된 것은 16세기 대외적 화폐네트워크에서 아시엔토 체제, 공공은행 체제, 그리고 중앙은행 체제까지 일관되게 진행되고 있는 하나의 방향이다.

다음으로 특정 은행권의 국민통화화는 다양한 화폐 형태들(주화, 어음, 상업증서 등)이 국민통화를 기반으로 해서 위계적으로 통합되는 과정이라고 할 수 있다. 우리는 16세기 별도로 움직이던 화폐 회로들이 아시엔토 체제를 거쳐 공공은행에 이르면서 귀금속 태환 문제를 중심으로 연계되기 시작했음을 살펴보았다. 19세기 국민통화의 탄생은 이런 화폐들이 사실상 국민통화의 전환성(태환성, convertibility)을 기반으로 해서 통합된다는 의미를 갖는다.

자본의 신용대부

우리는 잉글랜드 은행이 가진 새로움 중의 하나가 은행권의 발행이고, 다른 하나가 '대부에 대한 관리'라고 했다. 사실 이 두번째 새로움은 잉글랜드 은행의 새로움이라기보다는 18세기에서 19세기로 이행하면서 은행들이 갖게 된 어떤 새로움이다. 물론 대부 자체만 놓고 보면 새로울 것이 없다. 16세기 은행가들도 상인과 군주에 대한 대부를 부분적으로 행하고 있었다. 그런데 우리가 새로운 '대부'라고 말하는 것은 은행이 산업자본가에게 '자본'을 대부하는 경우이다. 은행이 화폐를 자본으로 대부한다는 것은 자본주의, 특히 산업자본주의의 일정한 발전을 전제하기 때문에 이전 시대 은행들이 수행할 수 있었던 기능이 아니었다.*

은행의 전형이 암스테르담 은행에서 잉글랜드 은행으로 바뀌는 것은 거시적으로 볼 때 네덜란드의 상업자본주의로부터 영국의 산업자본주의로 바뀌는 과정이기도 하다. 맑스는 이것을 다음과 같은 말로 간명하게 표현했다. "영국과 네덜란드를 비교하라. 지배적 상업국으로서의 네덜란드의 몰락사는 상업자본이 산업자본에 종속하여 가는 역사이다."[78] 네덜란드의 암스테르담을 영국의 런던과 비교하면서 브로델은 "이 도시에는 상업 이외에는 완전히 발달한 산업이 없었다"

---

* 맑스는 "자본이 상업자본 형태로 독립적으로 우세하게 발달한다는 것은 생산이 그만큼 자본에 종속되어 있지 않다는 것, 즉 자본과 무관한 사회적 생산 형태 위에서 자본이 발전하고 있다는 것을 의미한다"고 했다. 그리고 이런 상황이 "베네치아인, 제노바인, 네덜란드인 등에 의해 수행된 중개무역의 역사에서 가장 잘 나타난다"고 했다(맑스, 『자본론』 III(상), p.393).

고 말했다.[79] 제조업이 없었던 것은 아니지만 암스테르담은 누가 봐도 상인들의 도시라는 것이다. 이 도시의 부는 대부분 동인도 회사로 상징되는 원격지교역과 대규모 저장 및 유통을 가능케 한 창고, 그리고 그것을 측면에서 지원하는 은행 및 금융제도가 합작해서 만들어낸 결과였다.[80] 그런데 원격지교역, 창고, 은행, 이 모든 것들은 상인의 도구였다.

그렇게 보면 암스테르담 은행에 이르기까지 그 많은 변화에도 불구하고, 화폐거래네트워크가 관여하는 영역은 크게 변화하지 않았음을 알 수 있다. 은행가들은 주로 상인들의 환전과 대외송금을 맡았고, 군주에게 필요한 돈을 제공하는 대신 대외교역과 관계된 이권을 챙기는 방식으로 부를 쌓았다. 대체로 은행가들의 대부는 산업 생산과는 무관했던 것이다.

그렇다면 은행이 산업자본가에게 자본을 대부한다는 것은 어떤 의미인가. 일단 화폐는 '자기 가치를 증식'하는 과정에 직접 관여할 때 자본으로 전화된다. 생산수단과 노동력을 구매해서 상품을 생산하고 판매함으로써, 더 많은 화폐로 돌아왔을 때 자본으로 사용되었다고 할 수 있다.[81] 은행은 산업자본가에게 자본을 대부하고, 실현된 잉여가치 중의 일부를 이자 형태로 받는다. 일종의 '이자 낳는 자본' (interest-bearing capital)을 대부한 셈이다. 이것의 이론적 의미에 대해서는 이 책 5장에서 자세히 논할 것이다. 여기서 우리가 더 주목할 지점은 은행이 자본을 대부하는 신용기관으로서 위상을 갖게 되었다는 사실이다.

19세기 은행학파의 대표적 인물 중 한 명인 토머스 투크는 은행이 예금을 받고 대부할 때 서로 다른 화폐 유통이 존재한다는 것을 직감했다. 그는 개인이 소득을 예금했다가 소비를 위해서 지출하는 경우와 화폐자본가가 은행에 맡겼다가 산업가에게 대출하는 경우의 화폐 의미가 전혀 다르다고 주장했다. 그는 전자를 '통화의 유통'으로, 후자는 '자본의 유통'이라고 표현했다.[82]

19세기적 맥락에서 볼 때 화폐와 자본을 구별해야 한다는 투크의 생각은 분명히 옳았다. 하지만 그의 설명은 혼돈스러웠다. 산업자본가가 급히 은행에 대출을 요구했다고 해서 그것이 꼭 자본이라는 법은 없기 때문이다. 산업자본가들은 만기가 된 채무를 갚기 위한 지불수단으로서 화폐를 필요로 하는 일이 많다. 따라서 투크가 '통화의 유통'이라고 불렀던 것은 대체로 교환수단으로서의 화폐와 관련되고, '자본의 유통'이라고 불렀던 것은 지불수단으로서의 화폐와 관련된다고 할 수 있다. 그런데 이것들은 화폐의 기능상의 구분이지 화폐와 자본의 구별은 아니다.[83]

프리드리히 엥겔스는 은행에서 받은 돈이 '자본인지, 화폐[통화]인지'를 알고 싶다면 고객의 입장에 서보라고 충고했다.[84] 어음할인으로 돈을 받았다면 그것은 은행으로부터 자본을 대부받은 게 아니다. 고객은 어음을 일정한 조건에 은행에 팔았을 뿐이다. 뭔가 담보를 제공하고 대부를 받았을 경우에도 자본을 내부받은 게 아니다. 그가 제공한 담보도 자본을 나타내기 때문이다. 산업자본가들이 담보를 잡히고 화폐를 받는 것은 만기가 된 채무를 갚기 위한 지불수단이 필요한 경우이다. 아무 담보도 받지 않고 신용에 의거해 대부를 받는다면, 산업가는 비로소 '화폐자본'을 받은 셈이다. 19세기 은행의 새로운 면은 바로 신용에 의한 자본의 대부, 이것에 있었다.*

화폐자본을 대부하는 신용기관으로서 19세기 은행은 새로운 위상을 갖게 되었다.** 은행은 곳곳에 흩어져 있던 화폐 소득들을 예금 형태로 흡수해서 대부자본으로 전환시켰다. 비록 자본을 대부한 대가로 이자를 받기는 했지만 산업자본가로 하여금 더 쉽게 더 많은 자본을 동원할 수 있도록 해주었다. 맑스는 화폐자본의 일반적 관리자로 등장한 19세기 은행에 대해 다음과 같이 묘사했다.

> 은행업자의 업무는 대부가능한 화폐자본을 대량으로 자기 수중에 집중시키는 것이며, 이리하여 개별적인 화폐대부자를 대신해 은행업자가 모든 화폐대부자의 대표로서 산업자본가와 상업자본가를 상대하는 것이다. 은행업자는 화폐자본의 일반적 관리자로 된다. 다른 한편에서 그는 산업 전체를 위해 차입하는 것에 의해 모든 대부자에 대해 차입자를 집중시킨다. 은행은 한편에서는 화폐자본의 집중, 대부자의 집중을 상징하며, 다른 한편에서는 차입자의 집중을 상징한다.[85]

---

* 어음 할인이나 담보 대출 같은 것은 16세기 은행가들에게도 낯선 게 아니었다. 브로델이 소개한 메디나 델 캄포의 은행가 루이즈는 1590년에 양모업자들의 어음을 액면가보다 낮게 사들여 돈을 벌었다. 같은 시기에 국왕이나 상인들은 재산을 담보로 대출을 자주 받았다. 하지만 자본으로서의 화폐의 대부는 산업자본주의와 신용제도의 발전이 충분히 성숙했을 때 비로소 가능해졌다. 맑스는 이렇게 말했다. "차입과 대부만으로 신용이 구성되는 것은 아니다. 본질적이고 발전된 생산관계로서의 신용은 역사적으로 자본이나 임노동에 기초한 유통에서만 등장한다"(맑스, 『정치경제학비판요강』 2권, p.171).
** 물론 우리는 신용제도 일반을 은행신용과 등치시켜서는 안 된다. 은행신용은 산업가와 상인에 대해 은행업자가 제공하는 신용이고 은행업자의 산업자본가에 대해 갖는 개별적 신용관계의 총칭이지만, 신용제도는 은행신용과 상업신용을 포괄하는 통일체로서 규칙성과 지속성을 갖고 제조업, 상업, 건설업, 서비스업 등 산업 전체에 대해 부여되는 신용조직체를 의미한다(下平尾勳, 『信用制度の經濟學』, p.21).

산업규모가 확대되고 생산이 사회화될수록 더 많은 자본의 동원과 그것의 더 빠른 회전이 필요하기 때문에 은행과 같은 신용제도의 발전은 필수적이었다. 19세기 화폐거래네트워크의 가장 중요한 기능 중의 하나는 이처럼 자본을 조직화하고 신용대부하는 것이었다.

5. 전국적인 화폐경제의 구축

이제 우리는 마지막으로 전국적 차원에서 화폐거래네트워크가 어떻게 구축되었는가를 살펴보려고 한다. 전국 차원에서 화폐거래네트워크가 경제를 조직하는 과정은 역시 근대 국민국가의 형성, 그리고 전국시장의 형성과 분리될 수 없는 과정이기도 하다.

킨들버거는 중앙은행인 잉글랜드 은행과 프랑스 은행 모두 외부자에 의해 설립되었다는 사실을 환기시켰다.[86] 재정 관료들이나 국내 조세청부에 관여하던 금세공업자들이 아니라, 온갖 종류의 사업에 관심을 가졌던 세계인들, 특히 대외교역에 관심이 많았던 상인들이 주체 세력이었다는 것이다. 하지만 화폐거래네트워크의 대외적 전통이 중요하다고 해도 그것을 이제 국가적 맥락을 떠나 생각하는 것은 불가능하게 되었다. 그리고 국가의 관심은 대외적인 것뿐만 아니라 대내적인 것에도 있었다는 점 역시 염두에 두어야 한다.

이제까지 우리는 영토국가의 성장과 함께 국제적인 화폐거래네트워크가 존재했던 대외 공간이 사라졌다는 점을 강조해 왔다. 하지만 빈 공간은 외부에만 있었던 게 아니라 내부에도 있었다. 영토국가의 내부에는 많은 지역과 도시들이 섬처럼 존재하고 있었다. 브로델은 거대한 영토국가 프랑스를 이렇게 묘사했다. "한편에는 변방 또는 원의 둘레가 있고 다른 편에는 국내 또는 방대한 내부 공간이 있다. 한편에는 비좁음, 조숙함, 상대적 부유함, 폭발적 도시들이 있고, 다른 한편에는 두터움, 빈번한 곤궁, 회색빛 현실 속에 살아가는 많은 도시들이 있다."[87]

서유럽에서 교역은 오랫동안 안팎으로 말려 있었다. 대외교역은 바깥에서만 순환했고, 대내교역은 한없이 안으로만 웅크려들었다. 그래서 폴라니의 질문은 흥미롭다. "원격지교역도 아니고 국지교역도 아니라면 도대체 근대적인 국내교역은 어디서 온 것인가." 그리고 나서 그는 이렇게 답했다. "우리는 국가의 간섭이라는 기계신(deus ex machina)에서 설명을 구할 수밖에 없다."[88] 근대 국가는 외부만 정복했던 게 아니라 내부도 정복했던 것이다. 그리고 이 두 과정은 동시적일 수밖에 없었다. 다른 국가들과 경쟁해야 했던 영토국가들은 자기 안의 자원들을 최대한 동원해야 했기 때문에 봉건적 고립주의나 도시들의 배타주의를 허물지 않을 수 없었던 것이다.*

물론 전국적 차원에서 교역이 통합된 것, 그래서 전국시장이 창출된 것을 오로지 국가의 통치적 관심으로만 설명할 수는 없을 것이다. 자본가와 상인들 역시 산업자본주의의 성장을 뒷받침할 더 크고

---

* 전국적 공간의 정복을 가시적으로 보여주는 것은 도로 정비와 철도 건설이다. 이것들은 대도시의 시장들과 시장 바깥에 존재하거나 독자적인 지역시장만을 가지고 있던 지역들을 서로 연결시켜 주었다. 프랑스에서 도로 정비와 철도가 전국시장과 연계되는 측면에 대해서는 브로델(『물질문명과 자본주의』 III-1 p. 447)과 레옹(Léon, "La conquête de l'espace national")을 참조하라.

표준화된 시장을 요구했다. 브로델은 네덜란드에서 산업혁명이 일어나지 않은 이유를 전국시장의 부재에서 찾았는데,[89] 사실 전국시장과 산업혁명이 일방적인 인과관계에 놓여 있는 것은 아니다. 전국시장이 산업혁명을 가능케 한 것만큼이나, 산업혁명이 전국시장을 창출한 면도 있기 때문이다.

전국적 지불/결제 시스템의 구축

어떻든 전국시장이 형성되는 과정은 우리가 관심을 갖고 있는 전국적 화폐거래네트워크의 형성과정과 맞물려 있다. 런던에서 유행하던 여성의 의상이 영국 전역으로 퍼져나가는 것과, 한동안 런던의 화폐에 불과했던 잉글랜드 은행권이 전국화되는 과정을 무관한 것이라고 보는 사람은 아무도 없을 것이다. 브로델은 "전국시장이란 주어진 한 정치적 공간 속에서 획득된 경제적 응집성을 가리킨다"고 했는데,[90] 우리는 이 말이 킨들버거의 말, 즉 "개별 은행들이 런던에서 시작했든 지방에서 시작했든, 구심력은 잉글랜드와 웨일즈에서 전국적 네트워크 형성을 가져왔다. 그들은 런던에 본부를 두었다"[91]는 말과 동일한 사태를 표현하고 있다고 생각한다.

물론 이것이 쉽게 진척되지는 않았다. 화폐 유통만 하더라도 잉글랜드 은행권은 18세기 후반까지도 런던을 크게 벗어나지 못했다. 그때까지 영국의 대부분 지역에서는 상이한 종류의 상업어음과 주화, 그리고 소규모 지방은행이 발행한 은행권이 사용되고 있었다.[92] 하지만 점차 전국시장의 형성, 화폐의 안전하고 안정적인 공급자로서 국가에 대한 신뢰 형성, 민족주의 감정, 그리고 결정적으로는 화폐조세

의 영향으로 잉글랜드 은행권의 사용이 널리 확산되었다.[93]*

중앙은행이 발행한 은행권이 널리 유통되었다는 사실보다 더 중요한 것은 은행예금의 태환 및 이체였다. 헬레이너는 "대부분의 정부들이 은행예금 형태의 화폐보다 은행권과 주화 형태의 화폐에 관심을 많이 가진 것"에 놀라움을 표했는데, 그것은 예금의 태환과 이체가 갖는 중요성이 간과되고 있기 때문이었다.[94] 비록 눈에 보이지 않는 형태의 화폐지만 예금은 통화량의 대부분을 차지하며, 앞에서 보았듯이 대부자본으로 쉽게 전환될 수 있다. 비록 정부가 많은 관심을 갖지는 않았지만, 예금 형태에서도 전국적인 통합현상이 일어났다. 각 사립은행들은 자신의 예금을 국민통화로 표시하고, 금속이 아닌 국민통화와 태환성을 유지하는 방향으로 나아갔다. 과거 일정량의 금속을 보유하던 것에서 벗어나 일정 금액을 중앙은행에 예치하는 방식으로 예금 업무를 수행했다. 엄밀히 말하면 사적인 채권에 불과한 예금이 중앙은행권을 통해 태환될 수 있게 된 것이다.

비록 중앙은행권의 금속 태환성이 유지되기는 했지만, 화폐의 유통이 금속의 족쇄에서 벗어난 것은 상당히 의미 있는 일이다. 하지만 더 중요한 것은 중앙은행권과의 태환을 통해 각 은행들의 예금이 서로 연결될 수 있게 되었다는 사실이다.

1826년 잉글랜드 북부 은행가들은 정기적으로 모여 각자가 가진 상대방의 은행권——이것은 각자에 대한 채권이라고 할 수 있다——

---

* 잉글랜드 북부 랭카셔 지역에 대한 토머스 S. 애쉬튼의 연구를 보면, 은행 파산의 쓰라린 경험 때문에 은행권에 그토록 적대적이었던 그 지역 주민들이 잉글랜드 은행권에 대해서는 아무런 반감 없이 사용하는 장면을 볼 수 있다.

을 서로 교환한 뒤 차액을 잉글랜드 은행권으로 지불했다는 기록이 있다.[95] 맑스가 제시한 1844~57년의 통계를 보면, 거래액이 두 배 이상 증가했음에도 은행권의 총 유통액이 절대적으로 감소한 사실을 확인할 수 있는데, 이는 은행업자들이 서로 어음을 교환한 뒤 차액을 잉글랜드 은행에 가지고 있던 계좌의 이체로 해결했기 때문이다.**

나중에는 런던만이 아니라 전국적 차원에서 은행들의 네트워크가 연결되었다. 1872년에는 영국 대부분의 도시들에 어음 교환소(clearing house)가 설립되었고, 전국적인 수준의 지불/결제 시스템이 구축되었다. 이 네트워크와 과거 16세기 은행가들의 대외적 화폐네트워크의 다른 점은 무엇인가. 과거 네트워크도 광범위한 지불과 결제의 네트워크였던 것은 맞지만, 그것은 차이와 이질성을 유지하는 식으로 작동했다. 지역마다 다른 환율과 화폐제도를 매개하는 것이 이들의 임무였고 부의 축적 방식이었다. 하지만 전국적 수준의 이 새로운 네트워크는 전국적 공간을 동질화하고 평탄케 했다.

전국적 화폐경제의 형성

화폐거래네트워크가 공간적 차원에서만 전국적으로 구축되는 건 아니었다. 헬레이너는 전국시장에 대해 공간적 차원과는 다른 차원이 존재한다는 점을 지적했다. 그것은 바로 수직적 차원이다.[96] 이는 매

** "1854년 6월 8일 런던의 개인 은행업자들은 주식은행들을 어음 교환소에 참가시켰는데, 그 뒤 곧 최종결제는 잉글랜드 은행에서 행해졌다. 매일의 결제는 각 은행이 잉글랜드 은행에 가지고 있는 계좌상의 이체에 의해 행해진다. 이 제도의 채택 때문에 은행업자들은 종래 그들 상호간의 결제를 위해 사용했던 고액은행권이 불필요하게 된 것이다"(『은행법』, 1858년』; 맑스, 『자본론』 III(하) p.43. 재인용).

우 중요한 지적이다. 우리는 이 문제를 경제의 수직적 통합과 화폐경제의 형성이라는 점에서 다루어 볼 수 있다.

헬레이너는 전국적인 지불체계의 구축과 단일 통화에 대한 요구가, 그렇지 않았을 경우 야기되는 '거래비용'(transaction costs) 때문에 이루어진 것처럼 설명했다. 1840년대 이후 상업이 전국적 규모로 급속히 성장했는데, 전국적 차원에서 영업을 하는 상인들의 경우, 각 지역 은행이 발행하는 은행권들 때문에 많은 비용이 들었다는 것이다. 또 "1810년대 독일로 가보면 상인들이 독일의 탈중심화된 화폐질서 때문에 늘어난 비용에 투덜거리는 것을 발견할 수 있다".[97]

그렇다면 기층 민중들 쪽에서도 그런 요구가 있었을까. 헬레이너는 그렇다고 말한다. 일반 민중들이 사용하는 소액 화폐의 경우 저질 주화와 사적으로 발행된 토큰이 많았는데 위조가 다반사로 일어났고, 사적 토큰의 경우엔 해당 지역을 넘어서면 태환이 되지 않았다.[98] 버밍엄처럼 산업이 발달한 곳일수록 이런 고통은 컸다. 화폐 소득에 삶을 전적으로 의존하는 임금 노동자가 많았기 때문에, 생활에 필요한 물건을 구입할 때 쓸 안전한 화폐에 대한 욕구가 높았다. 국가가 직접 관리하는 단일한 통화에 대한 요구는 민중들의 문맹과도 관계가 있었다. 문맹과 정보에 대한 접근 부족으로 민중들은 사적으로 발행되는 다양한 은행권들로 인해 많은 피해를 보고 있었기 때문이다.[99]

중앙은행은 일반 민중들이 사용할 수 있는 소액 화폐를 발행했다. 이것은 매우 중요한 의미가 있다. 우리는 19세기 이전 기층 민중들이 화폐의 흐름에서 고립 혹은 독립되어 있었다는 점을 생각해야 한다. 18세기 중반인 1755년 은행제도가 잉글랜드보다 훨씬 발달해 있던 스코틀랜드 한 마을에서 스미스는 일반 민중들이 "빵 가게나 맥주 집에 갈 때 돈 대신 못을 가지고 가는 것"을 목격했다.[100] 브로델은 18세기 프랑스에서도 화폐경제는 완성되지 못했으며, 단지 일부 지역과 일부 분야만 파고들었다고 말한다.[101]

한 가지 확실한 것은 화폐경제에 포섭되기 전에 민중들은 나름대로 잘 지내고 있었다는 사실이다. 물물교환을 했다고 해서, 혹은 저질 주화를 사용했다고 해서 그들이 곧바로 큰 불편을 겪었다고 추론해서는 안 된다. 오히려 화폐가 삶을 불편하게 만들었다는 불평이 여러 곳에서 나왔다. 이웃에게 서비스를 제공받기 위해 다 크지도 않은 닭과 거위를 내다 팔아야 한다던 16세기 어느 농부의 이야기는, 화폐경제의 성립이 민중들의 불편을 덜어주었는가에 대해 다시 생각해 보게 한다. 화폐 없이도 쓰고 남은 물건을 내놓고, 필요한 물건을 얻어다 쓰는 일은 오랫동안 계속되었다.

그렇다면 우리는 버밍엄 노동자들의 국민통화에 대한 요구를 어떻게 이해해야 할까. 빈민들의 불편함을 해소하기 위해 국민통화가 발행되었다는 주장은 사태를 크게 왜곡할 우려가 있다. 기층 민중들은 화폐가 없어서 불편했다기보다, 화폐가 없으면 불편한 상황 속으로 내던져졌다는 것이 진실에 가깝기 때문이다. 폴라니가 잘 지적했듯이 생존을 시장 메커니즘에 의존해야 하는 사회에서만이 어떤 불편, 더 정확히 말하자면 어떤 공포가 사람들을 '경제적'으로 행동하게 한다.[102] 생산수단을 박탈당하고 오직 노동력을 팔아서 받은 화폐로 생활을 영위하는 사람들에게 안전하고 효율적인 화폐에 대한 요구가 이는 것은 당연하다. 따라서 우리는 수직적 차원에서의 화폐경제의 형성이 기층 민중들 수준에서의 '거래비용'을 줄이려는 노력보다는, 자본주의 체제 바깥에 존재하던 기층 민중들을 체제 안으로 통합하려는 권력과 자본의 노력과 연관된 것이라고 이해해야 할 것이다.

우리는 지금까지 화폐거래네트워크 상에서 일어난 변화들을 중심으로 근대적인 화폐질서의 형성과정을 살펴보았다. 그것은 대체로 영토국가가 국민국가로 성장하는 과정에서 국가와 독립적으로 존재했던 대외적 화폐네트워크가 국가와 융합해 가는 과정으로 묘사할 수 있을 것이다. 또 그것이 결국에 전국적 수준에서의 화폐경제 형성과 연계됨을 확인했다. 이 과정에서 우리는 중앙은행 화폐로의 '태환', 화폐질서에 대한 '국가의 관리', 화폐의 '자본으로의 전화'라고 하는 새로운 사태들을 간략하게나마 확인할 수 있었다. 아마도 이런 근대 화폐의 세 가지 특징들은 다음 장에서 다룰 화폐주권의 성립과정을 통해 더 완전하게 해명될 수 있을 것이다.

3장 | 근대적 화폐주권의 성립

지금까지 우리는 화폐거래네트워크에서 일어난 변화를 중심으로 근
대 화폐의 형성과정을 살펴보았다. 화폐경제가 서유럽에 있는 국가들
내부에서 자연스럽게 발생했다는 통념과 달리, 우리는 근대에 전형적
인 화폐거래네트워크가 서유럽 국가의 외부에 존재하던 네트워크의
내부화 과정 속에서 이해될 수 있다고 주장했다. 영토국가의 성장과
정에서 대외적인 네트워크는 내부로 포획되었고, 근대 국민국가의 성
립과 함께 전국적인 네트워크가 구축되었다. 물론 이 과정을 근대 국
가 형성의 어떤 각본에 따른 계획적 행위로 볼 수는 없을 것이다. 그
렇게 보기엔 너무도 많은 자의와 우발적 사건들이 개입하기 때문이
다. 그렇지만 우리는 국가의 개입, 즉 폴라니가 말한 '기계신'이나 브
로델이 말한 '중앙집중화의 의지'가 근대 화폐질서 형성에 있어 결정
적 중요성을 갖는다고 말할 수 있다.[1] 그 의도가 무엇이었든 간에 국
가는 근대 화폐질서와 관련된 중요한 행위들을 했고, 화폐거래네트워
크의 관리자로 등장했다.

'화폐주권'이라는 말을 통해 우리는 화폐질서에 대한 국가의 주도적 관리를 압축적으로 표현할 수 있다. 화폐주권이란 "화폐의 발행 및 관리에 대한 국가의 합법적인 독점적 통제권"으로서[2] 그 내용은 다음과 같다. 공식적으로 사용될 법화에 대한 특정화, 중앙은행 등을 통한 통화량 조절 및 일반 은행과 금융기관들의 감독, 고용과 성장을 위한 거시적 통화정책의 수립과 집행. 이런 권리들은 일반 국가주권이 그렇듯이 대외적인 독립성을 갖고 있다.

물론 국가가 화폐제도에 대한 통합적 관리자로서 독점적인 권리를 행사하게 된 것은 상당히 시간이 흐른 뒤였다. 그래서 카를로 M. 치폴라는 이렇게 말했다. "화폐주권은 아주 최근에 생긴 것이다. 19세기까지만 해도 완전한 화폐주권을 누린 서구 국가는 없었다."[3] 그가 말한 '완전한 화폐주권'을 기준으로 하면 오늘날에도 그 기준에 부합하는 주권국가들은 많지 않다. 여러 국가들이 국제적인 정치적·경제적 역관계 속에서 화폐주권의 일부를 포기하고 있으며, 일부 국가들 경우에는 "자국 통화 대신 다른 나라의 통화를 사용하고", 화폐에 관한 개입을 사실상 포기하기도 한다.[4]

그러나 이 사실들을 감안해도 근대적 화폐주권 성립의 의미가 바래는 것은 아니다. 벤저민 J. 코헨은 '1국 1화폐주의'라는 화폐주권의 대표적 신화를 공격하면서도 이렇게 덧붙이는 것을 잊지 않았다. "명심할 것은 화폐의 가상 지형도 안에서 비정통적 형태들이 허용될지라도 그것들은 대개 시장의 힘이 아니라 국가의 선택에 의해 생겨난 것들이다. 정부는 지금도 화폐지리학을 결정짓는 주요 요인이다."[5] 특히 근대 화폐의 형성과정은 국가의 행동에 결정적 영향을 받았다.

국가는 왜 화폐거래네트워크에 관심을 갖게 되었을까. 그리고 어떤 방식으로 그것을 포획했을까. 영토국가가 국민국가로 발전하는 과정에서 화폐주권은 어떻게 성립했으며, 어떤 의미를 갖게 되었을까. 우리는 이번 장에서 바로 이런 질문들에 답하려고 한다.

1. 화폐의 국가적 기원

화폐와 국가

화폐주권은 기본적으로 화폐에 정당성과 합법성을 부여할 수 있는 존재가 국가일 수밖에 없다는 발상에 기초한다. 이런 화폐주권 개념은 근대적인 주권 이론의 탄생과 긴밀히 연관되어 있다. 그 상징적 인물이 16세기 프랑스의 장 보댕이다. 그는 "권위라는 중세적 관념과 체계적으로 단호하게 결별하고, 정치권력은 새로운 법을 만들고 그 법에 대한 무조건적인 복종을 강요할 수 있는 능력이라는 근대적 관념을 공식화한 최초의 사상가였다."[6] 그는 주권을 "신민들의 동의 없이 신민들에게 법을 부과할 수 있는 권리"라고 말하며, "법은 그 권력 행사에 있어 주권자의 명령 이외에 아무것도 아니다"고 주장했다.[7]

보댕은 16세기 말 유럽 화폐질서가 크게 변동할 때 화폐에 관한 유명한 논쟁의 당사자이기도 했다. 그는 당시 폭발적인 물가상승이 화폐의 명목가치에 못 미치는 금속 함유량 때문이었다고 말하고, 금속량을 국왕의 법령에 규정된 가치에 정확히 일치시켜야 한다고 주장했다. 또 그렇게 하기 위해서는 왕국의 화폐가 당국의 관리 아래 단일한 주조소에서만 주조되어야 한다고도 했다.[8] 우리는 주권이 법을 통해서 표현되며, 화폐가 국가의 명령과 감독 아래에서 유통되어야 한 다는 그의 생각에서 화폐주권 개념의 단초들을 발견할 수 있다.*

실질가치와 차이가 나는 명목화폐들이 자연스럽게 유통되면서 화폐주권 개념은 더 확고해졌다. 짐멜의 표현을 따르면 "금속량 이상 의 의미를 갖는 화폐들은 (가치에 대한) 일종의 권리 주장"이라고 할 수 있다.[9] 그는 이런 권리 주장이 근본적으로 공동체 전체에 대한 요 구이며, 현실적으로는 법적 형태로 충족된다고 했다. 근대 화폐가 법 화라고 불리는 건 이런 맥락에서다. 프랭크 반 둔은 화폐의 '법화'로 서의 특성이 결국 화폐주권 개념으로 이어진다고 말한다. 국가가 법 의 원천이고, 한스 켈젠 식으로 말하면 '국가와 법은 동일'하니, 법화 에 대한 총체적 권리는 국가가 가질 수밖에 없기 때문이다.[10]

화폐의 존재가 국가에 의존한다고 가장 강력하게 주장한 사람은 게오르크 F. 크나프였다. 그는 화폐란 법률의 산물이며 그 유효성은 오직 법의 명령에 의해 결정된다고 보았다. "귀금속이라 할지라도 그 것의 지불수단으로서의 성격은 …… 교환에서 사용될 가능성에서 나 온다. …… 하지만 교환에서의 사용은 법률적 현상이다. 귀금속조차 지불수단의 법적 형식인 것이다."[11] 이런 사정은 사설은행이 발행한 은행권이라고 해서 크게 달라지지 않는다. "(사설은행이 발행한) 증서 도 법적인 타당성을 갖추어야 한다. …… 그것은 진위를 빨리 인식할 수 있도록 증표(chartal)가 되어야 한다. 은행권은 어떤 은행이 지불하

---

* 반 둔에 따르면 보댕이나 홉스 등의 주권 이론에 기대어 일부 사람들은 국가의 세뇨리지를 일종의 '자연권'으로 간주하기도 했다(van Dun, "National Sovereignty and International Monetary Regimes").

겠다는 약속 증표이다. …… 하지만 그것은 그 은행권이 지불 약속을 위해서 만들어졌다는 것을 의미할 뿐이다. 중요한 것은 그것이 지금 실효적인가이다. …… 은행이 '우리는 국가가 지불 의무를 해제해 주었기 때문에 지불하지 않는다'고 거절한다면, 그것은 단지 종잇조각에 지나지 않을 것이다."[12]

크나프는 화폐의 법화적 성격 중 특히 두 가지 측면을 강조했다. 첫째, 표준화된 계산체계와 관련해 "신용을 포함해서 안정된 지불체계가 유지되려면 시간이 지나도 변함 없는 계산 단위가 존재해야 하는데", 이런 계산 단위와 체계는 법률로서 정해진다. 둘째, "화폐 소지자는 미래의 지불을 위해 그것을 소유하는데" 이는 화폐 가치가 안정적으로 유지될 것이라는 기대 속에서다. 이것 역시 화폐체계에 대한 국가의 안정적인 관리를 염두에 두기 때문에 가능하다.[13]

이런 크나프의 생각은 베버나 존 메이너드 케인즈의 화폐관에 많은 영향을 미쳤다. 베버는 화폐의 실질적 타당성과 관련된 두번째 측면에 대해서는 이견을 표했지만, 화폐의 형식적·법적 타당성을 논의하는 첫번째 측면에 대해서는 전폭적으로 동의를 표했다.** 케인즈 역시 베버와 비슷한 맥락에서 국정화폐를 '본래 화폐'(money proper)라고 보았다. 그에 따르면 화폐란 기본적으로 가격과 채무, 일반 구매

** 베버는 법적으로 강제된 화폐가 시장에서 실제로 그렇게 유통되느냐의 문제는 별개의 것이라고 생각했다. 그는 화폐의 형식적 타당성이 국가의 법률에 의존하고 있지만 실질적인 타당성의 문제는 오히려 시장 상황에 달려 있다고 생각했다. 실질적인 타당성이 화폐의 희소성에 대한 평가와 밀접히 관련되어 있다고 보았기 때문이다. 이 점은 그의 화폐관이 한편으로는 크나프를 계승하면서도, 다른 한편으로는 한계효용론자인 루드비히 폰 미제스의 영향을 받았기 때문이다(베버, 『경제와 사회』 1권, pp. 217, 220).

력을 표시하는 계산화폐(money of account)인데, 그 단위를 규정하는 것은 현실적으로 주권자인 국가일 수밖에 없다.[14]

이들 이후에도 화폐 존재의 국가에 대한 의존을 지적하는 이론가들은 많다. 기든스도 케인즈와 비슷한 맥락에서 "오직 국가만이 사적인 채무 거래를 하나의 표준화된 지불수단으로 바꿀 수 있다. 달리 말하자면 국가만이 무수히 많은 채무와 채권 계산을 맞아 떨어지게 할 수 있다"고 했다.[15] 잉햄은 심지어 화폐의 형식적 타당성과 실질적 타당성에 대한 베버의 구분조차 그다지 유용한 게 아니라고 말한다. 왜냐하면 그 두 가지는 "국가가 지불체계를 지배하는 한 보통 서로 동화되며, 국가는 실제로 세금을 거두어들임으로써 지불체계를 지배하고 있기 때문이다".[16]

하지만 화폐와 국가의 관계를 일반적인 차원이 아니라 역사적 차원에서 바라보면 어떻게 될까. 국가를 하나의 안정적인 실체로 간주하고 그것에 기초해서 화폐와의 관계를 따져보는 것은 불가능해진다. 우리가 다루고 있는 16~19세기 사이에 국가는 그 무엇보다도 역동적인 존재 중의 하나였기 때문이다. 틸리에 따르면 16세기 초 자치권을 행사하던 국가급 단위들은 서유럽에서 대략 200여 개에 이른다. 하지만 19세기 유럽 지도를 보면 남아 있는 것은 30개 안팎의 근대 국가들이다.[17] 잔프랑코 폿지는 '국가' 라는 개념 자체가 근대에서 일어난 '변화' 를 표현하는 개념이라고 말하고 있다.*

그렇다면 안정적인 국가주권의 개념에 의지해서 근대 화폐의 형성과정을 설명하는 것은 불가능하다고 보아야 한다. 오히려 우리는 국가의 역동적인 변화 속에서 근대적 화폐주권의 성립과 근대 화폐제도의 형성과정을 읽어내야 한다. 그것은 우리가 일반적 수준에서 떠올렸던 국가와 화폐 사이의 어떤 필연적인 관계가 전제될 수 없음을 의미한다. '근대 국가의 수립과 근대 화폐체제의 성립 사이에 어떤 내적 필연성을 설정할 수 있을까' 라는 물음에 대해 도드는 그 답변이 '역사적 우연성' 쪽으로 기울 수밖에 없다고 했다.[18] 도드의 답변은 우리로 하여금 근대 국가와 화폐체제의 결합이 역사적으로 특수한 현상임을 말해준다.** 이것은 대외적 화폐네트워크에 대한 국가의 포획을 하나의 중대한 사태로 이해하는 우리의 시각에 어떤 정당성을 부여해 준다. 왜냐하면 화폐주권 성립의 필연성이 제거된다면, 그 성립 과정은 분명히 해명의 대상이 되기 때문이다.

영토국가의 성장

"1490년대에 미래가 열렸다."[19] 틸리의 이 과감한 선언이 지목하는 것은 15세기 말~16세기 초의 스페인-프랑스 전쟁이다. 이 전쟁이 장원, 촌락, 도시, 수도원 등으로 뒤얽힌 채 잠들어 있던 유럽을 깨우고, 근대 국민국가를 향한 거대 장정의 시작을 알렸다는 것이다.

이매뉴얼 월러스틴은 틸리와 생각이 조금 다르다. 월러스틴은 이 전쟁이 근대 국민국가 형성을 위한 시발점이라기보다는 유럽에서 제

---

* 풋지는 '근대 국가' 라는 말 자체가 동어반복적이라고 본다. "(여기서) '근대' 라는 표현은 불필요할지도 모른다. 왜냐하면 국가(state)라는 개념 그 자체는 주민 전체에 대한 지배가 근대 서양에 와서 처음으로 획득된 특성들, 즉 지배의 내부 결속력 강화, 지속성 및 제도화의 강화 등을 수반하기 때문이다"(풋지,『근대 국가의 발전』, p. 18. 각주 7번 참조).
** 근대 국가와 근대 화폐체제의 결합이 역사적으로 특수한 현상이라는 도드의 주장은 화폐체제가 '탈국가화' 되는 것이 가능한가에 대한 긍정적 답변을 예비하는 것이기도 하다.

국의 지위를 차지하려 했던 마지막 전쟁이라고 본다.[20] 스페인의 합스부르크 가문이나 프랑스의 발루아 가문 모두 민족주의적 전망을 갖고 있지 않았고, 서로 상충된 이해관계를 갖는 유럽 지역들을 그대로 지배하고자 했을 따름이다. 결국 전쟁은 두 제국의 몰락으로 끝났다. 월러스틴은 오히려 이 전쟁의 종결이 가져온 유럽의 세력 균형이, "민족이 되고자 하는 국가들로 하여금 제몫을 챙기고 계속 번창하는" 계기가 되었다고 말한다.[21]

화폐질서의 변동과정에 관심을 갖고 있는 우리는 다른 의미에서 이 전쟁을 평가할 수 있을 것 같다. 16세기 중반까지 대외적으로 잘 작동하고 있던 화폐거래네트워크에 고장이 생긴 게 이때이기 때문이다. 그것은 왜 고장이 났을까. 16세기 말에 영토적 권력을 가로지르며 유럽적 차원에 걸쳐 있던 도시들의 네트워크가 끊어지기 시작했다. 그 이전의 교역은 어떠했는가. 폴라니의 말처럼 "안트베르펜, 함부르크, 베네치아, 리옹의 교역은 네덜란드, 독일, 이탈리아, 프랑스 등의 교역이 아니었다".[22] 즉 이전의 대외교역은 국가와 상관없이 도시들의 연결로 이루어져 있었다. 그런데 16세기 말부터 도시들의 연결체제가 불안정해지고, 각 도시들이 영토국가에 의해 안으로 말려 들어가기 시작했다. 월러스틴은 16세기 중엽까지 지속된 전쟁에서 '제국의 실패'에 주목했지만, 화폐질서를 염두에 둘 때 우리는 '도시체제의 실패'에 더 주목해야 한다고 생각한다.

스페인은 북부 이탈리아, 남부 독일, 안트베르펜, 크라쿠프, 포르투갈 등 한때 자신의 지위상승과 연관되었던 유럽의 모든 지역들을 자신

이 가는 길로 끌고 내려갔다. 포르투갈을 예외로 하고 이들 지역은 모두 본질적으로 도시국가들이었다.[23]

브로델은 도시에 대한 영토국가의 승리야말로 유럽 운명을 결정짓는 중요한 문제라고 했다. "도시와 국가는 잠재적인 적대관계를 유지했다. 도시가 국가를 지배할 것인가, 국가가 도시를 지배할 것인가. 이것이 유럽의 운명을 결정짓는 중요한 문제이다."[24] 왜 그것이 그토록 중요한가. 도시의 몰락과 영토국가의 성장은 왜 화폐거래네트워크를 변질시켰는가. 도시체제와 국가체제에 대한 들뢰즈와 가타리의 대비는 그 의미를 너무도 잘 설명해 준다.[25]

16세기 이전 유럽의 도시체제는 무엇이었는가. "도시는 길의 상관물이며, 유통과 순환의 함수로만 존재한다." 그것은 길 위의 점이며, 재화나 화폐의 흐름이 중간에 경유하는 곳이다. 도시는 이웃에 있는 다른 도시들과 연결되어 있다. 그것은 국가의 영토를 가로지를지라도 국가나 영토와 관련된 것이 아니었다. 들뢰즈와 가타리는 이렇게 말한다. "도시란 하나의 '네트워크'이며, 여기에는 '횡단-일관성'(trans-consistance)이 존재한다."[26] 우리는 16세기 전반기에 잘 기능하고 있던 국제적 은행가들의 거대한 네트워크가 바로 그렇게 형성되이 있있음을 알고 있다.

하지만 국가체제는 완전히 다른 방식으로 움직인다. "국가는 내-일관성(intra-consistance)의 현상이다. 그것은 함께 공명하는 점들을 만든다. …… 그것은 도시를 시골 지방과 공명하게 만든다."[27] 영토 안에서 공명하는 일관성. 국가체제는 재화와 화폐의 흐름을 자기 안에서 회전하게 만든다. "그것은 일차적으로 공명에 의존하는 내적 순환이며, 네트워크의 나머지로부터 스스로를 고립시키는 회귀의 지대이다."[28] 영토 안으로 가두고 영토 안의 요소들을 함께 공명하게 하는 것. 이것이 국가체제이다. 시골 장터의 물물교환과 일부 도시의 주화, 대외교역에서 유통되던 어음, 이 모든 상업 회로들이 국가 안에서 하나로 통합된다.

"도시가 점이라면 영토는 면"이라는 브로델의 상식적인 말이 도시와 국가에 대한 가장 날카로운 지적일 수도 있다는 생각이 든다.[29] 도시들의 체제와 국가들의 체제. 도시들도 여럿 존재하고 국가들도 여럿 존재한다. 하지만 도시들은 수평적 네트워크 속에서 서로 의존하는 점들인 반면, "국가들은 서로 분리되어 깊이의 차원에서 수직적 종단면들(coupes verticales)을" 만들어낸다.[30]

이런 점에서 16세기 말 정기시들이 내리막을 걷고 거래소와 주식시장, 공공은행들이 성장하는 것은 매우 의미심장한 일이다. 일종의 화폐거래 시장인 이들의 성쇠를 가볍게 생각해서는 안 된다. 브로델은 정기시와 거래소의 관계에 대해 이렇게 말했다.

정기시가 감지할 수 없을 정도로 느리게 쇠퇴해 가는 것은 많은 문제를 제기한다. 리하르트 에렌베르크는 거래소와의 경쟁 때문에 정기시가 쇠퇴했다고 생각했다. 이에 대해서 앙드레 세유는 말도 안 되는 소리라고 차갑게 이야기했다. 그렇지만 16세기 말부터 17세기 초까지 상업활동의 중심지가 피아첸차 정기시였다가 그 다음에 곧 암스테르담 거래소가 새로운 중심지가 된 것은 사실이다. 새로운 형태, 새로운 도구가 이전 것을 눌러 이긴 것이다. 이때 거래소와 정기시가 공존한다는 것은 아무런 문제가 되지 않는다. 그것은 이미 수세기 전부터 늘 그래왔다.[31]

브로델의 언급은 조금 약한 게 아닐까. 그는 거래소를 "연속적이라는 점에서만 정기시와 다른 것"이라고 했지만,[32] 거래소가 정기시를 대체하는 현상은 유럽에서 도시체제가 붕괴하고 국가체제가 성립하는 것과 무관하지 않다. 즉 정기시에 대한 거래소의 승리는 그의 말처럼 '새로운 형태가 과거의 것을 눌러 이긴 것'이고, 영토체제가 도시체제를 눌러 이긴 것이다. 유럽의 도시들을 순환했던 정기시의 리듬을 떠올려보자. 우리는 그곳을 옮겨 다니는 상인과 은행가들의 움직임을 그리는 것만으로도 당시 도시체제의 네트워크를 모두 그려낼 수 있을 것이다. 서유럽에서 도시들을 순환하는 흐름이 끊기고, 특정 국가의 보호 아래에 있는 몇몇 도시들로 거래가 집중된다는 것은 새로운 화폐질서가 만들어지고 있다는 명백한 증거일 것이다.

월러스틴은 16세기 말부터 신용이 국제적인 금융 가문들이 아니라 국가 자체를 원천으로 삼기 시작했다고 말한다.[33] 화폐질서에서 국가의 중요성이 크게 부각되는 것이다. "16세기 이전 유럽에는 국민경제로 나아가게 하는 화폐적 작용이 없었다."[34] 국내 주화들은 화폐경제 바깥에 있던 대부분의 지역들을 방치한 채 국소적인 회로를 불안정하게 돌고 있을 뿐이었고, 대외적 화폐네트워크는 국내를 고립시킨 채 바깥으로만 흐르고 있었다. 하지만 16세기 말 대외적 화폐네트워크를 잘라내 안으로 구부려 넣는 영토국가들의 시도가 있었고, 국내의 재화와 화폐 회로들이 국가를 매개로 통합되기 시작했다.

우리는 16세기 보댕의 이론에서 많은 영감을 받은 이론가 앙투완 드 몽크레티앙(그는 1615년 『정치경제학』을 저술함으로써, 서구 최초로 '정치경제학'이라는 말을 사용한 사람으로 알려져 있다)이 이후 영토국가들이 따르게 될 유명한 모토, "나라 안에서 나라 안으로 공급하라"를 선언한 것이 바로 이때였음을 주목할 필요가 있다.

도대체 왜 영토국가들은 갑자기 돈에 관심이 생겼을까. 쳇바퀴 도는 답변처럼 들리겠지만, 바로 돈이 필요했기 때문이다. 물론 지배 세력이 돈을 원한다는 것은 누구나 생각하듯이 그리 특별한 이야기가 아니다. 특별한 것은 돈이 필요했던 이유와 돈을 조달하는 방법이다. 우리가 영토국가를 주목하는 것은 바로 이 지점에서다. 근대적 화폐 주권이 어떻게 성립했는가, 근대적 화폐질서가 어떻게 만들어졌는가를 이해하려면 우선 이것들이 해명되어야 한다. 영토국가들은 왜 돈이 필요했는가, 그들은 그것을 어떻게 충당해 갔는가. 브로델은 오늘날 의미의 예산 개념은 19세기에야 정립된다며, 그 전 시기에 비슷한 개념이 있다면 그것은 "정부의 수입과 지출의 명세서 정도가 될 것"이라고 했는데,[35] 우리가 지금부터 살펴볼 것이 바로 그것이다.

2. 영토국가의 화폐 수요

전쟁 자금

틸리는 근대 유럽의 역사에 가장 결정적인 영향을 미친 것으로 주저 없이 전쟁을 꼽았다. "전쟁이 국가를 어떻게 건설했고, 국가는 전쟁을

세기	전쟁수	평균 전쟁기간(년)	전쟁 와중에 있던 햇수 비율(%)
16세기	34	1.6	95
17세기	29	1.7	94
18세기	17	1.0	78
19세기	20	0.4	40

〈유럽의 세기별 전쟁 수와 전쟁 와중에 있던 햇수 비율〉

어떻게 수행했는가."[36] 그는 이 한 문장 속에 유럽 국가 형성의 역사를 담았다. "국가의 진정한 역사는 전쟁, 각종 전쟁 도발기구, 다양한 전비부담 인구, 이 셋 사이의 상호작용에서 비롯되었다."[37] 세 가지를 말했지만, 역시 '전쟁' 하나를 말한 것이나 다름없다.

페리 앤더슨에 따르면, "평화는 예외적 현상이었다. 16세기 전반에 걸쳐서 유럽에서 대규모 군사 작전이 없었던 해는 25년뿐이었다. 게다가 17세기에 국가간의 대규모 전쟁 없이 지나간 해는 고작 7년에 불과했다".[38] 전쟁 규모 역시 갈수록 커졌다. "1529년 이전 이탈리아에서의 스페인 군대는 3만을 넘지 않았다. 그러던 것이 1536~37년에는 6만 병력이 프랑스와의 전쟁에 동원되었고, 1552년에는 약 15만 명이 황제의 휘하에 있었다."[39]

전쟁은 17세기 이후 사실상 제도화되었다. 18세기에 두 중심 국가인 프랑스와 영국의 전쟁은 너무도 규모가 커서 그 전에 유럽의 중심 국가 노릇을 했던 네덜란드 같은 나라도 끼어들 수 없는 수준이었다. 월러스틴은 1689년 이후 시작된 영국과 프랑스 사이의 여러 전쟁들을 '제2차 백년 전쟁' 이라고 부른다.[40] 이 '제2차 백년 전쟁' 중 첫번째 것에 해당하는 '9년 전쟁' 의 경우 "네 개의 주요 전선, 네 개의

원거리 전장, 20만 명의 군인과 두 개의 선단"이 맞붙었다.[41]

전쟁을 위해서 가장 필요한 것이 무엇인가. 루이 12세가 밀라노를 얻기 위해 필요한 것이 무엇이냐고 자문관 중의 한 사람에게 물었다. "세 가지입니다. 돈, 돈, 돈."[42] 전쟁의 성패는 시간이 갈수록 돈에 의존하게 되었다. 전쟁의 규모와 횟수, 용병과 무기의 가격 등이 크게 늘어나고 높아졌기 때문이다.* "돈이 전쟁의 힘줄이다"는 말은 당시 모든 영토국가들이 절감하는 진리였다. 따라서 유럽의 통치자들은 자기 시간의 많은 부분을 전쟁 자금 모금에 사용해야 했다.** 17세기 후반 군대의 군수품 조달비용에 대한 장 푸라스티에의 추정을 보면 그 부담이 어땠을지 미루어 짐작할 수 있다.

17세기 후반 전형적인 군대는 4만 마리의 말과 6만 명의 병사로 이루어져 있다. 군대가 주둔하는 곳이면 어디에나 대량의 식량이 조달되는데 그 모든 것은 막대한 비용과 조직을 필요로 했다. 당시 물가와 임금을 고려하건대, 그들이 소비하는 백만 파운드의 곡식은 9만 명의 일반 노동자들의 하루 임금에 해당한다.[43]

---

* 대포가 커지고 그것을 방어하는 기술이 늘면서 비용의 상승작용을 가져왔다. 게다가 18세기 이후 자체 시민들로 충원되는 국민 군대가 만들어지기 전에 전쟁은 주로 용병들에 의해 수행되었는데, 그 비용이 엄청났다. 틸리에 따르면 "용병체제는 매우 잘 굴러가는 사업"이었다(틸리, 『국민국가의 형성과 계보』, p. 131). 용병들은 16세기에 이미 '군수사업가'들에 의해 모집되었는데, 그 수익이 엄청났다고 한다. 윌리엄스는 전쟁비용의 급격한 상승을 이렇게 요약했다. "포대가 개발되면서 급료, 보급품, 장비가 모두 비싸졌고, 전쟁 범주가 매우 커졌기 때문이다"(윌리엄스, 『돈의 세계사』, p. 175).
** "1500년 이후 전쟁수단이 비싸지자 대부분의 유럽 국가의 통치자들은 모금을 하는 데 많은 시간을 소모했다"(틸리, 앞의 책, p. 138).

필요한 세 가지는 '돈, 돈, 돈'

전쟁에 이기기 위해서는 많은 돈을, 빨리 걷어야 했다. '전쟁이 만물의 아버지'라는 헤라클레이토스의 말처럼, 전쟁은 근대 화폐구성체의 출현에도 결정적인 영향을 미쳤다(위 그림은 급료를 타기 위해 늘어서 있는 군인들의 모습이다).

　　유럽의 영토국가들에게 전비가 얼마나 부담이 되었는지에 대한 더 직접적인 통계는 정부의 지출비용에서 군비가 차지한 비율일 것이다. 앤더슨은 "16세기 중엽 스페인 국가 수입의 80%가 군비로 지출되었다"고 말한다. 17세기에도 군비와 관련된 상황은 악화되었으면 되었지 나아지진 않았다. "17세기 중엽 유럽의 국가들이 지출한 돈은 압도적으로, 그리고 변함없이 전쟁 준비나 수행에 바쳐졌으며 …… 한 세기 후인 1789년 직전, 그 평화로웠던 시기에도 프랑스 재무총감〔자크〕네케르는 국가 지출 중 3분의 2가 군대에 할당되었다고 했다."[44] 니알 퍼거슨의 말처럼 근대 초 유럽의 국가들은 사실상 재정적 군국주의(fiscal militarism) 성향을 갖고 있었다.* 하지만 "돈을 거두는 것만으로는 충분하지 않으며, 신속하게 거두어야 했다".[45] 전쟁의 성패를 결정짓는 것은 "대규모 자금을 짧은 기간 내에 최소 비용으로 조달하는 능력"이었다.[46] 영토국가들이 새로운 화폐질서에 대해 고민했다면, 바로 "대규모 자금을 빠르게, 그리고 최소한의 비용으로"라는 전쟁 수행 원칙과 관련이 있을 것이다.

잉글랜드 은행이 '9년 전쟁' 중에 생겨난 것은 결코 우연일 수가 없다. 피에르 구베르의 말처럼 "유럽 전체에 맞서 9년 동안 20만 명의 군인과 두 개의 선단을 먹이고 무장시키고 장비를 갖추는 데 잉글랜드 은행은 엄청나게 큰일을 해냈다. 그때의 비용을 금액으로 환산하면 문자 그대로 헤아릴 수 없을 정도였다."[47] 한 세기나 뒤지긴 했지만 프랑스 은행 역시 마찬가지였다. 로의 파국적 사건** 이후 은행제도에 대한 불신이 깊었던 프랑스에 은행이 세워질 수 있었던 것은 나폴레옹의 전쟁을 지원하기 위해서였다.[48]

은행제도만이 아니라 조세제도가 정비된 것도 전쟁과 관련 있었다.*** 프랑스 국왕을 위해 금을 찾아나섰던 '연금술사' 장-밥티스트

---

* "근대 초기 유럽의 군사 지출을 보면 재정적 군국주의로 옮겨가는 경향이 다분하다. …… 재정 지출 규모는 전쟁 시기에 항상 최고에 이르렀다. 가령 엘리자베스 여왕 시대 영국의 군비 지출 비율은 1560~85년 사이에는 20%였지만, 1585년 이후에는 스페인과의 전쟁 때문에 79%까지 상승했다. 17세기 네덜란드 예산의 약 90%가 스페인, 영국과의 전쟁을 위한 지출이었다"(퍼거슨, 『현금의 지배』, pp. 48~49).
** 자세한 내용은 이 장의 141쪽 이하를 참조하라.
*** "프랑스에서 부과된 최초의 정규적인 국세인 '국왕 타이유세'(taille royal)가 유럽 최초의 정규 부대인 15세기 중엽의 '칙령군'(스코틀랜드 용병으로 구성되어 있었다)의 재정을 조달하기 위해 부과되었다는 사실은 중요하다"(앤더슨, 『절대주의 국가의 역사』, p. 30).

콜베르는 "총 세입을 늘리기 위해 징세청부업자의 역할을 줄이고" 국가가 직접 세를 징수하는 체제를 고민했다.[49] 콜베르 시대인 "1664년부터 프랑스 왕국 전체의 납세구에서 전국적인 조사를 하는 관행이 시작되었다".[50] 물론 국가의 행동은 즉흥적인 경우가 많았다. 장기적인 전망보다는 "직접적인 수입 증대를 위한 재정정책"이 대부분이었다.[51] 전쟁은 특히 국가의 즉흥적 행동을 자주 불러왔다. 하지만 이런 행동들은 근대 화폐제도의 형성과 관련시켜 볼 때 대체로 순기능적이었다. 고대 사상가 헤라클레이토스는 '전쟁은 만물의 아버지다'고 했는데, 전쟁과 관련된 국가의 행동들을 보고 있으면, 근대 화폐에 대해서도 과히 틀리지 않는 말이라는 생각이 든다.

궁정의 사치

베르너 좀바르트는 근대 자본주의가 두 신, 즉 '무(武)의 신'과 '부(富)의 신'의 합작품이라고 했다.[52] 전쟁과 사치가 자본주의를 만들었다는 것이다. 전쟁이 그랬듯이 사치도 군주가 상인이나 은행가를 찾는 이유가 되었고, 궁정과 도시의 사치는 대규모 소비시장을 형성하여 생산의 발달을 자극했다.**** 사치가 자본주의 발전을 자극했는지 방해했는지에 대해서는 논란이 없지 않다. 사치 품목들은 대체로 원

**** 좀바르트는 자본주의 발전이 소비시장 형성에 의해 가능해졌다는 견해를 피력했다. "강력한 사치 소비의 형성이 산업 생산 조직에 대해 미친 영향이 중요하다. 많은 경우 자본주의에 문을 열어준 것은 강력한 사치 소비의 형성이었다"(좀바르트, 『사치와 자본주의』, p.272). "소비의 집중이 대도시들을 발생시켰으며, 이런 현상은 각 나라의 특성과는 상관없이 어디에서나 자본주의 발전의 압력 아래서 획일적으로 일어났다"(같은 책, p.49). 특히 그는 근대 유럽의 대도시들은 소비시장이 크게 형성된 곳이었으며, 상업이나 공업이 발달한 지역이 아니었음을 강조했다.

격지교역을 통한 수입품(약탈품)이 많았고, 사치 품목의 조달을 지배하던 "상인들과 상업도시는 정치적으로 반동적이었으며, 토지 귀족이나 금융 귀족과 결탁해 산업자본에 대항하곤" 했기 때문이다.[53]

그러나 어떻든 영토국가들에서 사치는 비록 16세기 이후 전쟁에 그 선두 자리를 내주긴 했어도 정부의 가장 큰 지출 항목 중 하나였다. 16세기 초 합스부르크가의 막시밀리안 황제가 은행가인 야콥 푸거에게 보낸 편지를 보면 군주들이 치르는 '위엄의 대가'가 어느 정도였는지 가늠할 수 있다.* 불행히도 푸거는 동생들을 장엄하게 환영하고 싶다는 황제의 편지에 대해 이미 만기가 도래한 12,000굴덴, 그리고 아직 상환되지 않은 30만 굴덴의 빚을 갚아야 추가대출이 가능하다고 답했다. 그렇다고 해서 황제가 자신의 위엄이 깎일 검소한 환영행사를 했을 리는 만무하고, 어떤 식으로든 대출은 받았을 것이다. 황제는 주로 독일 남부의 광산들을 팔아 넘겼다. 막시밀리안 황제가 유별난 게 아니었다. 카스티야의 이사벨라 여왕은 "저당 잡혔다 찾아온 다이아몬드 왕관을 자녀 결혼을 위해 다시 저당 잡혔고", 교황 식스투스 4세는 전임 교황 바오로 2세가 남긴 엄청난 빚 때문에 골머리를 앓다가 교황청의 "보석들과 고급 예술품들을 모두 팔아치웠다".[54]

---

* "짐의 두 형제는 엄청난 수행단원을 이끌고 많은 예복과 화려한 물품들을 가지고 엄청난 장관을 연출할 것이라 장담하고 있소. 그래서 짐도 그들의 도착에 맞추어 제후와 귀족들로 구성된 장엄한 환영단을 준비하고, 아름답고 귀한 보석과 비품들을 준비할 생각이오. 그리고 짐의 형제들과 자녀들만이 아니라 그들을 수행하는 귀족들에게 왕실의 예복과 은접시, 기타 왕실의 고귀함을 나타낼 수 있는 물품들을 선물하여 그들의 노고를 치하하고 싶소. …… 그대들도 알다시피 이 일을 위해서는 많은 돈이 필요하오. 짐은 마구를 갖춘 1천 필의 말과, 마구 대신 짐의 보석과 귀한 물품들로 장식한 1천 필의 말을 준비해 두었소"(『막시밀리안 황제의 편지』; 자딘, 『상품의 역사』, p. 288. 재인용).

16세기 이후 사치의 중심은 뭐니뭐니 해도 궁정이었다. 특히 프랑스 궁정은 당시 유럽 국가들의 전형이었다. "16~17세기 유럽의 상당수 국가들이 중앙집권화됨과 동시에 프랑스 궁정을 모방하기 시작했다."[55] 16세기 프랑수아 1세의 궁정에 대한 베네치아 사절 마리노 카발리의 증언을 보자. "프랑스 국왕은 보통 6천 마리, 8천 마리, 1만 마리에서 1만 2천 마리의 말을 기르고 있다. 그의 낭비는 한계를 모른다. 여행을 하면 지출은 3분의 1이 늘어난다."[56] 궁정의 사치는 루이 14세 때 절정에 이른다. 좀바르트가 임의로 잡은 한 해인 1685년, 총지출 1억 64만 257리브르 중에서 국왕 개인의 사치에만 들어간 비용이 2천 9백만 리브르였다.** 건축의 사치는 특히 심했다. 루이 14세를 위한 건축물에 쓴 비용은 대략 2억 리브르에 달했고, "궁전의 정원과 분수 공사에만 약 1억 프랑[좀바르트가 글을 쓰던 당시의 가치로 환산을 해보자면]이 들었다".[57]

프랑스만큼은 아니었을지라도 영국 궁정의 사치도 만만치 않았다. 찰스 1세가 한 궁전에서 다른 궁전으로 이동할 때 아무 짐도 가지고 가지 않기 위해 24개의 성 시설들을 완벽하게 꾸며놓은 것이라든

** 좀바르트가 소개한 1685년의 루이 14세의 개인 지출 내역서는 다음과 같다.

내역	금액(리브르)	내역	금액(리브르)	내역	금액(리브르)
왕의 궁정비	606,999	말 구입비	12,000	선물비용	313,020
왕궁 건축비	15,340,901	마구간	1,045,958	포상비	160,437
왕의 용돈	2,186,748	수렵비	388,319	여행비	558,236
내탕금	1,618,042	궁정 집사	61,050	기밀비	2,362,134
오락비	400,850	궁녀	252,000	은기류 (화장품·장식품)	2,274,253
		신하 비용	1,230,000		

경제라는 말의 거북함

궁정 귀족과 대도시 부르주아지에게 사치는 자신의 존재 증명과 같았다. 엘리아스에 따르면 "경제(économie)라는 말은 절약하기 위해 소비를 계획적으로 제한한다는 것을 의미했기 때문에 프랑스 혁명 이후까지도 꺼림칙하게 여겨졌다." 16세기 이후 사치의 중심은 궁정이었는데, 특히 프랑스 궁정은 당시 유럽 국가들의 전형이었다(위 사진은 프랑스 궁정의 사치가 얼마나 어마어마했는지를 가장 잘 보여주는 베르사유 궁전이다).

지, 제임스 1세가 자기 딸 결혼식에 9천만 파운드 이상을 지출한 것을 보면 그 규모를 짐작할 수 있다. 앤 여왕 시기에도 영국 왕실비가 차지하는 비중은 전체 예산 200만 파운드 중 70만 파운드, 대략 30%에 육박하는 수치다.[58] 사치는 군주만의 것이 아니었다. 귀족들에게도 사치는 자기 존재의 증명과 같았다. 노르베르트 엘리아스에 따르면 그들은 존재하기 위해서, 존재를 인정받기 위해서도 사치를 해야 했다.* "공작 수준에 걸맞은 지출을 하지 못하는 공작은 더 이상 공작이 아니었다."[59] 궁정의 귀족들은 '경제' (절약, économie)라는 말을 거북하게 생각했다. "경제라는 말은 지출이 수입에 종속된다는 것, 절약을 위해 소비를 계획적으로 제한한다는 것을 의미했기 때문에 프랑스 혁명 이후까지도 왠지 꺼림칙하게 여겨졌다."[60]

궁정 귀족의 사치는 그대로 대도시 부르주아지에게 옮겨졌다. 궁정사회를 모방하려 했던 17~18세기의 대도시들을 가리켜, "도시는 궁정의 원숭이다"는 말이 나돌 정도였다.[61] 대도시에는 군주나 성직자, 고관 등 전통적인 사치 집단과 다른 새로운 자산가들이 살고 있었다. 화폐경제가 발달하면서 귀족들의 부의 기반인 토지나 물품들의 가치가 하락해 간 반면, 화폐 형태로 부를 축적한 이 자산가들은 사치의 경쟁에서도 귀족들을 제치기 시작했다.

관료제의 발달

관료제는 영토국가가 권력을 집중화하고 지방에까지 통치력을 미치는 데 결정적인 수단이었다. 관료제의 발달은 16세기 이후 영토국가들의 절대주의를 이전의 중세적 절대주의와 구분하는 잣대로 사용되기도 한다.** 오늘날의 관료제에 비하면 규모도 작았고, 합리적인 행

---

* "서열을 과시하라는 강요는 불가피하다. 이를 위해 지출할 돈이 모자랄 경우에는 서열과 그로 인한 서열 소유자의 사회적 실존은 의미를 잃는다. 공직의 수순에 걸맞은 지출을 하지 못하는, 다시 말해 공직의 사회적 책무를 더 이상 제대로 충족하지 못하는 공작은 더 이상 공작이 아니다"(엘리아스, 『궁정사회』, p. 340).

** 페데리코 샤보의 다음 언급을 참조하라. "16세기의 '실질적' 절대주의와 중세의 '이론적' 절대주의의 차이점은 무엇인가? …… 우리는 그 해답을 국가의 새로운 내부 구조에서 찾아야 한다. 우리는 일단의 공복, 즉 국왕(혹은 제후)의 '관리 집단 — 오늘날의 '관료기구' — 의 강화와 확대, 그리고 그들이 장악한 권력에서 그 답을 찾아야 한다. 그들은 공공생활의 전면에 등장했으며, 국가의 일상활동, 무엇보다도 대외 업무에 관여했다"(월러스틴, 『근대세계체제』 I, p. 210. 각주 15번 참조).

정과도 거리가 꽤 멀었지만,* "중세 말에 비하면 현저한 질적 도약을 보여주었고,"[62] 일반 민중들에게도 국가의 통치를 직접 체험하게 하는 계기를 제공했다.

당시 다른 제도들과 마찬가지로 관료제도 처음에는 즉각적인 필요 때문에 발전했다. "18세기까지 행정은 주로 군사적, 사법적, 재정적 사안들과 관련되어 있었다."[63] 특히 전쟁과 사치로 인한 막대한 재정 수요를 감당하기 위해 재무, 조세, 지방 행정 등의 분야에서 새로운 기구들이 발전하지 않을 수 없었다.

하지만 관료제의 발달에는 미묘한 구석이 있었다. 국가는 재정적 필요 때문에 관료제를 원하지만, 관료제의 규모가 커질수록 그것을 운영하기 위한 재정 부담 또한 증가하는 것이다. 월러스틴의 표현처럼 관료제의 발달과정에는 '선순환'과 '악순환'의 가능성이 공존한다.[64] 군주가 관료 집단을 사들이면 그들은 더 많은 과세와 차입을 가능케 해줄 것이다. 국가는 늘어난 재정으로 강제력을 더욱 강화하고, 이것은 다시 더 많은 과세와 차입을 제공한다. 하지만 반대로 관료제가 국가의 수입을 먹어치워 국가의 부채를 증가시키고 재정을 더욱 압박할 수도 있다.

---

* 베버는 이 시대의 행정이 근대 국가에 전형적인 합리적 행정과는 거리가 멀었다고 지적한다(베버, 『경제와 사회』 I, p. 445). 그것은 조세의 원천에 대한 징발의 정도와 방식이 지나치게 전통적이었고, 수수료나 부과금의 책정, 독점 형성 등에 대해 군주의 자의가 작동했기 때문이다. 뿐만 아니라 확실한 회계의 가능성도 결여되어 있었다. 틸리는 당시 관료들의 행동을 야바위꾼들의 행동에 비유하기도 했다(틸리, 『국민국가의 형성과 계보』, p. 122). 군대가 직접 가면 막대한 피해를 줄 것이니, 그나마 관료를 파견하는 것이 대단한 선처라는 것이다. "통치자들은 그들 자신이 다른 방법으로 해를 끼치거나 적어도 재액(災厄)을 당하게 방치하는 것으로부터 일종의 보호를 제공한 것"이라고 주장하고, 그 대가를 받아냈다.

돈 먹는 기계에서 돈 버는 기계로

16세기 군주들은 일종의 재정부양책으로 관직을 매매했다. 관직 매매는 군주에게는 일시적 수입원이 되었지만, 장기적으로는 국가 재정을 악화시키는 주범이 되었다. 공직이 사유화됨으로써 공적 업무들도 사유재산의 증식에 사용되었다. 그러나 17세기 중반 이후 애국주의 지향을 가진 새로운 관료들이 대거 등장했다. 이들은 부의 다양한 흐름을 국가로 포획하는 개혁조치들을 단행했다(왼쪽 그림은 루이 14세 당시 부르주아 출신 개혁관료였던 콜베르이고, 오른쪽은 루이 13세 때의 관료였던 아르망 리슐리외다).

처음에 서유럽 국가들에서 관료제는 악순환의 가능성을 더 많이 담고 있었다. 관료제 자체가 일종의 '재정부양책'으로 도입되었기 때문이나.[65] 16~17세기에 관직 매매는 군주의 중요한 수입원이었다. 군주는 수입을 늘리기 위해 관직을 팔았고, 매매된 관직은 그 소유자의 재산이 되었다.[66] 공적인 관직이 사적 재산이 된 만큼 그것은 상속조차 가능했다. 조금 비꼬아 말하자면 전쟁터에는 '돈으로 고용된 병사들'이 있었고, 행정에는 '돈으로 직을 산 관료들'이 있었다.[67]

당시 관료제는 대체로 수익기구보다는 손실기구에 가까웠다. 관료들은 자신의 '직책'에 '투자'를 한 것이었기 때문에, 조세청부 등을 통해서 막대한 수익을 뽑아내려 했다. 군주가 이들로부터 수익을 얻었다면, 이들은 국민들로부터 수익을 얻었다. 결국 군주의 재정 상황은 더 악화되었을 뿐 나아지지 않았다. 관직 매매에 어떤 의의가 있다면 그것은 재정보다는 사회의 계층 이동에 대해서다. 관직의 매매는 제3신분에 속했던 화폐자산가들, 상업과 공업을 통해서 막대한 부를 축적한 부르주아지가 국가기구에 진출할 수 있는 기회가 되었기 때문이다.[68]*

계몽주의 시대에 이르면 관직 매매는 대폭 사라지고 "애국주의에 물들고 국가의 장기적 이득을 떠받들 확고한 결심이 서 있는" 새로운 관료들이 크게 성장한다.** 대체로 부르주아지 또는 소귀족 출신인 이들은 대학교육을 받은 법률가들이었다. 이 새로운 층의 관료들은 권력을 중앙에 집중시키는 가장 강력한 세력이 되었다.*** 새로운 관료층의 성장은 우선 그 대가를 요구했다. 일단 그들을 건전하게 운영하기 위해서는 돈이 필요했다. 앤더슨은 국가들이 결국 공채제도를 통해서 비용을 감당할 수밖에 없었기 때문에 새로운 관료제는 국가를

---

* 앤더슨은 이것의 의미를 그다지 높게 평가하지 않는다. "공적인 지위와 직위를 사적으로 구매하고 상속함으로써 국가기구에 부르주아지가 편입되었다는 사실"이 사회질서의 변동을 의미하는 건 아니기 때문이다. 오히려 그것은 "귀족이 언제나 사회적 위계의 정상을 필연적으로 차지할 수밖에 없는 봉건적 정치체 속으로 (부르주아지가) 예속적인 동화를 해나갔음을 의미하기 때문이다"(앤더슨, 『절대주의 국가의 역사』, p. 32).
** 이런 관료들의 선구자는 17세기 군주정의 개혁관료들이었다. 스웨덴의 악셀 옥센셰르나, 영국의 윌리엄 로드, 프랑스의 리슐리외와 콜베르, 스페인의 올리바레스 공작 겸 백작 등이 바로 그들이다(앤더슨, 앞의 책, p. 52).

누적된 채무 속으로 밀어 넣는 계기이기도 했다며 평가절하 했지만,[69] 새로운 관료들은 재정을 전국화하고 국영화하는 데(nationalisation) 중요한 걸음을 딛게 해주었다. 국가는 이들을 동원해 전국적 수준에서 세금을 걷을 수 있었고, 재정에 관한 공공정책을 마련할 수 있었기 때문이다.****

3. 화폐의 포획과 화폐를 통한 포획

지금까지 우리는 영토국가들의 주요 지출 항목들을 살펴보았다. 전쟁과 사치, 행정 등에 소요되는 비용들을 국가는 어떻게 조달했을까. 영토국가가 근대 화폐질서의 형성에 기여하게 된 것은 바로 이 지점에서다. 국가는 대외적으로 존재하던, 탈영토적 화폐의 흐름들을 포획

*** 특히 18세기 프로이센의 절대주의 체제 아래에서 새로운 관료제는 그 전형을 보여주었다. 프로이센은 국왕부터가 공직자 중의 한 사람으로 보일 정도였다. "프랑스 국왕이 귀족 중의 한 사람이었다면 프로이센 국왕은 공직자 중의 한 사람처럼 보였다"(풋지, 『근대국가의 발전』, p. 128).

**** 화폐경제의 성장과 관련해서 관료들이 받은 화폐 형태의 급여에 대해서도 언급해 둘 필요가 있을 것 같다. 관료들에게 지급된 화폐급여는 그 자체로 중앙집권화에 기능적이었다. 짐멜은 화폐급여의 효과를 이렇게 정리했다. "봉건제도 아래에서 공간적으로 멀리 떨어진 가신들의 토지는 그들의 관심을 중앙정부로부터 분리시켰다. 반면 정기적인 화폐급여의 지불은 관리들을 중앙정부와 더 가깝게 만들고 중앙정부에 대한 의존을 더욱 심화시켰다"(짐멜, 『돈의 철학』, p. 240). 엘리아스는 그 이유를 다음과 같이 설명했다. "봉토의 지불, 그리고 봉급꾀 임금 및 지원금의 지불이 강요됐던 종속의 방식은 서로 달랐다. 전자는 후자에 비해 더 많은 자율성을 준다. 왜냐하면 귀족은 자기 영지 안에서 여전히 국왕처럼 행사했으며, 일단 영지가 할당되면 영주처럼 그곳에 눌러앉았기 때문이다. …… 연금은 토지나 봉토보다 박탈하기가 훨씬 쉽다. 이 점에서 국왕의 금전 연금에 의존했던 사람들은 영지를 받았던 사람들보다 더 불안한 토대에 살고 있었다. …… 금전 연금을 주는 국왕의 궁정 주위에는 항상 사람들이 모여들었다"(엘리아스, 『궁정사회』, pp. 295~296).

하고자 했다. 화폐의 흐름을 포획하는 것, 그리고 그것을 통해 부의 원천인 대외교역을 장악하는 것, 이것이 영토국가의 과제였다. 브로델의 표현처럼 국가는 그물을 던졌다.

> 16세기에 시작해서 이 쇄신의 세기에 더욱더 광채를 띠게 된 국가들은 경제생활을 지배하고 변형시켜 통제망에 종속시켰다. 국가들은 그것을 그들의 그물 안에 사로잡았다. …… 다음과 같은 주장을 단호하게 옹호할 수 있다. 즉 그 시점에서 가장 근대적이었던 경제 분야 그리고 거대한 상업자본주의 틀 안에서 작동했다고 단정할 수 있는 경제 분야는 국가들의 이와 같은 재정적 부침에 연결되어 있었다는 것이다.[70]

영토국가의 확장과 함께 16세기의 대외적 화폐네트워크가 붕괴되었다. 즉자적으로만 보면 국가의 탐욕과 과도한 지출이 대외은행가들을 파산시켰다. 하지만 국가의 그런 비합리적 행동조차도 화폐주권의 성립이라는 견지에서 보면 미래지향적인 느낌을 준다. 우리는 '화폐에 대한, 그리고 화폐를 통한' 국가의 포획과정을 공채의 발행과 화폐조세의 징수를 통해 살펴보고자 한다.

공채의 발행

국가의 살림살이는 민간의 살림살이와 벌고 쓰는 순서가 다르다. 벌어들인 돈 안에서 씀씀이를 생각하는 민간과 달리 국가는 쓸 돈을 먼저 생각한 뒤 모을 방법을 고민한다. 예산 개념조차 분명하지 않았던

19세기 이전 국가들에서 이것은 지금보다 훨씬 더 큰 문제를 야기했다. 군주들은 대부분 쓰고 나서 생각했다. 당연히 수지가 맞을 리 없었다. 돈을 어디서 끌어올 것인가. 쉽게 생각할 수 있는 게 조세였지만, 조세 징수 시스템은 제대로 정비되지 않았고, 시간도 많이 걸리는 것이었다. 급한 돈을 쓰기에는 무리였다.

그렇다면 어떻게 해야 하는가. "오직 하나의 해결책만이 있었다. 바로 돈을 빌리는 것이다."[71] 순서를 바꾸어 생각하면 된다. 국가가 조세를 통해 얻을 수익을 나중에 주기로 하고 우선 상인이나 은행가로부터 돈을 빌리는 것이다. 이것이 일종의 '적자 예산'인 '공채'였다. 이런 제도가 언제 생겼는지는 확실치 않지만, 16세기에 중요한 의의를 획득한 것은 사실이다.* 전쟁 등으로 항상 돈에 목말랐던 16세기 국가들은 하는 수 없이 "이해하는 것도 쉽지 않고 수행하는 것은 더욱 어려운 〔공채〕 정책을 발전시켜야 했다".[72]

스페인의 왕가는 특히 공채제도의 발전에 큰 공헌을 했다. 16세기 유럽을 지배했던 스페인은 역사에서 마치 대외적 화폐네트워크를 절단하는 소임을 부여받은 것처럼 행동했다. 스스로 재정파탄을 겪는 식으로 스페인은 대외은행가들을 여러 명 파산시켰고, 스스로 몰락하면서 자신을 떠받치고 있던 도시체제를 끌고 들어갔다. 그렇지만 대외은행가들이 파국 속으로 몰락했다고 해서, 공채제도까지 그렇게 된

---

* "국채(national debt), 즉 국가 적자 예산의 출현. 국채는 고대 세계에는 알려져 있지 않은 것이었으며, 중세에는 중앙정부의 취약성과 왕위계승의 불확실성 때문에 불가능한 것이었다. 우리는 이런 경제적 현상을 16세기 프랑스의 프랑수아 1세 체제에서 처음으로 발견하게 된다"(월러스틴, 『근대세계체제』 I, pp. 212~213).

것은 아니었다. 스페인의 공채제도는 오히려 이후 영토국가들에게 많은 영감을 주었다.

스페인에서 공채제도가 가장 활발히 활용된 것은 신성로마제국의 황제가 되기 위해 누구보다 많은 돈이 필요했던 카를로스 1세〔카를 5세〕와 그의 아들 펠리페 2세 때였다. 이들은 돈을 빌리는 데 있어 천부적인 소질을 갖추고 있었다. 이탈리아, 카탈로냐, 아라곤, 네덜란드 등 당시 자신들이 지배하던 지역의 세입이 충분하지 않다고 느끼자마자, 이들은 당장 예상수입을 근거로 돈을 빌렸다. 그것이 얼마나 심했던지, 1543년경에는 국왕의 정규 세입의 65%가 채무에 대한 연간 이자로 지불되었다.

스페인 국왕이 발행한 공채증서를 후로(juro)라고 하는데, 이것의 가치는 국왕의 수입이 어떻게 되느냐에 민감하게 반응했다. 당시 스페인에 본격적인 공채시장이 존재했던 것은 아니지만 후로는 매매와 교환의 대상이 되었다. "1577년 3월 18일 재정위기가 심각해졌을 때, 후로는 액면가의 55%로 거래되었다."[73] 후로의 거래는 새로운 화폐 형태의 출현을 예감케 하는 것이기도 했다. 펠리페 2세와 그 후계자들이 부채를 다시 새로운 후로로 갚는 일이 많아지면서, 상인들은 위험을 회피하기 위해 그것을 제3자에게 지불수단으로 사용했다. 채무증서를 화폐로 사용한 것이다. 후로의 경우 신뢰가 아닌 불신에 기초하고 있다는 것이 문제이기는 했지만, 어떻든 은행권의 유통도 따지고 보면 은행의 채무증서가 유통되는 것 아닌가.*

공채제도는 17세기 이후 네덜란드, 영국, 프랑스 등의 영토국가에서 많이 발전했다. 하지만 이들과 스페인 사이에는 큰 차이가 있었다. 우리가 2장에서도 지적한 것처럼, 스페인 정부가 의존했던 대외적 화폐네트워크는 스페인의 것이 아니었기 때문에, 그 관계가 외면적인 것이었다. 다시 말해 스페인은 '나라 안에서 나라 안으로 공급'하는 체제가 아니었다.

네덜란드·영국·프랑스 등의 국가들이, 정부 특허를 받고 대외교역을 독점하는 동인도 회사와 그것을 금융적으로 뒷받침하는 공공은행을 설립한 것은 의미심장하다. 대외교역과 대외적 화폐네트워크 모두를 국가가 장악한 것이다. 특히 영국과 프랑스의 경우 은행은 국가에 자금을 대부해 주고 국가의 채무를 해소시키는 역할을 했으며, 동인도 회사의 경우에도 국가에 막대한 부를 제공하고 독점적인 권리를 보장받았다.

프랑스와 영국에서 비슷한 시기에 일어났던 로 사건과 남해회사 투기 사건은 공채제도의 새로운 면모를 잘 보여준다. 먼저 프랑스의 경우. 1690년대 말 영국과의 전쟁이 시작되면서 프랑스 정부는 조세 수입에 대한 재무성의 예상을 기초로 공채를 팔기 시작했다. 그러나 '아우크스부르크 동맹전쟁'(9년 전쟁, 1689~97)과 연이어 터진 '스페인 왕위계승 전쟁'(1702~14)으로 군비와 외교비용의 지출이 파격적으로 상승하면서 프랑스 정부는 채무의 연쇄 속으로 빠져든다.**

---

* 17세기 중엽 파리에서도 흰어음을 화폐처럼 사용하는 일이 일어났다. 장사하는 데 돈이 모자라자 파리 시는 지불을 위해 1/4만 현찰을 사용케 하고, 나머지는 증권이나 환어음을 사용하게 했다. 환어음의 서명란을 공란으로 두고 배서용으로 쓰게 한 것이다.

** 국채란 해당 정부가 돈에 목매달수록 그 가치가 더 떨어지는 법이다. 프랑스 정부는 1706년 자신이 발행한 화폐증권의 가치 상실을 보전하기 위해 78%의 프리미엄까지 부가했을 정도다.

18세기 초, 프랑스 정부의 채무는 거의 파국적인 수준에 달해 있었다. 이때 하나의 대안으로 제시된 것이 은행 설립이다. 이미 자신과 전쟁을 벌이고 있던 잉글랜드의 은행이 보여준 위력을 알고 있던 프랑스 정부에게 스코틀랜드 출신 은행가 로가 내놓은 제안은 아주 매력적이었다.

로는 자신에게 은행 설립을 허가해 주고 대외교역 독점권을 주면 프랑스 정부의 채무를 해소시켜 주겠다고 말했다. 1716년 그에게 20년간의 사설은행 설립권이 주어졌다. 로는 은행의 자본금 75%를 국가 어음으로 받는 식으로 국가 채무를 인수하고, 대신 은행권 발행의 권리와 세금을 그 은행권으로 받을 수 있는 권리를 얻었다. 그리고 루이지애나와의 교역을 위한 대규모 무역회사를 만들고 동인도 회사를 사들였다. 나중에는 조세청부도 독점했다. 그리고 1718년에 그의 은행은 왕립은행, 즉 국가은행이 되었다.

이렇게 되자 로의 회사 주식가격은 천정부지로 뛰어올랐다. 500 리브르이던 주식이 1만 8천 리브르까지 폭등했다. 엄청난 거품이었다. 하지만 곧 로의 회사 수익이 의심되고 은행권의 태환이 불가능하지 않을까 하는 생각이 퍼져갔고, 일시에 투자자들이 은행으로 몰려들면서 거품이 터지고 말았다. 이 사건의 충격이 얼마나 컸던지, 프랑스에서는 오랫동안 지폐 사용이나 은행 설립이 불가능하게 되었을 정도였다.

흥미로운 것은 이 끔찍한 고통의 결과가 프랑스 정부에게 그다지 나쁘지 않았다는 것이다. 프랑스 정부는 로 체제를 통해 이미 상당 부분의 채무를 털어냈고, 강력한 디플레이션 정책을 통해 화폐질서도 안정화시켰다. 로 체제가 붕괴된 이후 프랑스 화폐질서는 1726년부터 뚜렷한 안정기에 접어들었고, 18세기 경제 발전의 흐름에 동참할 수가 있었다.[74]

우리가 주목할 부분은 로 체제 속에서 국가의 채무, 대외교역, 세금, 은행권이 서로 맞물려 있다는 사실이다.* 이전까지 이것들은 각각 분리된 회로 속에 존재했었다. 특히 국가와 상관없이 존재했던 대외 상인과 은행가들의 활동이 국내의 화폐 유통과 조세 회로에 연결된 것은 매우 중요하다. 국가 채무의 회전이 이 회로들을 매개한 셈이다. 이는 국가가 화폐네트워크를 포획하면서 부를 획득하고 경제 전반을 통제하는 메커니즘의 단초를 보여준다.**

우리는 비슷한 체제를 같은 시기 영국에서도 발견할 수 있다. 아우크스부르크 동맹전쟁이 일어났을 때 영국에서는 곧바로 잉글랜드 은행이 설립되었다. 명예혁명 이후 보위에 오른 네덜란드 출신의 국왕은 과거 왕가에 대부해 주었던 금세공업자들로부터 대부를 얻는 데 실패했다. 이때 대외교역에 종사하는 상인들이 국왕에게 120만 파운드의 전쟁 자금을 대부하고, 그 채권을 자본금으로 해서 잉글랜드 은행을 설립했다. 잉글랜드 은행은 정부에 대출해 준 돈만큼 은행권을

---

* "로의 '체제'는 세 개의 국가독점체들의 결집을 수반했다. 세 개의 국가독점체들이란 발권은행(왕립은행), 무역회사(인도회사), 그리고 중앙집중화된 간접세 징수 단위(총괄징세청 부구)를 말한다"(월러스틴, 『근대세계체제』 II, pp. 429~430).

** 국가 채무의 회전은 근대 화폐질서 형성에 중대한 의미를 갖는다. "화폐지리학이 바뀐 것은 공적 신용(crédit public)과 사적 신용(crédit privé)의 경쟁, 특히 전시에 벌어진 경쟁의 결과이다. 공적 신용과 사적 신용은 상호영향을 미쳤다. 공적 채무가 개별 거래의 사슬에 까지 겹쳐질 때 둘은 매우 밀접한 관계가 된다"(Hoffman, et als., "Economie et politique: Les marchés du crédit à Paris, 1750~1840", p. 1337).

발행할 수 있었고, 어음 할인과 개인 대부 업무도 수행했다.

1719년 프랑스에서 로 체제가 정점을 향해 갈 때, 영국에서도 비슷한 사태가 일어났다. 대외교역에 종사하던 남해회사가 잉글랜드 은행과 경쟁관계에 있던 스워드블레이드 은행(Sword Blade Bank)과 결탁해, 정부의 모든 공채를 상환하는 계획을 제시했다. 방법은 로 체제와 비슷했다. 정부의 부채(공채)를 회사주식과 바꾸는 식으로 모두 인수하고, 그 대신 대외교역의 독점권을 인정해 달라는 것이었다. 마찬가지로 남해회사의 주식가격이 한참 폭등했고, 나중에 그 거품이 터졌다.

영국 정부는 파국을 막았다. 잉글랜드 은행과 동인도 회사를 개입시켜 주식을 인수했다. 사건 직후 정부는 1720년 '투기방지법'을 제정하여 허가받지 않은 주식회사의 설립을 금하고, 주주가 6인 이하인 은행의 설립만을 허가했다. 이 정도의 수가 모여서는 잉글랜드 은행에 대항할 은행을 만드는 게 불가능했기 때문에, 사실상 이때부터 잉글랜드 은행의 독점적 지위가 굳어졌다. 국가로부터 독점적 지위를 받은 두 기관, 잉글랜드 은행과 동인도 회사가 파국을 막았다는 것은 의미가 있다. 프랑스에서처럼 두 기관은 국가가 필요한 돈을 얻고 국가경제를 조정할 수 있는 장치로서 기능했던 것이다.

하지만 투기 사건을 파국으로 처리했던 프랑스와 성공적으로 극복한 영국의 차이를 가볍게 다루어선 안 될 것이다. 어쩌면 사건을 처리하는 두 정부의 태도와 능력은* 앞으로 벌어질 더 큰 차이에 대한 암시였을 것이다. 아니 문제가 생겼던 18세기 초부터 영국 정부는 프랑스 정부와 달리 재정 분야에서 놀라운 진보를 이루고 있었다.

영국 공공정책의 성취는 '재정혁명'이라고까지 불린다. 영국 정부는 조세청부를 직접 징세 방식으로 전환하고, '재무상'이라는 직을 만들었으며, 재정위원회를 두어 재정 수입이 회계청으로 넘어가는 것을 감시했다. 게다가 잉글랜드 은행과 의회의 감시체제도 갖추어졌다. 1713년 프랑스의 장-밥티스트 페넬롱이 자국의 재무총감 니콜라스 데마레에게 올린 편지를 보면 영국의 성취가 어떤 것이었는지를 짐작케 한다. "이곳은 모든 것이 국가의 관리 아래 있습니다."[75]

공채와 직접 관련해서도 영국 정부는 저리의 장기대부 시장이 가능한지를 타진하고 있었다. 그들은 조세 수입과 정부 차입금 사이의 일정한 한계를 생각하기 시작했고(차입금이 전체 수입의 1/3에 이르는 정도까지는 괜찮다는 식), 장기공채와 단기공채에도 일정한 비율만 유지하면, 채권을 발행하는 것이 정부 재정에 위협이 되지 않는다는 것도 알게 되었다.

무엇보다도 놀라운 것은 장기공채를 영구공채로 전환한 것이었다. 영구공채란 원금 상환 기간을 정하지 않은 채 이자만을 지불하는 것이다. 정부는 돈을 가져다 쓴 뒤 계속해서 이자만을 지불한다. 사람들은 이 채권을 제3자에게 양도할 수 있기 때문에, 국가가 지불하지 않아도 제3자 매각방식을 통해 채권을 언제든 현금으로 회수할 수 있

---

* 영국이 위기를 성공적으로 극복하는 데는 정부의 직접적인 능력 때문이기도 했지만, 동맹 관계에 있던 네덜란드의 지원도 도움을 주었다. "이것은 네덜란드의 군사적 원조 때문이 아니라 네덜란드인이 투자를 통해서 영국에 제공한 재정적 뒷받침 때문에 이루어졌다. 네덜란드인과 맺은 관계는 영국의 신용을 높였고, 이로 인해서 잉글랜드 은행의 창설이 가능했으며, 나아가 잉글랜드 은행이 남해회사 거품 사건에서 살아남을 수 있었다"(월러스틴, 『근대세계체제』 II, p.434).

다. 핵심은 국가에 대한 믿음이다. 맑스는 이렇게 말했다. "공공신용은 자본의 신앙으로 된다. 그리하여 국채의 성립과 함께 결코 용서할 수 없는 큰 죄로 되는 것은 성령에 대한 모독이 아니라 국채에 대한 불신이다."[76] 영국 정부는 1751년 채무통합법(Cosolidating Act)를 재정하여 영구공채의 일종인 콘솔*을 관리하기 시작했다. 국가가 자신의 채무를 계속 회전시키면서도 안정적인 화폐체제를 유지할 수 있다는 것을 보여준 셈이다. 물론 이것은 영국이 안정적인 조세 기반과 긍정적 재정 전망을 보여주었기 때문에 가능했다. 사실 18세기까지 이것을 성공시킨 나라는 영국뿐이었다.**

화폐조세

국가가 화폐를 통해서 국내외의 부를 포획하는 가장 직접적인 메커니즘은 화폐조세이다. 사실 앞서 살펴보았던 공채조차 조세를 기반으로 한 것이며,*** 은행권의 발행도 간접적 형태이기는 하지만 조세의 성격을 갖고 있다. 현대 경제학자들은 실제로 이것을 세금의 일종으로 부르기도 한다.**** 국가가 공공지출을 위해 직접 화폐를 발행하거나,

---

* Consol(consolidated annuities, consolidated stocks). 대표적인 영구공채로서 액면가로 만기상환하거나 영구히 상환되는 채권이었다. 투자자는 그것을 매각하지 않는 한 영구히 매년 2회 투자자본의 일정액을 회수받는다. 콘솔은 다른 자산에 비해 투자 위험이 낮았다. 콘솔의 성패는 금융 안정성에 달려 있었고 특히 국가에 대한 신뢰에 의존했다.
** 가령 프랑스는 18세기까지도 공공재정이라는 것이 존재할 수 없었고, 따라서 재정에 대한 통제와 예측이 불가능했다. 모든 재정기구들은 정부의 통제에서 벗어나 있었다. 조세수입, 납부금, 차입금이 모두 중간 매개자들(도시, 지방삼부회, 신분의회, 징세청부업자 등)을 거쳤다. 왕정은 심지어 100여 개에 달하는 개별 금고를 가지고 있어 필요할 때마다 어떤 특정 금고의 지출을 명하곤 했다.

공공은행을 통해 대부하는 경우, 그만큼의 인플레이션 효과가 생겨나는데, "인플레이션은 민간 부문의 구매력을 감소시키기 때문에" 정부가 그만큼의 돈을 징수하는 효과를 낸다는 것이다. 법화를 지정하고 그 발행을 통제하는 상황에서 국가는 항상 이런 혜택을 누린다.

들뢰즈와 가타리는 "국가는 탈주하는 화폐의 흐름들(상업과 은행업) 없이는 조세의 화폐 형태를 창조할 수 없었다"고 말하면서, 동시에 "조세에서 파생한 화폐 형태가 국가에 의한 대외교역(화폐화된 무역)의 독점적 영유를 가능케 했다"고 말한다.[77] 스페인, 네덜란드, 영국으로 이어지는 국가의 화폐 포획과정을 살펴보면, 우리는 대외적으로 존재하던 화폐거래네트워크가 공채(국가채무)를 매개로 해서 국가와 상호작용하다 결국에는 국가 안의 기구로 변화해 감을 알 수 있다. 국가의 채무는 공공은행의 화폐 발행과 연관되어 있고, 이것은 다시 화폐조세와 연결되어 있다. 로 체제가 극명하게 드러냈던 것처럼, 은행권의 발행과 대외교역의 독점, 국가조세의 집중이 서로 맞물려 있는 것이다. 이렇게 보면 우리는 화폐가 상인들의 필요보다는 국가의 필요 때문에 생겨난 게 아닌가 하는 생각을 가질 수밖에 없다. 국가가

*** "국채는 국가 세입에 근거하고 있었으며 세입으로써 해마다의 이자 지불 등에 충당되어야 했기 때문에 근대적 조세제도는 국채제도의 필수 보완물이었다 국채는 성부의 임시 지출을 납세자가 당장 그 부담을 느끼지 않는 방법으로 소달할 수 있게 하지만, 결과적으로는 세금을 증수하지 않을 수 없게 한다. 계약된 부채의 누적 때문에 야기된 세금 증가로 정부는 새로운 임시지출 때마다 새로운 국채를 발행하지 않을 수 없고 …… 근대 재정은 그 자체 내에 조세의 자동적인 누진적 증대의 맹아를 내포하고 있다. 과중한 과세란 우연한 것이 아니라 오히려 과세의 원칙이다"(맑스, 『자본론』 I(하), p.951).
**** 이런 방식의 공공지출이 거의 필연적으로 인플레이션 효과를 유발하기 때문에 통상 '인플레이션 세금'이라고 부른다. "화폐 발행은 국민에게 과세하는 방법 중에서 대개 비용 부담이 적은 축에 드는 방법이다"(코헨, 『화폐와 권력』, p.90).

자신의 지출을 위해, 그리고 상업과 무역 더 나아가 국가경제 일반을 장악하기 위해 만든 포획장치가 화폐라는 것이다.*

물론 우리가 조세를 근거로 한 공채와 화폐 발행이 갖는 의의를 강조한다고 해서 징세 자체에서의 직접적인 수익을 무시해서는 안 될 것이다. 또 다양한 종류의 세금들이 화폐화하면서** 국가가 얻을 수 있는 교묘한 통치기술상의 이익도 고려해야 한다. 가령 간접세의 일종인 소비세는 17세기 스웨덴 재상이었던 옥센셰르나의 표현을 빌리자면 "반란을 부추기지 않는 세금"으로 군주들에게 인기가 높았다.[78] 어떤 학자들은 18세기 말 영국의 세금 부담이 프랑스를 훨씬 앞질렀음에도 국민들의 반발이 프랑스보다 크지 않았던 이유를 소비세와 같은 간접세 비중이 높았기 때문이라고 주장하기도 했다.[79]***

하지만 우리는 화폐조세의 중요성이 국가가 직접적으로 얻을 수 있는 포획의 효과에 국한된다고 생각하지 않는다. 아니 오히려 국가

---

* 들뢰즈와 가타리는 그래서 이렇게 말한다. "근본적으로 화폐가 불가분의 관계를 갖는 것은 상업이 아니라 국가장치의 유지비, 바로 세금이다." 이들은 그 예로서 에티엔 발라의 연구를 인용한다. "발라가 기술적 조건을 모두 갖춘 13세기 중국에서 자본주의가 발생하지 않은 이유를 물었을 때, 그 답은 금속 보유가 충분하다고 판단한 국가가 광산을 폐쇄하고 상업을 엄격히 통제했기 때문이라는 것이었다. 즉 화폐의 역할은 상업 자체보다는 국가에 의한 상업의 통제와 더 관계가 있다"(들뢰즈·가타리, 『앙띠 오이디푸스』, p. 297).

** 틸리는 조세의 유형을 크게 다섯 가지로 나누었는데, 그것은 각각 공납, 임대세, 유출입세, 자산세, 소득세이다. 공납은 해당 지역의 개인이나 집단에게 자의적으로 부과되는 세금이고, 임대세는 국가 자산을 임대해 주고 받는 세금이다. 또 유출입세는 물품소비세, 관세, 거래세 등의 세금을 말하고, 자산세는 부동산 등 소유 재산 자체나 그것에서 얻은 수익에 부과하는 세금이다. 끝으로 소득세는 임금이나 기타 유동적인 금전 수익에 대해 부과하는 세금이다. 이 중에서 화폐조세 성격이 특히 강한 것은 유출입세, 자산세, 소득세 등이다. 이 세 종류의 세금은 경제의 화폐화에 크게 의존한다. 세 경우 모두 가치에 대한 화폐적 평가를 전제하고 있으며, 소득세의 경우에는 "좀 과장해서 말하자면 화폐경제에 관여하는 대부분의 노동자들이 임금을 위해 땀 흘리는 경제에서만 내구적이고 효과적인 세입의 근거가 되기" 때문이다(틸리, 『유럽혁명 1492~1992』, p.144).

의 통치자들이 의식하지 못하더라도 화폐조세가 산출하는 다른 차원의 효과가 존재하며, 이것이 근대적 화폐주권, 더 나아가 근대적 화폐 구성체의 성립에 근본적인 중요성을 갖는다고 생각한다. 이것은 크게 두 가지다. 하나는 화폐조세가 '재화 혹은 서비스=화폐' 라는 화폐경제의 일반 도식을 만들어낸다는 것이고, 다른 하나는 화폐조세가 국가권력의 중앙집권화를 가능케 할 뿐만 아니라,**** 궁극적으로 국가권력의 유기적 통일을 표현한다는 사실이다.

먼저 화폐조세가 '재화 혹은 서비스=화폐' 의 도식을 어떻게 성립시키는지 살펴보자. '일반화된 등가물' (generalized equivalent)로서의 화폐는 시장 교환을 통해 발생한다는 것이 일반적인 견해다. 상품들을 교환하다보면 그 중 어떤 상품이 자연스럽게 일반화된 등가물로 태어난다는 것이다. 하지만 화폐를 '일반화된 등가물' 로 만든 것은 상업적 교환이 아니라 조세라는 주장이 제기되었다. 고대 도시 코린트의 경제를 연구한 에두아르 윌은 이 점을 잘 보여주었다.

윌은 코린트의 전제정치와 관련해서 화폐가 교환, 상품, 혹은 상업의 요구에서 파생한 것이 아니라 조세에서 파생한 것임을 보여준다. 조

*** 일찌감치 공공재정을 정비하고 조세제도를 다졌던 영국과 달리 프랑스는 1789년 혁명 때까지 조세징수를 조세청부회사에 의존했기 때문에 여러 문제를 안고 있었다. 조세청 부회사들은 먼저 예상 수익을 정부에 선불하기 때문에, 그들의 이익은 이후 얼마나 세금을 걷어낼 수 있느냐에 달려 있었다. 당연히 이들은 민중들을 크게 착취했다. 뿐만 아니라 제대로 정비되지 않은 탓에 각종 면제제도와 편법이 난무했다. 이런 요인들이 민중들의 큰 불만을 불러왔음은 당연하다.

**** "중앙집권화를 필요로 하는 고정된 군주의 성(城)은 화폐조세의 출현과 함께 비로소 가능하게 된다" (짐멜, 『돈의 철학』, p. 239).

세는 '화폐＝재화 혹은 서비스'의 등식을 도입하고 나아가 화폐를 일반 등가물로 만든다. …… 코린트의 경우 국가는 추방된 자들의 재산을 몰수해서 금속 스톡을 구축하고 그것을 빈민들에게 나누어 준다. 또한 국가는 세습 귀족에게 토지를 몰수한 뒤, 빈민들로 하여금 분배된 구리로 그것을 구매하게 한다. 토지의 구소유자는 이런 식으로 구리를 비축한다. 이때 국가는 모든 사람들에게 조세를 요구한다. 가난한 자들은 재화와 서비스로, 부자들은 화폐〔구리〕로 지불한다는 조건 아래. 이를 통해 화폐, 재화, 서비스의 등가성이 맺어진다.[80)]

부자들은 금속 스톡을 보유하고 평민들은 토지와 노동력을 갖는다. 화폐조세는 평민들이 화폐를 구하기 위해 자신이 가진 것을 팔 것을 요구한다. 이런 식으로 부자들의 금속에 특권이 부여되는 것이다. 맑스는 여기에 고대부터 근대까지 모든 징세업자들에게 붙어 있는 고리대의 가능성이 잠재되어 있다고 말한다.[81)] 그는 로마 귀족들이 화폐 유통을 창안해 평민들을 노예로 전락시키는 방법을 예로 든다.

로마 귀족은 평민들에게 군복무를 강제하여 그들로 하여금 자신의 노동 조건을 재생산할 수 없게 만들었다. …… 그런데 전쟁이 귀족의 창고와 금고를 전리품인 구리로 꽉 채웠다. 귀족은 평민들이 필요로 하는 상품들(곡물, 말, 가축 등)을 직접 제공하는 대신에 (귀족 자신에게는 별 소용도 없던) 구리를 평민들에게 대부했고, 그 구리로 필요 물건들을 구입케 했다. 이들은 구리를 나누어 주면서 이자까지 받아 평민들을 채무 노예로 전락시켰다.[82)]

전쟁에 동원되느라 생산활동을 벌일 수 없었던 평민들에게 재화를 직접 나누어 주지 않고 화폐인 구리를 나누어 줌으로써, 구리에 일반적 등가물의 지위를 부여하고, 일반 민중들을 구리의 흐름에 예속시킨다. 민중들은 구리를 구하기 위해 자신이 가진 재화와 노동력을 저렴하게 내놓을 수밖에 없다. 그것도 안 되면 뭔가를 저당잡히거나 어떤 더 큰 예속을 감수하는 형태로 구리를 빌려야 한다. 일종의 대부를 받는 것이다.

이와 같은 일은 고대의 코린트나 로마 같은 곳의 일이 아니라 화폐경제에 진입하던 근대의 여느 지역에서나 있었던 일이다. 정해진 기일 안에 화폐로 세금을 지불해야 한다는 명령 때문에, 장터를 일반적인 물물교환의 장으로 활용하던 기층 민중들도 '물건'이 아닌 '화폐'를 구하기 위해 시장에 물건을 들고 나왔다. "순진하고 놀라울 정도로 참을성 있는 사람들은 왼쪽, 오른쪽에서 계속 두드려 맞았다. …… 바로 소작료, 집세, 통행세, 염세가 있었고 …… 세금이 있었다. 이런 요구들은 어떻게든 화폐로 해결해야 했으며, 은화가 없으면 동화로라도 갚아야 했다."[83]

이처럼 화폐를 확보하는 것이 모두에게 관건이 되면 화폐를 발행하는 국가와 화폐 형태로 부를 축적한 자산가들은 곧바로 경제 전반을 장악할 수 있게 된다. 이런 점에서 화폐조세는 화폐경제의 확산과 부등한 사회권력을 재생산하는 효과를 갖는 것이다.

화폐조세의 두번째 효과는 보편자로서의 국가 이미지를 구축하고 국가권력의 유기적 통일을 표현하는 것이다. 헤겔은 근대 사회에서 화폐조세가 갖는 이런 측면을 잘 정리했다.

국가권력의 유기적 통일 속에는 보편자를 확립하고 이 보편자를 자기의 규정된 일정한 현실 속으로 끌어들여 이를 실행해 나가는 것은 오직 하나의 정신뿐이라는 사실이 내포되어 있다. 우선 국가에서 눈에 띄는 점은 온갖 기량, 자산, 활동, 재능, 정의(情意)와 결부되어 이들 속에 담겨 있는 다양하게 살아 움직이는 재산들로부터 국가는 하등의 직접적인 급부를 요구함 없이 단지 화폐로서 나타나는 그런 유(類)의 재산을 요구할 뿐이라는 것이다. …… 그런데 화폐라는 것은 결코 다른 재산과 나란히 꼽을 수 있는 그런 특수한 재산이 아니며 오히려 …… 이들 다른 재산에 대한 보편자의 의미를 지닌다.[84]

화폐조세 속에는 보편자로서의 국가 이미지가 담겨 있다. 즉 개개 특수자들의 직업이나 능력, 생산물이 무엇이든 "그것들은 화폐로 환원될 수 있는 한에서만 정당한 양식으로 간주된다".[85] 모든 특수한 재화와 서비스에 대해 하나의 보편적 형식을 부과함으로써 국가는 보편자로서 신민들에게 나타나는 것이다.

16세기 이후 근대 국민국가가 성립되기 이전까지 영토국가의 정치체제를 보통 '절대주의'라고 부르는데, 절대주의 국가의 이미지는 바로 이런 화폐조세의 발전과 긴밀히 연관되어 있다. 아니, 기든스의 표현처럼 조세정책을 정권과 통합할 수 있었던 국가들만이 살아남아

---

* "17세기 유럽은 재무정책에서 중앙집권화를 확립하기 시작한 중요한 시기였다. 이때 과세의 특정화, 징수, 경영, 소비 등 다양한 조세정책들은 중앙집권화에 따라 정권으로 통합되었고, 그렇게 된 국가들만이 살아남을 수 있었으며, 영토도 확장할 수 있었다"(기든스, 『민족국가와 폭력』, p. 189).

채권자 국가와 채무자 신민

국가는 자산가에게 돈을 빌려 쓰고 국민들에게 걷은 세금으로 그것을 갚는다. 언뜻 국가는 채무자인 것처럼 나타나지만, 실제로는 신민들에 대한 영원한 채권자이다. 신민들은 항상 국가에게 진 빚을 갚아야 한다(위 그림은 국가가 민중들에게 쥐어짜낸 세금을 귀족과 자산가들이 주워가는 모습을 비꼰 제임스 길레이의 풍자화이다).

근대 국가로 발전할 수 있었다.[*] 화폐는 "끊임없이 사라지고 소모되는 대상과 달리 이 대상들을 넘어서서 존재한다." 화폐는 개별적 구체화를 넘어서 존재하는 어떤 구조를 떠올리게 한다.[86]

화폐조세가 급속히 발전한 시기에 국가의 통치 형식이 절대주의였다는 것이 우연만은 아닐 것이다. 심멜은 "화폐의 전제 조건인 전체 사회의 객관화가 꼭 군주제적 형식을 취할 필요는 없지만, 그 사회의 경제활동에 중앙권력이 개입하는 데 가장 유리한 조건을 제공하는 것이 군주제"라고 말했다.[87] 화폐제도가 발전하는 데는 강력한 국가권력의 개입이 필요하지만, 동시에 국가권력이 사회의 다른 차원들에서 분리되어 강한 통치력을 행사하는 데 화폐조세가 기여한다.

폿지는 절대주의 체제에서 "국가는 자신의 모체인 사회로부터 더 높이 그리고 멀리 떨어져 독자적 차원으로 옮겨간다"고 말했다.[88] 국가가 볼 때 "사회는 전적으로 다수의 특수자들, 사적 개인들로 채워져 있다. 국가는 이들을 신민, 납세자, 군복무 의무자 등의 자격으로 상대한다".[89] 절대주의는 확실히 국가가 사회와는 다른 차원에 존재한다는 것을 보여주었고, 화폐조세는 그런 보편자로서의 국가와 특수자인 납세자들이 어떻게 연결되는지를 보여주었다.

물론 절대주의 국가를 진정한 의미에서의 보편자 국가라고 부를 수는 없을 것이다. '절대주의'란 용어 자체가 다분히 과장된 것이기도 했지만* 무엇보다도 절대주의 통치자들의 행동이 공적인 어떤 것이라고 보기 어려웠다. 헤겔식으로 말하자면 특수자와 대립하는 보편자는 여전히 또다른 특수자일 뿐이다. "절대주의 국가는 시민사회를 전적으로 지배의 대상으로만 생각했다." "무역수지 흑자에 관심이 많았고 금보유고를 늘리기 위해 노력했지만 그것은 경제적 복지를 위해서가 아니었다. 경제적 활동의 장려는 오히려 주민들을 정치에 무관심하게 만들고, 지배체계의 낭비와 점차 비싸진 국제적 모험의 비용 충당을 위해 필요한 조세 기반으로서 부를 창출하기 위한 것이었다."[90]

---

* 월러스틴은 이렇게 묻는다. "그것이 절대적이라면 어느 정도나 절대적인가." 당시 군주의 권력은 20세기 자유민주주의 국가의 행정부가 지닌 권력만도 못한 것이었다. 브로델은 절대주의 국가라는 용어 자체에 심각한 오해의 소지가 있다며, 차라리 이 국가들이 근대성을 향해 가고 있음을 강조하기 위해 영토국가나 근대 국가라는 말을 사용하자고 말한다. 앤더슨은 절대주의 국가에 근대성을 부여하는 것 자체에 반대하며, 위기에 대한 봉건제의 새로운 대응양식이 절대주의라고 말한다.

여기서 문제가 생겨난다. 한편으로 국가는 모든 특수자들에 대해 보편자로 행세했지만, 다른 한편으로는 사회의 특수자들과 긴장관계에 있는 또다른 특수자처럼 보이기도 했던 것이다. 이 때문에 "국민에 속한다는 사실로 인해 조세 부담을 지는 법적인 '시민'이란 관념이 없었던"[91] 절대주의 시기에는 말할 것도 없고,** 근대에 들어서도 조세는 부르주아지가 관청에 대응하며 형성한 공론장의 주요 주제 중의 하나가 되었다(이에 대한 자세한 논의는 이 책 4장을 참조). 영토국가의 발전과정에서 보면 화폐조세는 이 두 가지 역할, 즉 한편으로는 특수자를 보편자 속에 통합시키는 매개 역할을 수행했고, 다른 한편으로는 갈등의 소재로서 특수자들이 국가와 구분되는 다른 영역[공론장]을 형성하는 계기가 되었던 것이다.

4. 국민국가와 화폐주권

근대적 화폐주권의 성립과 관련해서 절대주의 국가를 어떻게 평가할 것인가. 절대주의 국가를 근대 국가로 볼 수 있느냐는 것만큼이나 절대주의 시절의 화폐질서를 근대적인 것으로 볼 수 있느냐도 논란거리인 것은 사실이다. 하지만 그 전체 성격을 어떻게 규정하든, 도드의 표현처럼 "절대주의는 분명 화폐체제에 필수적인 하부구조를 갖추는

** 이 시기에 모든 세금의 부담은 빈민들에게 떨어졌다. 영주들은 모두 직접세를 면제받았기 때문에, 빈민들은 영주에게 바치는 봉건지대 외에도 '중앙집권화된 봉건지대'를 지불해야 했다. 절대주의 국가의 조세체제는 사실상 이중적 과세체제였다. 이 때문에 17세기 빈민들에 의한 반란이 곳곳에서 일어났다(앤더슨, 『절대주의 국가의 역사』, p. 33).

데 대단한 기여를 했다".[92] 절대주의 정부가 그때그때 닥친 상황을 헤쳐 나가기 바빴고, 때로는 탐욕 때문에, 때로는 우발적으로 수행한 일이라고 해도, 화폐주권을 구성하는 중요한 계기들은 이때 만들어지기 때문이다.

물론 우리가 좀더 완성된 화폐주권의 모습을 확인하는 것은 19세기 국민국가의 성립과 함께이다. 틸리의 표현을 빌리자면 국가는 "전쟁만 하는 기구가 아니라, 다른 목적을 가진 조직, 즉 거창한 전쟁기구에서 복합적인 목적을 가진 조직이 된다".[93] 우리가 화폐주권을 '화폐의 발행과 관리 및 화폐 관련 정책에 대한 독점적[자율적] 권리 행사'라는 관점에서 접근한다면 서유럽의 주요 국가들이 그 기준을 충족시키는 것은 대체로 19세기에 들어서다. 국가들은 이때 비로소 화폐정책과 재정정책에서 대외적 자립성을 갖추고, 화폐와 관련된 정책과 명령을 전국적 수준에서 실현할 수 있게 된다. 우리는 국민국가의 화폐주권 성립과정을 두 측면에서 접근해 보고자 한다. 하나는 '영토화폐'(territorial money)라고도 불리는 국민통화의 탄생이고, 다른 하나는 통화와 화폐거래네트워크를 감독하는 중앙은행의 탄생이다.

국민통화의 탄생

폴라니는 19세기 근대 국가에 의한 국민통화 형성과정을 이렇게 묘사했다. "국가라는 새로운 갑각류는 이제까지 알려진 것보다도 더 빈틈없이 더 절대적인 주권에 의해 수호되었던 자국의 명목화폐 형태로 그 정체성(identity)을 표현했다."[94] 확실히 주권의 경계를 따라 전국적으로 유통되는 단일한 통화는 화폐주권에 대한 가장 극명한 표현일 것이다. 코헨은 화폐주권이 갖는 정치적 상징성이 얼마나 큰 지를 잘 보여주었다. 소련이 해체될 때 루블 지대(地帶)가 붕괴한 것은 각 독립 공화국마다 자신들의 화폐를 발행하고 싶어 했기 때문이다.[95] 자국 화폐를 포기하고 달러를 사용하자고 했던 어느 이스라엘 재무장관이 곧바로 사임해야 했던 이유는 "독립국이 자국의 화폐를 갖고 있지 않다는 것은 상상할 수도 없는 일"이었기 때문이다.[96] 즉 국가들은 대체로 독립적인 주권을 갖고 있다는 사실을 자신의 국민통화로 나타내는 경향이 있다.

이런 정치적 상징성 외에도 근대 국가에는 국민통화 창조의 다른 동기들이 존재한다. 전통적인 것이긴 하지만 무엇보다 전국적 수준에서의 단일 통화의 발행은 막대한 발행차익을 제공한다. 과거처럼 남발은 안 되겠지만, 중앙은행에서의 대부를 조세와 잘 연계하면 발행차익 효과를 낼 수 있다. 단일 통화를 사용하면 물론 조세과정도 편해지고 비용도 절감될 것이다.* 국민통화의 사용은 대중들에게 '국민'으로서의 집합적 일체감을 형성시키는 데도 기여한다. 실제로 화폐의 자유로운 사용을 주장하는 자유주의자들에게 19세기 민족주의자들은 국가와 국민을 묶어주는 통화의 역할을 환기시키곤 했다.[97]

아울러 산업가나 상인들의 요구도 있었을 것이다. 복수의 화폐를 사용하는 것은 전국적으로 확대된 생산괴 교역에는 어울리지 않는, 비용도 많이 들고 여러 불편이 따르는 일이기 때문이다. 물론 이런 불

---

* 좀더 엄밀히 해두자면 사실은 반대과정이 더 중요하다. 즉 국민통화의 사용이 조세를 편리하게 해주지만, 일단은 국가가 특정 화폐를 조세 형태로 지정하면서 국민통화가 탄생하기 때문이다.

편은 본래부터 존재했다기보다는 새롭게 변화된 조건 속에서 창출된 것이다. 생산과 교역이 전국적 단위에서 이루어지고, 생활을 전국시장에 의존할 수밖에 없게 되었을 때, 국지적으로만 통용되는 지역 화폐나 외국 화폐는 당연히 불편을 초래한다.

19세기 이전 상황을 보면 국민통화가 없어도 경제가 무난히 굴러가고 있는 장면을 자주 목격하게 된다. 18세기 중엽까지 유럽의 각 국가들에서 여러 국적의 화폐들을 만나는 것은 일상적인 일이었다. "스털링화는 대륙에서도 받아들여졌고, 성 루이 왕은 그의 몸값을 옛 로마의 베잔트화로 지불했으며, 중상주의 시절에도 오스트리아에서 프랑스의 에퀴화, 프랑스에서 스페인의 피스톨화, 스페인에서 영국의 기니화가 통용되었다."[98] 기층 민중들의 경우에는 아예 화폐경제 바깥에 존재했다. 잉글랜드 은행이 공공은행으로서 확고한 지위를 갖게 된 18세기 말에도 10파운드 스털링 이하의 은행권은 발행되지 않았으며, 내륙 지역에서는 물물교환이나 저급한 주화들을 사용한 거래가 이루어졌다.

하지만 국민국가 형태가 공고화되면서 서유럽의 주요 국가들은 외국의 통화들을 자국 영토에서 몰아내고 소액권을 발행하면서 단일한 통화경제를 구축한다. 이것은 전국적 행정체계의 발전, 재정기구의 정비, 조세체계의 통합, 중앙은행의 설립 등 제도적 차원에서의 발전과정과 국민 정체성(national identity)의 형성 등 정서적 차원의 발전과정이 맞물리면서 가능해졌다.

제도적 차원에서는 특히 다음 절에서 살펴볼 중앙은행의 탄생이 중요하다. 중앙은행은 국민통화의 발행만이 아니라 통화의 재량적 관리, 화폐거래네트워크의 감독 강화 등 대내적 측면에서의 화폐주권 형성에 큰 역할을 수행했다. 국민통화의 형성이 서유럽 국가 가운데 가장 빨랐던 영국의 경우를 보면, 잉글랜드 은행에 대한 정부의 뒷받침이 갈수록 강화된다는 것을 느낄 수 있다. 1797년의 화폐위기 시 영국 정부는 '은행제한법'을 만들어 금 태환의 의무를 정지시킨 잉글랜드 은행권을 강제 유통시키기도 했다. 잉글랜드 은행은 한때 런던의 은행에 불과했지만, 런던이 명실상부한 영국의 중심이 되고, 런던에 대한 정치적·경제적 의존관계가 전국적으로 형성되면서 전국적인 중심 은행이 된다. 잉글랜드 은행의 지점이 전국에 설치되고, 그 은행권으로 조세가 걷히며, 자체 은행권을 발행하지 않은 은행들에게는 재할인 시 편의가 제공되는 등, 잉글랜드 은행권을 국민통화에 다가서게 하는 일련의 조치들이 취해졌다.* 그리고 마침내 '1844년 은행법'이 그것의 국민통화적 지위를 법적으로 확정했다.

정서적 차원에서 일어난 일도 국민통화 형성의 중요한 계기가 되었다.** 베네딕트 앤더슨은 "국민〔민족〕은 본래 제한되고 주권을 가진

---

* 애쉬튼은 잉글랜드 북부 랭카셔 지역에서의 어음 사용이 나중에 잉글랜드 은행권 사용으로 바뀌는 과정을 압축적으로 이렇게 표현했다. "1790년부터 40년간 랭카셔인들은 지역 유통에 많은 변화를 목격했다. 처음에는 런던 앞으로 발행된 지급명령서(draft)를 이용했고, 다음에는 통상 어음(trade bill)을 사용했으며, 다시 조세의 압력 아래 소액의 잉글랜드 은행권을 사용하기 시작했다. 이 소액 잉글랜드 은행권은 이자율과 은행수수료가 줄어 가장 저렴한 교환수단이 되었다. 1821년 이후 금 소브린화가 지배력을 획득했으며 점차 어음과 일반 은행권을 대체했다"(Ashton, "The Bill of Exchange and Private Banks in Lancashire, 1790~1830", p.48).
** 헬레이너는 국민통화의 탄생이 경제적 영토성, 국내 사회에 대한 국가의 지배력 확대, 영토 거주자들의 '집합적 일체감'의 공고화와 관련된다고 말한다(Helleiner, "Historicizing Territorial Currencies : Monetary Space and the Nation-State in North America").

것으로 상상된 정치공동체"라고 했는데,[99] 그의 책에 국민통화의 형성과정이 담겨 있지 않은 게 유감스러울 정도로, '국민에 대한 상상'과 국민통화의 형성은 밀접하게 연관되어 있다. '국민에 대한 상상'이 국민통화를 형성시켰고, 국민통화의 형성은 단일한 '국민에 대한 상상'을 가속화시켰다는 말은 그렇게 과장된 표현이 아니다.

매튜 로린슨은 17세기 말까지 국내와 해외의 화폐 유통을 그런대로 잘 매개하던 어음시장에서 18세기 중엽 터져 나온 민족적 색채의 불만에 주목했다.[100] 가령 1757년 조폐청의 화폐감정사였던 조지프 해리스는 환어음이 상인들에게 대단한 안정감을 주고 상업 진작에 공헌한 바를 인정하지만, 그것이 모국에 대한 상인들의 헌신을 약화시킨다고 지적했다. 18세기 후반 영국 상인들과 은행가들의 행동도 개별적 이익추구로만 환원할 수 없는 어떤 측면을 가지고 있었다. "1797년 영국 정부가 금속 태환을 중지하고 잉글랜드 은행권을 강제 유통시켰을 때, 큰 동요 없이 유지될 수 있었던 데는 수천 명의 상인과 은행가들이 자발적으로 모여서 은행권을 받아들이기로 한 것이 큰 기여를 했다. 이런 종류의 상호신뢰는 사람들이 그들 스스로를 공통의 민족적〔국민적〕 공동체에 속한다고 간주하면서 쉽게 생겨나고 유지되는 것이다."[101] 대중들이 자신을 단일한 '국민'으로 인식하고 민족적 감정에 의해 그것을 뒷받침할 때, 국민통화의 형성에 적극적 지지를 보내는 것은 쉽게 납득할 수 있는 일이다.

이처럼 19세기 유럽의 국민국가들은 한결같이 자기 영토 안에 동질적이고 배타적인 국민통화를 창출하려는 노력을 보였다. 국민경제를 효과적으로 지배·관리하기 위해서, 또 대외적으로 독립적인 주권을 행사하는 표시로, 그리고 국민적 정체성을 부여하기 위해서 국민통화가 만들어졌다. 앞서 폴라니의 표현처럼 국민통화는 '새로운 갑각류'인 국가가 표현한 자기 정체성이라 할 만하다.

다만 국민통화가 화폐주권의 가장 상징적인 표현이라고 해서 근대 화폐의 전형을 국민통화로 환원하거나 근대 화폐주권의 성립을 국민통화의 성립과 동일시해서는 안 될 것이다. 가령 헬레이너와 코헨은 영토화폐(국민통화)의 출현이 기껏해야 19세기 정도에 시작된 최근의 현상임을 강조하며, '영토성'의 기원을 베스트팔렌조약으로 잡는 것에 강하게 반대했다.[102] 영토성의 출현과 관련된 국제정치학 분야의 통념에 대한 이들의 문제제기는 상당히 의미 있어 보이며, 영토화폐들이 위협받고 있는 최근의 상황도 긴 역사적 시각에서 보면 그다지 특별한 게 아니라는 지적 역시 되새겨 볼 만한 것이다.*

하지만 이런 지적으로부터 영토화폐와 근대 화폐를 동일시하고, 근대 화폐를 19세기 중엽에 탄생해서 곧바로 위기에 빠진 어떤 것으로 간주해서는 안 될 것이다. 영토화폐를 사용하지 않는다고 해서 화폐질서에 대한 국가 주도성이 곧바로 사라지는 것은 아니다(또한 근대 화폐의 다른 특징들, 즉 전환성과 자본성에 질적 변화가 생기는 것도 아니다). 근대 화폐를 영토화폐와 너무 밀착해서 이해하면 너무 짧은 시기의 한정된 지역에서만 근대 화폐의 존재를 인정할 우려가 있다.

---

* "영토성의 출현이 최근의 역사적 기원을 갖는 것이라면, 영토성에 대한 오늘날의 위협은 긴 역사의 시각에서 볼 때 그렇게 극적인 것이라고 볼 수는 없다. 화폐 분야에서 볼 때, 이 점〔영토적 화폐주권에 대한 도전〕은 특히 강력하게 지적될 필요가 있다"(Helleiner, *The Making of National Money*, p. 41).

중앙은행과 은행법 — 화폐의 통합적 관리

19세기 유럽의 주요 국가들은 화폐주권의 대내적 측면이라고 할 수 있는, 통화와 화폐거래네트워크에 대한 관리·감독 등을 위해 중앙은행을 만든다. 물론 중앙은행의 설립이 처음부터 국가의 목표였던 것은 아니었다. 국가는 은행을 통해 동원할 수 있는 자금에 관심이 있었고, 상인과 은행가들은 국가로부터 얻을 수 있는 독점적인 특혜에 관심이 있었다.

맑스의 신랄한 표현을 빌리자면, "국립이라는 칭호를 덧붙인 대은행들은 그 출생 첫날부터 사적 투기업자들의 회사에 불과했다. …… 잉글랜드 은행은 자기 화폐를 8%로 정부에 대부하는 것으로 활동을 시작했는데, 그와 동시에 이 은행은 화폐주조권을 의회로부터 획득함으로써 다시 자기 자본을 은행권의 형태로 국민에게 다시 대부할 수 있게 되었다. …… 얼마 안 가서는 자체적으로 만들어낸 신용화폐를 주화[유통수단]로서 기능케 했으며, 이것으로 국가에 대부하고 국가를 대신해서 공채이자를 지불했다."[103] 맑스는 이런 국립은행들을 '국민에 대한 영원한 채권자'라고 비꼬았다.

하지만 공공은행은 직접적으로 이익을 도모하는 은행에서 점차 전국적 수준에서 경제통합성을 유지하고 화폐질서를 관리하는 은행으로 변해 갔다. 찰스 굿하트는 이런 변화야말로 중앙은행의 진정한 출발점이라고 말한다.* 화폐질서를 관리하는 중앙은행의 기능은 일반적으로 두 가지로 나뉜다. "하나는 거시적 기능으로 화폐와 신용의 양과 가격을 조절하여 물가·고용 등 거시 경제변수에 영향을 미치는 것이고, 다른 하나는 미시적 기능으로 금융위기 시 유동성을 공급하고 이런 사태를 미연에 막기 위해 금융기관을 규제·감독함으로써 금융제도의 안정성을 보장하는 것이다."[104] 요컨대 통화에 대한 재량적 관리와 금융기관에 대한 감독이 중앙은행의 핵심 기능인 셈이다.

잉글랜드 은행이 처음으로 중앙은행의 지위에 올랐을 때 이런 기능들이 모두 갖추어졌던 것은 아니다. 잉글랜드 은행을 중앙은행으로 공식 선포한 1844년 은행법은 몇 가지 심각한 문제를 안고 있었다. 이 법에 따르면 잉글랜드 은행은 통화 발행의 업무를 담당하는 발권부(Issue Department)와 일반 상업은행과 같은 은행 업무를 담당하는 은행부(Banking Department)로 나뉘고, 통화 발행은 준비금을 토대로 엄격한 준칙에 따라 이루어지게 되어 있었다.[105] 한편으로 다른 상업은행들과 경쟁하면서, 다른 한편으로 국민통화를 발행하고 다른 상업은행들을 관리한다는 것은 모순적인 것이었다. 또 통화 발행을 엄격한 준칙 아래 수행하면서 통화 발행에 재량을 갖는다는 것도 불가능한 일이었다. 이렇게 보면 이른바 중앙은행법이라고 불리는 1844년 은행법은 중앙은행으로서의 기능과는 큰 상관이 없어 보인다.

그렇다면 이 법의 의의는 도대체 어디에 있는 것일까. 그것은 아마도 화폐의 위계적 통일에 있을 것이다. 잉글랜드 은행권이 '본원통화'(basic money)가 됨으로써 다음 쪽의 그림과 같은 체계적인 화폐 역피라미드가 구축된다.

---

* "중앙은행이 다른 많은 은행들과 함께 경쟁하면서 이윤 극대화를 도모하는 은행으로서 상업 은행업에 종사하다가 비경쟁적·비영리적 역할을 수행하게끔 변신하게 된 점이야말로 본격적인 중앙은행 제도의 진정한 출현과 발전을 특징짓는 것이었다"(굿하트, 『중앙은행의 진화』, p.31).

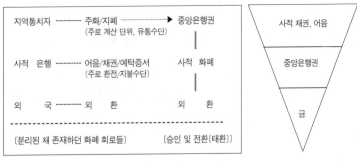

지역통치자 ---------- 주화/지폐 ··········▶ 중앙은행권 　　　　　　　 (주로 계산 단위, 유통수단) 사적 은행 ---------- 어음/채권/예탁증서　　 사적 화폐 　　　　　　　 (주로 환전/지불수단) 외　　　국 ---------- 외　　환　　　　　　 외　　환 - (분리된 채 존재하던 화폐 회로들)　　〔승인 및 전환(태환)〕	사적 채권, 어음 중앙은행권 금

〈다양한 화폐 형태의 통합과 화폐 역피라미드〉

　　가장 아래 금이 놓이고, 그 위에 본원통화인 잉글랜드 은행권이 놓이며, 맨 위에 일반 은행예금과 각종 채권증서들이 자리한다. 화폐들이 위계적으로 공존하고 통합된 이른바 '계층적 화폐체계'가 만들어진 것이다.[106] 사적인 채권·채무관계를 중앙은행의 화폐로 지불·청산케 하는 일종의 '화폐제약'(monetary constraint)이 부과되고, 중앙은행 화폐는 금 태환 제약을 받는다. 중앙은행 화폐는 직접적인 자금 조달의 수단이라기보다는 그런 사적 은행의 화폐나 사적 채무증서들의 최종적인 제약을 제공할 뿐이다. 즉 '중앙은행 화폐로의 전환성'을 항상 제약 조건으로 제시하는 것이다. 실제로 대부분의 통화량을 차지하는 것은 중앙은행의 화폐가 아니라 그것으로 단위를 표시한 일반 은행의 예금이나 각종 채무증서들이다.

　　별 일이 없다면 사적 은행권이나 어음들은 중앙은행 화폐로 전환될 수 있어야 한다. 그러나 신용공황이 닥치면 "신용제도는 갑자기 화폐제도로 전환되고",[107] 사적 화폐의 전환성이 중지된다. 금 태환을 보장하는 본원통화만이 지불수단이 될 수 있는 것이다. 물론 본원통화도 금 태환에 의해 제약을 받지만, 역사적으로 보면 중앙은행의 위기는 국가의 개입에 의한 태환 정지로 해결되곤 했다. 사실 로린슨의 지적처럼 "금본위제 채택은 파운드화를 상품으로서 금과 연계시켰다기보다는 금 자체를 추상물로 만든 것"이다. 정말로 중요한 것은 "금이 하나의 추상물이 되어 온갖 종류의 통화와 채무의 상호전환을 가능케 하는 단일 본위가 되었다"는 사실이다.[108]

우리는 이 점이 근대 화폐질서의 매우 중요한 특징이라고 생각한다. 금은 추상물로서 중요하지 구체적인 상품으로서 중요한 게 아니다.* 그리고 화폐질서의 안정화에도 중요한 것은 금을 충분히 준비하는 것이 아니라, 본원통화를 중심으로 하는 전환성[태환성]의 안정적 관리에 있다. 물론 1844년 은행법의 제정자들이 그 점을 알고 있었던 것은 아니다. 그들은 금에 대한 신앙에 강하게 매여 있었기 때문에, 오히려 안정적인 화폐질서의 관리에 방해가 되었다.

사실 1844년 은행법의 이런 한계 때문에 우리는 중앙은행이 국가와 관련되기보다는 시장과 관련해서 탄생했다는 주장을 접하게 된다. 아글리에타는 직접적으로 "중앙은행은 시장의 창조물이지 국가의 창조물이 아니"라고 말한다.[109] 그에 따르면, 잉글랜드 은행은 17세기 말 설립 당시부터 국가의 은행이었지만 은행들의 은행은 아니었다. "잉글랜드 은행이 은행들의 은행이 되기 위해서는 중앙은행의 핵심 기능인 최종 대부자의 역할과 화폐시장의 금리 조질에 관여해야 했는

---

* 서유럽에서 고전적 금본위제는 아주 짧은 기간 동안(1880~1913년)만 존재했고, 20세기 초반에 이르면 주요 국가들은 금 태환을 사실상 정지시키고, 본격적인 '관리통화' 체제로 접어들었다(안현효, 『현대정치경제학의 재구성을 위하여』, p. 97).

데 …… 이것들은 연이은 금융공황들을 거치면서 몸으로 익힌 것일 뿐이다."[110]* 즉 잉글랜드 은행이 실질적으로 화폐거래네트워크의 관리자가 된 것은 공황을 거치면서 시장의 요구에 대응해 간 것과 관련이 있으며, 자본주의 시장 변화에 따른 은행제도의 자연스런 진화 결과라는 것이다.**

그러나 우리는 이것이 중앙은행의 국가적 성격을 부인하는 것이 아니라고 본다. 오히려 화폐시장의 상황이 국가의 적극적인 개입을 요청하는 것이며, 이 점에서 1844년 은행법은 앞서의 문제제기처럼 국가의 적극적인 개입을 가로막았다는 점에서 한계를 갖는다고 생각한다.*** 가령 1847년의 신용위기 시 일부 은행에서 예금 인출 사태가 있었는데, 1844년 은행법 때문에 잉글랜드 은행이 충분한 구제 금융을 제공하지 못할 것이라는 우려 때문에 신용공황이 악화되었다. 그

---

* 필립 B. 웨일 역시 1844년 은행법과 중앙은행의 탄생을 동일시하는 것에 문제를 제기한다. 이런 생각은 1844년 이전 잉글랜드 은행의 활동이 갖는 중요성을 무시할 뿐만 아니라, 1844년 은행법이 기반한 이론(통화주의)이 중앙은행의 활동을 부인하고 있음을 고려하지 않은 것이기 때문이다. 은행법에 따르면 화폐 발행은 자동적 메커니즘에 따른 것이니 발권부는 적극적 행동을 할 필요가 없고, 은행부는 일반 상업은행과 경쟁하기 때문에 별도의 책임을 질 필요가 없다는 것이다(Whale, "A Retrospective View of the Bank Charter Act, 1844", p. 126).

** 이에 대해서는 굿하트의 입장도 비슷하다. "중앙은행이 규제 및 감독의 역할을 맡게 된 것은 적어도 19세기 설립된 중앙은행들에게는 자연스러운 진화적 발전이었으며, 설립 당시부터 계획되어 있었던 것은 아니다. 실제로 영국에서는 중앙은행의 법률체계가 잉글랜드 은행에 의한 규제 기능의 발전을 저해하는 장애물이었던 것으로 밝혀졌다"(굿하트, 『중앙은행의 진화』, p. 30).

*** 문제는 그 법이 국가 개입이 필요한 상황을 초래하면서도 개입을 이데올로기적으로 막고 있었던 것에 있었다. 폴라니는 이렇게 말한다. "시장의 긴장은 경제적 영역을 넘어서고 균형을 회복하려면 정치적 수단에 의존할 수밖에 없는데, 시장사회는 정치영역과 경제영역을 제도적으로 분리시키는 것이 필요했고, 이것이 [금본위제에 대한] 파괴의 한 원천이었다"(폴라니, 『거대한 변환』, p. 266).

런데 의회가 1844년 은행법을 일시 정지하기로 했다는 사실이 알려지자 이 위기가 가라앉았다.[111] 위기 관리자로서 중앙은행과 국가의 개입을 시장이 요구한 것이다. 1901년의 위기 상황을 회고하며 독일의 한 은행가는 이렇게 말했다. "1901년 통화위기 시, 독일제국 은행은 자신에게 독일제국의 신용을 유지해야 하는 애국적 의무가 주어져 있다고 느끼고 있었다. 독일제국 은행은 국가기관이다."[112]

사실 국가는 금본위제에 기초한 은행법을 제정하는 데도 개입했고, 이후 그것이 초래한 위기를 해결하는 데도 개입했다. 만약 금본위제의 의의를 금에 대한 예속에서가 아니라, 단일한 척도를 기준으로 한 화폐들의 통합적 관리에서 찾는다면, 우리는 국가가 금본위제에 대한 동인을 가지고 있었음을 인정할 수 있다.**** 실제로 중앙은행의 탄생과정을 보면 서유럽의 주요 국가들은 화폐질서 통합을 위해 단일본위를 정립하는 데 적극적이었다. 가령 독일에서 금본위제는 오토 비스마르크에 의해 정치적인 이유로 도입되었다. 즉 "금본위제의 가장 큰 매력은 전국적 통합에 대한 박차로서 유용하다는 사실에 있었다".[113] 또 프랑스 은행이 화폐시장을 더 효과적으로 통제할 수 있었던 것은 복(複)본위제 아래에서보다는 금본위제 아래에서였다.[114] 금본위제의 실제적 효과가 국가의 개입을 막는다고 해서, 금본위제의 도입

**** 물론 이는 금본위제를 국가권력에 대한 견제로만 이해하는 주류석인 해석과는 다른 것이다. 가령 데이비드 글래스너는 금이나 은을 본위로 해서 일정 비율로만 화폐를 발행케 한 것이 국가 독점에 대한 근본적 제약을 가하기 위한 것이었다고 본다(Glasner, "An Evolutionary Theory of the State Monopoly over Money"). 이런 주장은 19세기 자유주의의 득세를 금본위제 성립의 원인으로 보는 것이다. 하지만 자유주의의 이데올로기가 최소국가를 지향한다고 해서, 자유주의를 지향했던 19세기의 국가들이 실제로 최소국가였는지는 논란의 여지가 있다.

이 국가권력의 견제를 위한 것이었다고 추론하는 것은 지나치게 성급한 판단이다.*

19세기에 중앙은행의 화폐준칙을 강조하고, 국가의 시장 개입을 저지하는 이데올로기가 지배력을 행사한 것은 사실이다. 하지만 그것에 아랑곳하지 않고 국가는 화폐질서가 위기에 빠질 때마다 법을 일시적으로 중지시켜서라도 개입해 왔다. 이런 개입은 19세기는 물론이고 20세기에도 계속되었고, 그때마다 중앙은행은 사실상 국가기관으로서 행동했다(1980년대 중반까지 중앙은행이 법적 독립을 누리고 있는 나라는 전세계적으로 미국, 독일, 스위스 정도였다). 따라서 우리는 통화재량권을 행사하고 화폐거래네트워크를 관리·감독하는 19세기 중앙은행의 기능을 전체 화폐질서에 대한 국가적 관리라는 맥락에서 이해해야 한다고 생각한다.

그리고 이것을 또한 국가의 화폐거래네트워크에 대한 역사적 포획의 연장선상에서 이해해야 한다고 생각한다. 영토국가는 16세기 중엽까지 도시체제에서 작동하던 대외적 화폐네트워크를 절단하고, 공

---

* 게다가 서유럽 국가들이 금을 본위(standard)로 채택하는 과정도 국가권력의 견제로 환원할 수 없는 매우 복합적인 우발적 사건들의 결과물이었다. 거기에는 국가권력의 견제라는 이해관계보다는 은을 아시아에 대한 교환상품으로 유출시키고, 금을 유럽 내 국가간 결제수단으로 사용한 오래된 유럽의 사정이 있었다(프랑스는 예외였다. 그래서 브로델은 프랑스를 유럽의 중국이라고 불렀다). 19세기 금광의 개발로 금의 유통이 더욱 확대된 것, 그리고 가장 직접적으로는 19세기 무역을 주도했던 영국이 금본위로 이행한 것 등이 작용했다. 비용 때문에 금본위제로의 이동을 주저하던 프로이센은 보불전쟁의 승리로 프랑스로부터 50억 프랑의 배상금을 받아 금을 매입해 이동했고, 유럽에 금본위제 움직임이 일자 프랑스에 은화가 몰리면서 프랑스도 결국 금본위제로 이동했다. 즉 "유럽의 고전적 금본위제는 국제적 합의나 협력, 혹은 어떤 계획을 바탕으로 만들어진 것이 아니라 …… 일련의 연쇄반응으로 촉발된 것이다"(차명수, 『금융공황과 외환위기, 1870~2000』, p. 5).

공은행이나 각종 재정기구를 통해서 국가적 형태로 변형시켰다. 그리고 19세기 국민국가에 들어서 국민통화의 발행과 전국적 화폐거래네트워크의 구축이 이루어졌다. 중앙은행은 근대 국민국가의 '통합된 화폐질서의 효율적 관리'라는 목표를 달성하는 데 효과적인 장치였다고 할 수 있다.

4장 | 화폐공동체로서 '사회'의 탄생

화폐를 하나의 '공동체' 혹은 '인간관계'라고 주장한다면, 무척 생소하게 느낄 사람들이 많을 것이다. 하지만 화폐는 분명히 특정한 인간관계를 지시하며, 그렇지 않은 인간관계에 대해 파괴적 영향을 미친다. 화폐 유통이 특정한 인간관계를 전제한다는 손쉬운 증거 중의 하나는 가족이나 친구 사이에서 화폐 거래를 잘 하지 않는다는 사실이다. 친밀감이 높고 내적인 결속이 강한 공동체에서 화폐 거래는 어떤 어색함을 불러일으킨다. 우리는 이런 어색함이 원시공동체들에서 화폐경제가 발달하지 않은 이유에 대해 어떤 시사점을 준다고 생각한다. 아래서 우리가 다룰 내용을 미리 당겨서 말해 보자면, 그것은 '미개함' 때문이 아니라 화폐 거래에 대해 느끼는 무의식적인 '거부감'이나 '위기감' 때문이다. 원시경제에는 '인간관계'의 차원에서 이해할 수 있는, 화폐 거래의 발달을 가로막는 어떤 방어막이 존재한다. 이 방어막의 존재를 충분히 증명해낼 수만 있다면, 우리는 원시공동체들을 '아직' 화폐 거래가 발달하지 않은 '미개한 사회'가 아니라,

화폐 거래의 발달을 선험적으로 저지하고 있는 '화폐에 대항하는 사회'라고 부를 수도 있을 것이다.*

화폐경제가 침투하기 시작하면 "공동체의 연대와, 경제적 거래가 야기하는 반(反)사회적 위험 사이의 갈등"[1]이 어느 곳에서나 일어난다. 사회학자들과 인류학자들은 화폐경제의 확산과 더불어 과거 공동체들이 해체된다는 보고서를 수도 없이 발표해왔다. 맑스는 이 점을 아주 간명하게 표현했다. "화폐 그 자체가 공동체[코뮨]가 아닌 곳에서는 화폐가 공동체들을 해체해야 한다."[2] 맑스의 이 탁월한 문장에서 우리는 화폐가 하나의 '공동체'로 규정되어 있음과 그것이 다른 공동체와 적대관계에 있음을 발견할 수 있다. 우리는 화폐가 인간의 공동생활에서 자연스럽게 발생했다는 통념에 맞서, 근대 화폐가 특정한 종류의 공동체이며 과거 공동체의 발전이 아닌 해체를 통해서 성립한 것임을 보일 것이다. 이런 사정은 "문을 굳게 잠갔는데도 불구하고 계속해서 유럽의 은화 포격을 받았던"[3] 비서구 세계만이 아니라, 화폐경제의 발생지로 간주되곤 하는 서유럽에서도 마찬가지였다.

1. 화폐, 공동체, 사회

교환을 거부하는 공동체

'만인이 만인에 대해 투쟁하는' 홉스의 자연상태처럼 경제학자들도

---

* 정치인류학자인 피에르 클라스트르는 원시공동체들에 초월적인 국가의 출현을 적극적으로 저지하는 선험적 메커니즘이 존재한다는 사실을 들어, 이 공동체들을 '국가에 대항하는 사회'(la société contre l'État)라고 불렀다.

'만인이 만인과 교환하는' 일종의 자연경제를 상상한다. 모두가 로빈슨 크루소처럼 혼자 떨어져 있는 상황. 각자는 자기 생존에 필요한 재화들을 다 감당할 수 없기 때문에 필요한 재화를 '교환'을 통해서 얻어야 한다. 자신의 생산물 중 남는 부분을 타인의 생산물 중 자기에게 필요한 부분과 바꾸는 것이다. 여기서 '욕구의 이중적 우연 일치'라고 하는 불편이 생겨난다. 고기가 남는데 맥주가 필요한 사람과, 맥주가 남는데 고기가 필요한 사람이 바로 만나기는 힘들다는 것이다. 이때 현명한 사람들은 항상 어떤 하나의 상품(타인들이 거절하지 않으리라 생각하는 상품)을 확보하도록 노력한다. 이것이 바로 스미스가 화폐의 기원이라고 설명하는 내용이다.[4]

각자가 자기 생존을 위해 타인과 교환하고 그 과정에서 화폐가 생겨난다는 주장의 문제는 무엇인가. 바로 공동체가 부재한다는 것이다. 모스가 경제학자들이 상상하는 '자연경제'를 부인하며 제기했던 첫번째 반론이 공동체의 존재였다. 원시공동체들에서 판단의 주체는 개인이 아니라 공동체다.** "서로 교환하며 계약하는 주체는 개인이 아니라 집단이다. 거래 현장에서 서로를 마주 보는 주체는 씨족, 부족 혹은 가족이다."[5] 당연히 생존을 고민하는 것도 개인이 아니라 공동체다. "공동체 전체가 궁핍에 빠지지 않는 한 개인은 결코 굶주릴 위험에 처하지 않는다."[6]

** 폴라니도 자연경제에 대한 상상을 '개인주의적 원시인 신화'라고 부르며 이렇게 덧붙였다. "그 신화는 이미 오래 전에 막을 내렸다. 19세기 자유주의적 인간관에 나타나는 조잡한 자기 중심주의도, 근거가 미심쩍은 거래 교환 성향이라는 것도, 심지어 생필품을 조달하려는 경향마저도 증거가 없는 것이다"(폴라니, 『전 세계적 자본주의인가 지역적 계획경제인가』, p.32).

자연경제에 대한 두번째 반론은 교환의 목적을 경제적인 것으로 한정할 수 없다는 점이다. "교환되는 것은 경제적으로 유용한 것만이 아니라 예의, 향연, 의식, 군사적 서비스, 여자, 어린이, 춤, 축제 등이다."[7] 원시 부족들 사이의 증여와 답례 형식을 취하는 교환은 경제적인 것을 넘어 사회총체적인 것이다. 즉 그들은 경제적 필요 때문이 아니라 공동체 사이의 유대 강화, 공동체의 질서 유지를 위해 교환한다는 것이다. 이런 교환은 폴라니의 지적처럼 시장경제를 발전시키기는커녕 그것을 저지한다. "똑같은 물건을 서로 바꾸는 경우가 있다. …… 경제적 실익이 전혀 없는 이런 교환이 일어나는 이유는 유대를 강화시킴으로써 관계를 더 밀접히 하기 위해서이다." 이런 교환의 반복은 경제적 합리성을 발전시키기는커녕 "공리주의적 사고방식이 침투하는 것을 막는다".[8]

　　세번째 반론은 교환이 자유로운 게 아니라는 점이다. 증여와 답례는 항상 엄격한 규칙에 따라 이루어진다. 추장이나 귀족들은 공동체 성원들에 대한 증여의 의무를 진다. 그들이 베푸는 것에 소홀하면 결국 그들 지위의 기반인 평판에 큰 손상을 입는다. 이웃 부족이 찾아왔을 때는 최선을 다해 접대해야 한다. 그리고 방문자는 접대받는 것을 피해서는 안 된다.* 주기와 받기를 거부하는 것은 유대의 거부이고, 이는 곧 전쟁의 선언으로 받아들여지기 때문이다.[9]

　　모스는 원시공동체들 사이의 교환에서 '화폐' 비슷한 것을 발견

---

* 가령 보르네오에 있는 다야크 족의 경우 식사하는 것을 목격했거나 식사 준비하는 것을 목격했으면 반드시 식사에 참여해야 할 의무가 있었다(모스, 『증여론』, p.72~73).

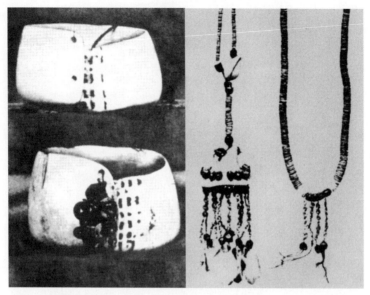

바이구아는 화폐일까?

모스는 시장경제의 상업적 교환을 문제삼았고 경제학자들의 자연경제에 대한 상상을 비판했지만, '교환' 자체에 대해서는 의문을 품지 않았다. 그래서 그는 '증여'를 교환의 일종으로, '바이구아'를 화폐의 일종으로 간주해버렸다(왼쪽 사진이 음왈리이고, 오른쪽 사진이 술라바다).

한다. 멜라네시아 지역의 쿨라(kula) 시스템에서 증여되며 순환하는 '바이구아'(vaygu'a)라는 물건이 그것이다. 쿨라는 멜라네시아 지역의 트로브리안드 섬들 사이에서 이루어지는 거대한 증여(선물)의 순환을 지칭한다. 이들이 사용하는 바이구아는 조개껍질로 만든 팔찌인 음왈리(mwali)와 자개 목걸이인 술라바(soulava)다. 일정한 때가 되면 음왈리를 가진 공동체는 그것을 동쪽으로 넘긴다. 그리고 알맞은 때에 동쪽에서 술라바를 받는다. 바이구아를 받은 공동체는 향연을 베풀고 그것에 대단한 자부심을 갖는다. 하지만 일정한 때가 되면 바이구아를 다시 순환시켜야 한다. 바이구아를 오래 간직하는 것은 금기이다. 모스는 바이구아를 화폐라고 생각했다. 여러 공동체들 사이에서 교환되며 일종의 구매력도 갖고 있다는 이유에서였다. 하지만 바이구아는 오늘날의 화폐와 큰 차이가 있다. 일단 그것은 경제적 가치만이 아니라 주술적인 가치를 가지며* 가치척도로서의 안정성도 없다.** 오히려 그것이 경제적으로도 가치가 있는 이유는 공동체들 사이의 친교의 상징이라는 이유에서, 혹은 주술적인 이유에서 어떤 신성함이 부여되기 때문이 아닌가 싶다.

이 공동체들이 순환시키는 바이구아를 화폐로 볼 것인지의 여부는 그보다 더 근본적인 문제, 즉 공동체들의 친교를 위한 순환을 '교환'으로 볼 것인지에 대한 검토를 요구한다. 모스는 자연경제를 비판하면서 공동체들에서의 교환이 경제적 목적을 넘어서 사회총체적인 것의 교환이라고 말했지만, 그것이 교환이라는 사실 자체에 대해서는 의문을 품지 않았다.***

모스에 대한 클로드 레비스트로스의 평가가 이 문제에 대한 논점을 제공한다. 레비스트로스는 모스가 모든 사회적 행위들의 근간에 교환이 놓여 있음을 발견했다며 그를 높이 평가했다.**** 그 이유는

---

* "그것을 소유하면 기분이 좋아지고, 용기가 생기며, 마음이 가라앉는다. 그것을 단지 접촉하기만 해도 그 효력이 전해진다. 사람들은 그것으로 배를 문지르며, 코앞에서 이리저리 흔든다"(모스, 『증여론』, p. 106).
** 가령 멜라네시아에서 실에 꿴 조개화폐는 아직도 그 가치가 증여자의 뼘으로 측정되고 있다. 또 거래되거나 사용되는 빈도에 따라 그 가치가 커지기도 한다. 북서부 아메리카의 문장이 그려진 동판, 사모아 섬의 돗자리는 포틀래치 때마다, 즉 증여가 일어날 때마다 가치가 커진다(모스, 앞의 책, p. 102). 여러 번 순환될수록 가치가 높다는 것은 아마도 결연과 유대의 측면에서 그것이 평가되고 있기 때문일 것이다.

"교환은 사실들의 차원에서는 지각될 수 없는 것이기 때문에, 즉 경험을 통해서는 발견할 수 없는 것이기 때문이다. 모스 자신도 말했듯이 보이는 것은 세 가지 의무들, 즉 증여, 수용, 답례만 있기 때문이다."[10] 우리가 이 공동체들에서 목격할 수 있는 것은 한쪽이 다른 한쪽에게 무언가를 주는 장면뿐이다. 그것이 선물로 준 것이든, 언젠가 받았던 선물에 대한 답례였든 간에, 우리가 목격할 수 있는 것은 교환이 아니라 증여이다. 그런데 모스는 두 번의 증여 행위를 묶어서 한 번의 교환 행위라고 말한 것이다.

그러나 모스처럼 증여-답례의 메커니즘을 교환으로 간주한다면 우리는 새로운 의문을 던질 수밖에 없다. 왜 그들은 한 번에 교환하지 않고, 증여한 뒤 얼마의 시간이 흐른 뒤에 증여받는 형태를 취하는가. 게다가 모스 자신이 우리에게 알려주는 증여/답례의 장면들은 우리의 의문을 더욱 가중시킨다. "사람들은 다시 돌려줄 것이라는 암시 없이

*** 따라서 모스의 『증여론』은 제목과 달리 '증여'가 아닌 '교환'을 다루고 있는 셈이다. 그에게 '증여'는 교환의 하위범주이다. 시장경제에서의 교환이 상업적 교환이라면 원시 공동체에서의 교환은 증여적 교환이라고 할 수 있다. 하지만 '증여적 교환'이라는 말이 가능할까. 데리다가 지적하듯이 '교환'은 '증여'〔선물〕를 불가능하게 만든다. 선물이 어떤 대가를 수반한다면 그것은 선물일 수 없다는 것이다.

**** "모스는 논리적 확실성을 따라 올바르게 작업했다. 즉 그는 교환이 명백하게 이질적으로 보이는 수많은 사회 행위들의 공통분모라는 것을 알았다"(Lévi-Strauss, *Introduction to the work of Marcel Mauss*, p.45). 나만 그는 모스가 그 훌륭한 원칙을 끝까지 견지하지 못했음을 아쉬워한다. 그것은 모스가 사람들의 행위를 규정짓는 심층구조 자체인 '교환'에 대해 다시 이유를 묻는 잘못을 범한 데서 기인한다. 즉 교환을 가장 심층적인 원리로 이해하면서 다시 그것을 가능케 하는 원리를 물었다는 것이다. 모스는 왜 교환하는가에 대한 답변을 원시 부족 중의 한 사람의 말을 들어 설명했다. "모든 물건에는 하우(hau)라는 영이 있는데, 이 영은 그 자신이 태어난 곳으로 돌아가려 한다"(모스, 앞의 책, p.67). 레비스트로스는 모스가 원주민의 말만 믿고 어떤 신비한 힘을 도입함으로써 총체적인 사회 사실로서의 교환을 왜곡했다고 지적했다.

받기만 하는 척 한다. …… 또 그들은 받은 물건을 땅에 던져 자신에게는 아무런 가치도 없는 것처럼 행동한다."[11] 왜 답례를 하지 않을 것이라는 태도를 취하며 증여를 받을까. 그리고 왜 시장 상인들처럼 자신이 내놓는 물건의 가치를 높이지 않고 낮추어버릴까.

오히려 모스와 반대로 생각해야 할 것 같다. 그들의 행동은 교환처럼 보일 수 있는 행위도 교환이 아닌 것처럼 만들기 때문이다. 여기서 우리는 교환을 하고 싶다는 의지보다는, 교환이 불가피한 경우에도 그것을 교환처럼 보이게 해서는 안 된다는 의지를 읽는다. 들뢰즈와 가타리는 구르망체 족의 예를 들어 이렇게 말했다. 구르망체 족의 경우 "여성은 줄 수만 있거나 빼앗길 수만 있다". 선물을 하거나 일부러 방비를 허술하게 해서 도둑맞을 뿐이지 교환하지는 않는다. "욕망은 교환을 모른다. 그것은 단지 증여와 도둑질만을 알 뿐이다."[12]

공동체인가 사회인가

공동체들은 왜 교환을 거부하는가. 그들은 "교환을 몰라서가 아니라 교환을 너무도 잘 알기 때문에 그것을 추방하고 봉해버리는 것이다".[13] 이들은 교환이 공동체에 치명적인 위협을 가할 수 있다고 생각한다. 재화의 자유로운 교환과 일반화된 등가물로서 화폐의 사용은 공동체 고유의 질서를 파괴할 것이라는 어떤 직관이 존재한다.

인류학자 메어리 더글러스는 1949~53년에 콩고(자이르) 지역의 렐레 족에서 공동체가 교환에 대해 왜 그렇게 적대적인지, 그리고 화폐가 공동체를 어떻게 파괴하는지를 관찰했다.[14] 렐레 족은 옷감이나 '캠우드'(camwood)라고 불리는 나뭇가지를 화폐처럼 사용했다. 그

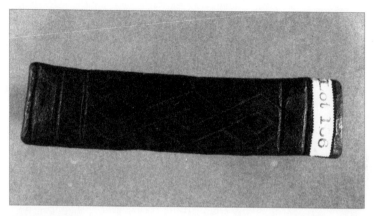

캠우드와 프랑의 차이

비상업적 지불에 사용된 캠우드와 일반화된 교환수단으로서의 프랑. 캠우드를 사용하던 렐레 족의 공동체가 프랑을 사용하면서 붕괴된 이유는 무엇일까(위 사진은 렐레 족의 지불수단이었던 캠우드이다).

러나 이 옷감이나 나뭇가지는 물건을 구매하는 화폐가 아니었고 결혼 지참금, 상금이나 벌금, 종교의식에 대한 참가비 등 비상업적 지불에 만 사용되었다. 이것은 주로 개인이나 공동체에 폐를 끼치거나 자기 위신을 보여주려고 할 때 내는 선물 같은 것이었다. 그렇다면 재화의 분배는 어떻게 이루어졌는가. 그것은 공동체 자체의 규칙에 따라 연 장자 순으로 이루어진다. 간혹 재화를 교환하는 경우도 있었는데, 그 것은 교환자들이 서로 아무런 혈연관계노 없음을 먼저 증명한 뒤에 그렇게 했다. 교환 자체를 가급적 피하려고 했던 것이다.

그러던 렐레 족의 공동체가 붕괴되기 시작한 것은 공동체의 젊은 이들이 공동체 바깥에서 외국인들에게 고용되고, 급료로 프랑을 받은 뒤 그곳에서 옷감을 교환해 공동체 안으로 가지고 오면서였다. 그 전까지 공동체의 연장자들은 자신들이 가진 옷감을 가지고 젊은이들을 통제할 수 있었지만 이제는 그것이 불가능해졌다. 젊은이들이 받은 프랑은 실제로 옷감과 교환될 수 있는 일반화된 등가물이었기 때문이다. 교환에 대한 공동체들의 두려움은 바로 이런 것이다. 교환은 공동체가 가지고 있는 고유의 코드들, 규범들을 무너뜨릴 수 있다.

클라스트르는 공동체들이 교환을 거부하는 이유를 정치적인 것에서 찾았다. 각 공동체들은 대외적 자율성과 대내적 통일성을 유지해야 하는 정치적 과제를 안고 있다. 그런 과제 때문에 경제 운용에 있어 두 가지 특징이 나타나는데, 하나는 '자급자족의 이상'을 구현하는 것이고, 다른 하나는 '잉여의 형성을 방지'하는 것이다. 생산이 너무 부족하면 다른 공동체에 의존해야 하고, 생산이 너무 많아 잉여가 생기면 그것 때문에 권력의 분화가 나타날 수 있기 때문이다.*

그렇다면 대외적 자율성과 대내적 통일성을 유지해야 할 공동체들이 왜 교환처럼 보이는 행동을 하는가. 클라스트르는 그것이 상업적인 이유 때문이 아니라 전쟁 때문이라고 말한다. 자율성과 통일성을 유지하려는 공동체들의 노력은 각 공동체간의 팽팽한 긴장감을 불러오므로, 아주 사소한 사건조차 전쟁 개시 신호로 받아들여질 수 있다. 그런데 적과 싸워야 하는 전쟁에서 친구를 만들어 두는 것은 결정

---

* 경제학자들은 종종 원시경제를 '생존경제'로 묘사한다. 생산력이 낮아서 대부분의 시간을 먹고 살기 위해 보낸다는 것이다. 그러나 원시경제는 빈곤한 사회가 아니라 풍요로운 사회다. 인류학자들의 관찰에 따르면, 그곳 사람들은 분명히 더 오래 일하고 더 빨리 일하면 더 많이 생산할 수 있다는 걸 알지만 그렇게 하지 않는다. 그들은 하루에 많아봤자 5시간, 종종 3시간 정도의 노동을 한다. 그들은 잉여의 생산을 고의로 피한다는 느낌을 준다(클라스트르, 『폭력의 고고학』, pp. 181~182).

적으로 중요하다. 즉 전쟁이 동맹의 필요성을 만들고, 동맹의 필요성에서 선물의 교환이 이루어진다는 것이다.** 사실 클라스트르는 교환이라는 표현을 썼지만, 우리는 그것을 상호간의 유대를 쌓기 위한 증여(선물)라고 하는 편이 더 적절하다고 생각한다.

지금까지의 논의를 통해서 볼 때 우리는 공동체가 화폐 및 교환에 대해 강한 거부감을 가지고 있음을 알 수 있다. 화폐 고유의 탈코드성과 탈영토성 때문에 공동체는 안팎으로 위협을 받는다. 일반화된 등가물로서 화폐는 신분이나 연령 등의 체계는 물론이고 공동체들 사이의 온갖 차이들을 제압해버린다.

일반화된 교환은 동일화 논리이다. 원시 사회가 무엇보다 거부하는 것이 바로 이 동일화 논리이다. 타자와 동일시되는 것에 대한 거부, 자신을 자신으로 구성해 주는 것, 자신의 존재 자체, 자신의 고유성, 스스로를 자율적 '우리'로 생각하는 능력 등을 상실하는 것에 대한 거부가 그것이다. …… 만인 사이의 교환은 원시 사회의 붕괴를 가져온다. 동일화는 죽음을 향한 운동인 반면, 원시 사회의 존재는 삶의 긍정이다. 동일성의 논리는 일종의 평등주의적 담화를 발생시킨다. 만인 사이 친교의 표어는 '우리는 모두 똑같다'이기 때문이다.[15]

** 이 점에서도 클라스트르는 레비스트로스를 비판한다. 레비스트로스는 교환을 원시 사회의 본질로 이해했기 때문에 전쟁을 '교환의 실패'로 설명하려 했다는 것이다. 즉 레비스트로스는 원시 사회에서 일반적으로 나타나는 전쟁을 비본질적인 것으로 간주했다. "그의 분석은 원시 사회에서 전쟁의 사회학적 기능을 배제해야 지탱될 수 있다"(클라스트르, 앞의 책, p. 268).

돈과 악마

원시공동체들은 재화의 교환이 공동체에 치명적인 위협을 가할 수 있다고 생각했다. 그래서 재화의 자유로운 교환과 일반화된 등가물로서 화폐의 사용에 거부감 또는 위기감을 느꼈다. 돈에 손을 대는 순간부터 악마가 그의 영혼에 손을 대는 위의 중세 필사본 삽화는 이와 같은 거부감 또는 위기감을 잘 반영하고 있다.

화폐와 교환에 대한 이 공동체들의 태도는 근대 사회와 뚜렷한 대조를 이룬다. 화폐경제가 성립한 이후 서유럽 사회는 더 이상 화폐에 대한 불안감이나 공포를 갖지 않는다. 오히려 화폐는 모두의 욕망의 대상이며, 진정한 힘의 화신이다. 짐멜은 "대상들의 경제적 가치가 교환 가능한 대상들이 맺는 상호관계라면, 화폐는 이런 관계의 독립적 표현이다"고 말했다.[16] 이것은 자본주의처럼, 사물은 물론이고 인간의 활동조차 교환을 위한 상품으로서 존재하는 사회에 적합한 말이다. 이곳에서 화폐는 '관계' 자체로서 존재한다.

화폐를 거부하는 공동체와 화폐로 조직된 공동체. 화폐를 두려워하는 공동체와 화폐를 욕망하는 공동체. 우리는 화폐경제 바깥에 존재하는 앞서의 공동체들과 근대 사회 사이에 어떤 원리상의 단절이 있음을 알 수 있다. 그것은 말 그대로 진화나 발전이 있을 수 없는 하나의 단절이다. 즉 '화폐를 거부하는 공동체'가 '화폐로 조직되는 공동체'로 발전할 수 없다는 말이다.

좀더 단정적인 표현을 사용한다면 화폐경제에 속해 있는 근대 서유럽 사회는 이 공동체들의 후예가 아니다. 따라서 전자의 공동체가 후자의 공동체로 바뀌었다면, 그것은 진화한 것이 아니라 대체된 것이라고 해야 할 것이다. 전자가 발전한 곳에서가 아니라 해체된 곳에서만 후자가 출현하기 때문이다. 이 점에서 맑스가 화폐의 출현을 공동체의 해체라고 명명한 것은 매우 적절한 것이었다.[17]

이 두 유형의 공동체가 원리상 전혀 다른 것이라면 우리는 그것을 서로 다른 이름으로 불러야 할 것이다. 퇴니에스는 그 두 공동체를 각각 '공동체'와 '사회'라고 불렀다.[18] 즉 그는 과거의 공동체들과 구분해서 화폐로 조직된 공동체를 '사회'라고 명명한 것이다. 사실 공동체와 사회에 대한 이런 구분은 퇴니에스보다도 먼저 맑스에게 확인된다. 앞서 보았듯이 맑스는 공동체를 해체한 '화폐공동체'에 대해 말하고 있고, 부르주아 사회를 그것으로 이해하고 있다. 특히 맑스는 '사회적'이라는 말의 의미를 공동체 외부에서 이해하고 있다.* 그것은 공동체들의 바깥에서나 생겨날 수 있는 관계의 명칭이다.

맑스는 특히 공동체 사이에서 상업적 교환을 수행했던 고대의 민족들을 주목했다. 서유럽에서 상업이 발달하고 화폐 사용이 활발했던 민족들은 모든 공동체들의 바깥인 공동체들 '사이'에 존재했던 자들이다. "페니키아인, 카르타고인 등이 그러했다. …… 이들은 유대인들이 폴란드나 중세에 그러했던 것처럼, 고대 세계의 중간지대에만 살 수 있었다. 오히려 이 세계 자체가 그런 상업 민족들의 전제였다."[19] 서로의 공통 규칙들을 공유하지 않는 공동체들을 매개했던 상업 세력들이 표상하는 관계가 사회적 관계이고, 그것의 물질적 표현이 화폐인 셈이다. 맑스는 서유럽에서 그것이 일반화되는 과정을 공동체 외부에서 내부로의 침투과정처럼 묘사한다.

사실 상품들의 교환과정은 원래 자생적인 공동체들의 품 안에서 현상하지 않고, 그것이 멈추는 곳, 그것의 경계에서, 그들이 다른 공동체들과 접촉하는 소수의 지점에서 현상한다. …… 교환은 **공동체들**

---

* 고진은 맑스의 '사회적'이라는 말이 "공동체 안에서 일어나는 교환이 아니라, 공동체 규칙들을 공유하지 않는 공동체들 사이의 교환이 갖는 특징을 기술하기 위해 사용"되고 있다고 말한다(고진, 『마르크스, 그 가능성의 중심』, p. 222).

사이에서 시작되며 공동체 내부로 침투해서 공동체에 해체적인 영향을 미친다.[20]

사회적 관계란 공동체 바깥에 존재하던 상업적 관계가 공동체 내부의 조직 원리가 됨으로써 생겨나는 것이다. "교환의 끊임없는 반복은 교환을 하나의 정상적인 사회적 과정으로 만든다."[21] 이질적인 공동체들을 매개했던 교환이 정상적인 사회적 과정이 된다는 것은 무엇을 의미할까. 그것은 그 전까지 분화되지 않았던 공동체 내부의 요소들을 서로 이질적인 존재로, 즉 서로 독립된 인격으로서 다룬다는 것을 의미한다. 서로를 매개하기 위해 우선은 서로를 타인으로 만든다고 할 수도 있을 것이다. "이와 같은 상호간에 타인이라는 관계는 자연발생적인 공동체의 구성원들 사이에는 존재하지 않았다."[22]

이런 점에서 근대 초기의 사상가들, 특히 사회계약론자들이 사회를 '원자화된 개인들' 간의 '계약'으로 묘사한 것은, 공동체를 해체하고 탄생한 사회에 대한 충실한 기술일 수 있다. 이들에게 '사회질서는 어떻게 가능한가'라는 것이 정당한 질문이 될 수 있었던 것은 사회 구성원들이 먼저 각각 독립된 개체로 파악되었기 때문이다. 상이한 재화나 서비스가 어떻게 교환될 수 있는가를 '화폐'에 대한 질문으로 구성할 수 있는 것처럼, 서로 낯선 타인들인 개인들이 어떻게 공통의 사회질서를 창조할 수 있는가도 질문으로 구성할 수 있는 것이다.

퇴니에스는 '고립된 개인'을 전제하는 것이야말로 사회의 큰 특징 중의 하나임을 이해했다. 공동체는 본래 한 생명체의 기관들처럼 그 내적 규정에 의해 통합체를 이루고 있지만, 사회는 개별적인 것들

의 선택의지의 결과로서 형성된다. 사회란 사실상 '비동료간의 유대'
이며, "분리되어 있는 일단의 인간을 전제한다."[23] 따라서 우리는 개
인과 사회를 동시대적인 것으로 파악해야 한다. 사회는 개인을 이미
전제하고 있으며, 개인은 공동체가 아닌 사회상태에서만 개인들로서
존재할 수 있기 때문이다.*

'계약'을 사회질서의 기본 원리로 간주하는 것 역시 같은 맥락에
서 파악할 수 있다. 퇴니에스의 말처럼 "계약은 한 점에서 분리되는
두 개의 상반되는 개인의 의지의 결과"이기 때문이다. 이것은 상품들
을 거래하는 상인들의 계약과 본질상 다르지 않다. 따라서 우리는 스
미스가 인간의 본성처럼 기술했던, "모든 사람들은 교환에 의해 생활
하고, 모두 어느 정도는 상인이다"[24]는 말이 철저히 사회상태 속에서
만 가능한 것이라고 이해할 수 있다.

2. 소키에타스 — 사적인 것의 공적 진출

서유럽에서 화폐공동체의 형성과정을 다룰 때 앞서 인용한 "교환은
공동체들 사이에서 시작되며 공동체 내부로 침투해서 공동체에 해체
적인 영향을 미친다"는 맑스의 말은 우리 논의의 기본 방향이 될 수
있을 것 같다. 우리는 이미 2장과 3장에서 화폐거래네트워크와 화폐
주권이 형성되는 과정을 이런 방향에서 논의한 바 있다. 대외적으로

---

* "인간은 문자 그대로의 의미에서 사회적 동물이다. 그는 단지 군거(群居)하는 동물일 뿐만
아니라 사회 속에서만 자신을 개별화할 수 있는 동물이다"(맑스, 『독일이데올로기』, p.202).

존재하던 화폐거래네트워크가 국가에 의해 어떻게 포획되었고, 그 과
정에서 화폐주권이 어떻게 형성되었는지를 거기서 확인했다. 여기서
는 화폐공동체의 형성 역시 대외적으로 존재했던 관계 유형이 어떻게
공동체의 기본 원리로 발전했는가라는 시각에서 접근해 보겠다.

대외상인과 은행가들의 사적 결사체

화폐공동체로서 '사회'의 탄생과 관련해서 우리에게 시사점을 주는
이론가는 한나 아렌트다. 그녀는 '인간은 정치적 동물'이라는 아리스
토텔레스의 말이 서유럽에서 어느 때부터인가 '인간은 사회적 동물'
로 번역되고 있음에 주목하고, 고대에는 존재하지도 않았고 존재할
수도 없었던 '사회적인 것'이 근대에 어떻게 형성되었는지를 설명했
다. 그녀에 따르면 '사회적인 것'이란 고대에 엄격하게 나뉘어 있던
공적인 영역과 사적인 영역의 구분이 깨지면서, 과거 사적 영역에 머
물렀어야 할 것이 공적인 의미를 획득한 것이라고 할 수 있다.**

　　고대 그리스 국가에는 오직 공적이자 정치적 영역인 '폴리스'
(polis)와 사적이자 가계의 영역인 '오이코스'(oikos)만이 존재했다.
이 둘은 절대 뒤섞일 수도 없고, 뒤섞여서도 안 되는 영역이었다.

　　가계의 영역〔오이코스〕의 뚜렷한 특징은 공동생활이 전적으로 필요와
　　욕구의 동인에 의해 움직인다는 것이다. 사람은 개체의 유지와 종족

** 따라서 '사회적인 것'은 과거 '사적인 것'을 의미하지 않는다. 사적인 것은 공적인 것과의
　관계 속에서 존재하지만, 사회적인 것은 그런 대립의 소멸 위에서 탄생한다.

의 보존을 위해 타인과의 교제를 필요로 한다. 가정의 자연적 공동체는 필연성의 산물이며 모든 활동은 필연성의 지배를 받는다. 반대로 폴리스의 영역은 자유의 영역이다. 두 영역 사이의 어떤 연관이 있다면, 그것은 가정 내에서 삶에 필수적인 것의 충족이 폴리스에서의 자유의 조건이라는 것이다. 어떤 상황에서도 정치는 사회 보존의 수단이 아닌 것이다.[25]

오이코스의 문제를 폴리스의 영역으로 끌고 와선 안 된다는 것이 고대 그리스의 암묵적 전제였다. 오이코스가 강조된다면 그것은 "사적 소유를 존중해서가 아니라 가정을 갖지 못한 남자는 세계사에 참여할 수 없다는 사실 때문에",[26] 즉 오이코스에 문제가 생기면 폴리스의 활동에 나쁜 영향을 미칠 수도 있다는 생각에서였다.

중세까지도 "공적인 것과 사적인 것 사이의 심연"은 존재했다. 형태는 약간 변화했는데, 특히 폴리스와 같은 공적인 것의 쇠퇴가 두드러졌다. 중세에 공적인 영역이라면 내세에 관심을 갖고 있는 교회 정도에 지나지 않았다. 게다가 교회는 표방하는 것과 달리 실제로는 아주 세속적이고 사적인 이해관계에 얽혀 있었다. 중세의 일상 세계는 고대의 시각에서 보면 완전히 사적 영역에 의해 장악되어 있었다. 일상의 활동에서 공적 영역은 사라져가고 사람들은 사적인 세계로 말려들어갔다. 피에르 에밀 르바쇠르는 안으로 말려 있는 중세인들의 일상을 다음과 같이 묘사했다. "중세의 모든 사람은 각자 자기 집에서 살았으며, 또 스스로의 힘으로 살았다. 귀족은 자신의 영지에서, 농민은 자신의 경작지에서, 도시인은 자신의 도시에서 살았다."[27]

아렌트는 이렇게 안으로 말려 있던 사적 세계가 공적인 의미를 획득한 것에 주목했다. 공적인 것이 사라져가고 있던 중세까지만 해도 사적인 것은 사적인 것 ― 그것이 삶의 대부분을 차지할지라도 ― 일 뿐이었다. 하지만 "사회의 출현은 가계의 활동, 문제 및 조직 형태가 가정의 어두운 내부로부터 공적 영역의 밝은 곳으로 이전된 것을 말한다. 이로 말미암아 사적인 것과 공적인 것을 구분했던 옛 경계선은 불분명하게 되었고, 두 용어의 의미와 이것이 개인과 시민의 삶에 대해 갖는 의미도 거의 식별할 수 없게 되었다".[28]

우리는 '사회'의 탄생에 대한 아렌트 논의를 안으로 말려 있던 사적 영역이 아니라, 바깥으로 말려 있던 사적 영역이 공론화되는 과정으로 살펴보고자 한다. 우리는 2장에서 국내교역과 대외교역이 각각 안으로 말리고 밖으로 말리는 방식으로 서로 분리되어 있었다고 했는데, 두 영역 중 근대 사회를 향한 더 활발한 동력을 갖고 있던 곳은 밖으로 말려 있던 대외교역 쪽이었다. 아렌트는 '내부'의 확장과정으로 사회를 바라보았지만, 우리는 '외부'에서 '내부'로 즉 '바깥'에서 '안'으로 함몰되는 과정으로 그것을 바라보고자 한다.

따라서 우리가 주목하는 쪽은 대외적인 교역과 화폐 거래를 수행했던 가족 기업들이다. 중세 도시에서 이들은 실제로 '소키에타스'(societas)라고 불렸다. 소키에타스는 특별한 목직을 위해 뭉친 사람늘로서, 특히 상인들 사이에서 많이 사용되었다.* 브로델은 소키에타

---

* 토마스 아퀴나스는 '소키에타스'를 언급하면서, 투자자 자신도 위험을 함께 질 때에만 진정한 '소키에타스'가 성립된다고 했다(아렌트, 『인간의 조건』, p. 75. 각주 3번 참조).

스(불어로는 상회[société, société de commerce])의 초기 형태에 대해 이렇게 말한다.

> 서양에서 '소키에타스'의 초기 형태를 찾아보려면 …… 적어도 지중 해의 경제가 다시 생기를 되찾던 9~10세기까지 거슬러 올라가야 한 다. 아말피, 베네치아, 혹은 그와 비슷하게 아직은 작은 규모에 불과 한 여러 도시들이 첫 출발을 했다. 화폐도 다시 등장했다. 비잔틴과 이슬람 대도시들의 방향으로 거래가 재개되면서 수송의 발달과 원거 리 거래에 필요한 금융상의 예비자금이 필요했으므로 상인들의 강화 된 통합성이 요구되었다. 이런 필요에 따라 일찍이 등장한 해결책 중 의 하나가 소키에타스 마리스(societas maris)였다. …… 원칙적으로 이 소키에타스는 현지에 남는 소키우스 스탄스(socius stans)와 항해 를 떠나는 소키우스 트락타토르(socius tractator)로 구성된다.[29]

소키에타스 중 규모가 더 큰 것은 '콤파니아'(compagnia)라고 불렸는데, 이 말의 본뜻은 '빵을 함께 나누는 사람들'이다. 브로델에 따르면 소키에타스나 콤파니아는 "빵이든 위험이든 자본이든 노동이 든 모든 것을 나누는 단단한 결합이었고," 주로 "아버지, 아들, 형제 및 친척들로 이루어진 가족 기업"[30]이었다.*

이들 대부분은 대외교역, 특히 원격지교역을 통해 막대한 부를 축적했다. 그리고 이들 중 일부는 대외교역에 종사하는 상인들에게

---

*아렌트 역시 중세 가계의 영역이 확장되는 예로서 길드나 상업회사의 예를 들었다.

자금을 융자하거나 그들의 송금을 돕는 은행가가 되었다. 이들은 유럽 도시 곳곳에 현지 대리은행가(통신원)와 대리인을 두고, 대륙 전체에 걸쳐 독자적인 네트워크를 구축했다. 그 네트워크는 대외적으로 존재했던 사적인 영역이었다.

우리는 이들의 삶 속에서 전통적인 것과는 확연히 구분되는 근대적 삶의 선구적 형태들을 목격할 수 있다. 이들의 삶에는 베버가 근대성의 전형으로 포착한 '합리적 계산 가능성'(Rechenhaftigkeit)이 표현되어 있다. "계산 가능성이 비로소 등장하는 것은 합리적 상업에서다."[31] 사실 '합리적 계산'은 이런 활동(상업과 금융) 자체가 요구하고 있는 것이기도 했다. 부를 안정적으로 관리하고 증식하는 데 있어 정확한 계산은 필수적인 전제이기 때문이다. 15세기까지만 해도 정확한 계산 방법은 몇몇 가문에만 내려오는 비술(秘術)이었지만,** 16세기 전반기에는 대외교역에 종사하던 상인들과 은행가들을 중심으로 널리 퍼져나갔다.***

특히 이산된 동족으로 구성되었던 16세기 대외은행가들의 경우 자신들만의 독특한 삶의 방식을 가지고 있었다. 이들은 자녀들에게

** 베버에 따르면 '나누기'는 상당히 오랫동안 비술로 간주되었다고 한다.
*** 서유럽에서 가장 막강했던 은행 가문을 일으켰던 푸거가 '이탈리이 쉭의 회계', 즉 아라비아 숫자로 계산하는 법과 복식부기를 작성하는 법을 배우기 위해 베네치아로 간 것이 15세기 후반(1473년)이었다. 아라비아 숫자로 계산한다는 것은 당시까지만 해도 상당히 선진적인 것이었다. 그 전까지 유럽에서는 로마 숫자를 이용해서 계산을 수행했던 것이다. 게다가 '자릿수 계산법'이 인도에서 아라비아를 거쳐 유럽에 들어온 것도 십자군 전쟁 이후였고 일반화되는 데는 상당히 많은 시간이 걸렸다. 자릿수 계산법은 그것을 알지 못하는 상인들을 속일 수 있다고 판단했기 때문에 유럽의 상당히 많은 동업조합(Zunft)이 그것을 금지할 정도였다. 그래서 베버는 당시 가장 앞서 있던 은행가들인 "피렌체인들의 계산조차도 3/4 내지 4/5는 오산이었다"고 단정한다(베버, 『사회경제사』, p. 243).

상인의 법칙 또는 황금률

'합리적 계산법'은 아라비아와 교역했던 이탈리아 도시들에서 먼저 발달했다. 1475년 이탈리아의 수학자 피에트로 보르기가 집필한 『상업계산교본』을 보면 당시 상인들에게 계산이 가졌던 의미를 잘 읽어낼 수 있다. 이 책은 문제풀이 식으로 되어 있는데, 그 중에는 투자 액수가 다른 두 동업자가 정확히 이윤을 배분하는 방법이 상세히 나와 있다. '상인의 법칙 또는 황금률'이라고 불린 이것은 당시 자금을 모아 대외교역을 수행하고 그 이익을 배분하기 위해 절대적으로 필요한 방법이었다(위 사진은 『상업계산교본』의 본문이다).

상업과 금융에 필요한 커리큘럼으로 독자적 교육을 실시했다. 이들의 학교는 복식부기 등의 전문적인 테크닉을 가르치는 것 이외에도 새로운 관습과 습관을 형성시키는 데 주력했다.[32] 특히 이들이 강조한 것은 시간관념이었다. 이들은 달력을 개조하고 기계시계를 사용함으로써 삶을 계산 가능한 형태로 재편했다.

해의 시작을 중요한 종교적 경축일, 즉 12월 25일의 크리스마스, 3월 22일에서 4월 25일 사이의 부활절(그 중간 날짜) 등에 맞추어 …… 상업회사들은 임의로 그 해의 시작을 1월 1일이나 7월 1일로 만들었다. 이 새로운 달력은 이들의 사회적 실천을 전통적인 종교적 상징들로부터 구분지어 주었다. 사람들에게 부여된 하나의 추상물로서의 시간(time) 개념은 밤낮의 길이에 의존하는 가변적 지속으로서의 '시간'(hours)을 포기함으로써 얻어진 것이었다. 기계시계 (역시) 규칙적으로 시간(hour)을 알려주었기 때문에 계절과 상관없이 하루를 균질하게 분할해 주었다.[33]

또한 이들은 '뉴스'를 매우 중시했다. 제품의 가격에 민감한 상인들이나 환율에 민감한 은행가들은 유럽 각지에 흩어져 있던 현지 대리은행가들과 대리인들을 뉴스 리포터로 활용했다.* 네덜란드에 가

---

* "시장을 지향하는 상인의 계산은 무역의 확장과 더불어 공간적으로 멀리 떨어진 사건들에 대한 더 정확한 정보를 자주 필요로 한다. 14세기 이후 상인들의 편지 교류는 일종의 직업적 서신 교환체계로 발전한다. …… 대규모 무역 도시들은 동시에 뉴스 교류의 중심지이기도 했다. 상품과 유가증권의 교류가 항구적일수록 뉴스 교류의 항구성 또한 긴급하게 된다"(하버마스,『공론장의 구조변동』, p.80).

있던 루이 14세의 대리인 중 한 사람이 전하는 바에 따르면, "헤이그에 있던 어느 부유한 유대인은 스페인 국왕이 죽었다는 소식을 일반 암스테르담 대중들보다 5~6시간 전에만 안다면 …… 단 하루만에 1만 에퀴라도 벌 수 있다"고 할 정도였다.[34] "증권거래소의 발생과 거의 동시에 우편과 신문이 지속적인 접촉과 의사소통을 제도화했다"는 것은 아주 흥미로운 사실이다.[35] 이들은 근대적인 우편과 신문의 발달에 있어 선구적인 사람들이었다.[*]

이들의 네트워크는 꽤 오랫동안 서유럽 내부와 단절되어 있었다. 새로운 삶의 방식은 그 활동만큼이나 고립된 것이었고, 새로운 정보 역시 비밀스런 네트워크를 따라서만 움직였다. 화폐거래네트워크가 국가와 독립되어 있었기 때문에 새로운 삶과 정보의 네트워크도 국가와 독립되어 있었다. 물론 이런 사정은 점차 바뀌게 된다. 국가에 의해 대외교역이나 대외적 화폐네트워크가 포획되어 가는 속도에 맞춰 이들의 삶의 방식도 공동체 내부로 침투하기 시작한다. 17세기 말 정기적 뉴스를 제공하는 엄밀한 의미의 신문들이 관보 형태로 만들어지는데, 그때 국가가 발행한 신문들이 상인과 은행가들의 대외 네트워크에서 정보를 얻었다는 것은 시사하는 바가 많다고 하겠다.[36]

---

[*] 대외상인과 은행가들의 별칭이 '신문쟁이'(gazetteers)였다는 것은 이들이 얼마나 뉴스에 민감한 사람들이었는지를 짐작케 한다.

[**] 좀바르트는 중세 서유럽의 부는 대부분 토지에 의해 이루어졌으나 13~14세기를 지나면서 화폐로 이익을 얻는 사람들이 생겨났고, 15~16세기 독일 및 17세기 네덜란드와 영국에서 그 크기가 점차 대규모로 되었다고 말한다.

화폐자산가들의 성장

대외교역에 종사했던 상인과 은행가들의 공적인 지위 획득을 간접적으로 보여줄 수 있는 것은 화폐자산가들의 성장일 것이다. 자신의 부를 부동산의 형태로 갖고 있던 전통적인 귀족들과 달리 이들의 부는 화폐 형태를 취했기 때문이다. 처음에 이들은 대체로 공동체 바깥에 존재했기 때문에 공동체 안에서 안정적 지위를 누리는 자들이 아니었다. 화폐경제의 발달과 함께 부를 축적하면서 관직 매매를 통해 공적 지위를 획득하기도 했지만, 그때까지는 "귀족이 언제나 그 사회적 위계의 정상을 필연적으로 차지할 수밖에 없는 봉건적 정치체 속으로 예속적인 동화를 해나간 과정"이라고 이해할 수 있을 것이다.[37]

하지만 화폐자산가들의 지배는 시간이 갈수록 하나의 대세가 되었다. 빌라르는 "영국에서는 17세기 말에 '돈 가진 자들'이 '땅 가진 자들'에 대해 승리를 거두었다"고 말한다.[38] 좀바르트 역시 17세기 말에서 18세기 초 사이에 어떤 변화가 있었다고 주장한다.** 먼저 그가 제시한 1688년 그레고리 킹의 기록에 따르면 지주의 수익이 압도적임을 알 수 있다.[39]

상인 계층의 연평균 수입	지주 계층의 연평균 수입	
400파운드의 해상대상인　약 2,000명 200파운드의 육상대상인　약 8,000명	2,000파운드의 세속 귀족	160명
	1,300파운드의 교회 귀족	26명
	880파운드의 준남작수	800명
	650파운드의 나이트작	600명
	450파운드의 에스콰이어	3,000명
	280파운드의 젠틀맨	1,200명

이런 양상은* 18세기에 완전히 뒤집어진다. 좀바르트는 이 변화를 다음과 같이 표현했다. "킹이 30년만 늦게 기록했다면, 그는 증권 투기꾼들과 남해회사라는 유령기업의 발기인들이 획득한 부에 대해 말했을 것이다."[40] 우리가 이전 장들에서 언급한 바 있던 유명한 투기 회사인 '남해회사' 지배인들의 재산은 인플레이션 정도를 고려한다고 하더라도 엄청난 것이었다.

남해회사 지배인들의 재산(1758년)	
20만 파운드 이상	2명
10~20만 파운드	5명
5~10만 파운드	5명
2만5천~5만 파운드	10명

물론 화폐자산가들의 승리가 곧바로 대외상인이나 은행가들이 주축을 이루는 부르주아지의 승리를 의미하는 것은 아니다. 월러스틴은 이렇게 말한다. "부르주아지와 귀족이 이 시기에 근본적으로 다른 두 집단이었다는 생각을 버려야 한다. 양자는 크게 중첩된 사회집단이었다."[41] "많은 영주들, 아니 대부분의 영주들은 경제계에서 부르주아지로 기능하고 있었고, 따라서 귀족을 '성공한 부르주아지'로 규정하는 것이 결코 용어의 확대해석이 아니라는 주장이다."[42] 실제로 17

---

* 좀바르트가 제시한 킹의 통계에는 약간 문제가 있다. 여기에는 귀족들의 상업 투자나 부르주아지의 토지 투자가 고려되어 있지 않다. 지주들의 수입은 이때부터 상당 부분 상업적 투자에서도 얻어지기 때문이다. 그리고 이보다 훨씬 적긴 했지만 상인들의 토지에 대한 투자도 있었다. 물론 이것은 크지 않았을 것이다. 부동산 시장은 18세기에 이르러 프랑스에서 확대되기 시작하며, 영국에서 부동산이 완전히 상품화된 것은 19세기였기 때문이다.

196 화폐, 마법의 사중주

돈 가진 자들, 그 승리의 대가

17세기 말에서 18세기 중엽 사이 대형 투기 사건들이 많았다. 프랑스에서는 로 사건이 일어났고, 영국에서는 남해회사 투기 사건이 일어났다. 어찌 보면 이 사건들은 화폐로 쌓은 재산의 허망함을 보여준 것일 수도 있지만, 당시 사람들이 얼마나 투기에 골몰했는지, 그리고 당시 사회가 얼마나 화폐에 의해 지배되고 있었는지를 보여주는 것이기도 하다. 이미 인간관계는 화폐적으로 변화했다(위 그림은 남해회사 투기 사건을 다룬 윌리엄 호가스의 1721년 판화이다).

세기 이후 대외교역을 독점했던 무역회사의 경우 "그 이사회는 귀족과 상인들이 자리를 같이 하여 상호이익을 공모하는 곳"이었다.[43]

즉 우리가 화폐자산가들이라고 부를 때 그들은 대외상인이나 은행가 출신들이기도 했지만, 변신에 성공한 귀족들이기도 했던 것이다. 대외적인 네트워크가 국가에 의해 포획된 이후에 이들의 출신을 구분하는 것은 그다지 의미가 없어 보인다. 이들은 이미 화폐 축적을 기본적인 목표로 삼으며, 화폐적 인간관계를 형성하고 있기 때문이다. 맑스가 대비시키고 있는 토지소유자와 화폐소유자〔자본가〕 사이

의 상호비난은 새로운 인간관계에 대한 이들의 인식이 어떤 것인지를
잘 보여주고 있다.

> 토지소유자는 그의 적[화폐소유자]을 돈만 있는 악당으로 묘사한다.
> 그 악당은 교활한 자이고 어떤 것도 팔려고 내놓는 자이며 …… 돈으
> 로 마음대로 되는 자, 뚜쟁이 짓을 하는 자, 심장도 영혼도 없는 자,
> **공동체에 위배되는 자, 공동체를 흥정하는 자** …… 모든 사회적 해체
> 를 낳고 기르는 자이다. …… 동산소유자는 산업 운동의 기적을 가리
> 키며 말한다. 동산의 소유야말로 **현대의 자식이고 현대의 적자**이다.
> 동산소유자는 그의 적[토지소유자]을 계몽되어 있지 않은 저능아, 도
> 덕적 자본과 자유로운 노동 자리에 비도덕적 폭력과 농노제를 놓고
> 자 하는 저능아로 여긴다. …… [그들은 이렇게 말한다.] 동산 소유는
> 세상 사람들에게 정치적 자유를 가져다주었고, 부르주아 사회를 묶
> 고 있던 **족쇄를 풀었으며, 세계들을 서로 결합시켰고,** …… 인민에게 문
> 명화된 욕구 및 그 충족수단을 주었다.[44]

토지자산가들은 화폐자산가들을 '공동체를 파괴하는 자'로 묘사
하고, 화폐자산가들은 토지소유자들을 자유로운 결합을 가로막는 낡
은 폭력가들로 묘사하고 있다. 토지자산가들이 화폐자산가들을 돈으
로 '뚜쟁이 짓'을 하고 있다고 비난한 데 대해, 화폐자산가들은 토지
자산가들의 공동체가 인격적 예속에 지나지 않으며, 화폐를 통해 비
로소 자유로운 '세계들의 결합'이 가능해졌다고 말한다. 맑스는 "전
자의 경우 비소유자에 대한 소유자의 지배가 인격적 지배, 즉 공동체

에 기초하고 있으나 후자의 경우에는 제3의 것, 즉 화폐 속에서 하나의 물질적 형태를 취하고 있어야 한다"고 했다.[45] 결국 승리한 것은 후자, 즉 화폐자산가들이었다.

화폐자산가들의 세계는 과거 공동체와는 다른 기초를 가진 공동체, 앞서 우리가 화폐공동체라고 명명한 '사회'이다. 여기서 과거의 신비한 후광들은 "이기적 타산이라는 차디찬 얼음물 속"으로 들어가고, 과거 공동체의 기본이라 할 수 있던 "가족관계에서 심금을 울리던 감상의 껍데기는 순전한 화폐관계로 바뀐다".[46] 그러나 이런 화폐공동체가 화폐자산가들의 말처럼 사람들에게 진정한 자유를 가져다준 것은 아니었다. 맑스의 지적처럼, 화폐공동체 속에서 자유로움은 '겉모습만의 민주주의'일 뿐이며,[47] 인격적 예속을 물적 예속으로 바꾼 것에 불과했다. 화폐공동체 속에서 자유로움은 소유한 화폐량에 따라 크게 달라지기 때문이다. 그리고 그것은 화폐를 통해서 관계를 맺게 되는 "개인들의 접촉 조건들, 그 실존 조건들"을 사상하는 한에서만,[48] 즉 형식적이고 표면적으로 고찰할 때만 가능한 표현이었다.

3. 공론화된 이해관계

화폐와 사회상태

화폐자산가들이 지배적 위치를 차지하기 시작한 17세기 말~18세기 초, 사회의 형성 원리를 제시하는 새로운 이론이 출현했다. 바로 '사회계약론'이라고 불리는 이론이다. 사회계약론은 앞서도 언급한 바 있지만, 집단의 구성원들이 먼저 독립된 개체로 파악되었을 때 비로소 의미를 갖는 주장이다. 왜냐하면 이 이론은 서로 낯선, 심지어 서로 적대적인 타인들로 존재하는 개인들이 어떻게 하나의 사회질서를 구축할 수 있는가에 대한 답변으로 제시된 것이기 때문이다. 게다가 이 이론은 과거 공동체에서는 상상할 수도 없는, 상업에서 흔히 활용되는 '계약'을 관계의 원리로 제시하고 있다. 과거 공동체와 근대 사회 사이의 원리상의 차이를 선명하게 보여준 것이다.

우리는 이 시기 대표적인 사회계약론자인 홉스와 존 로크를 중심으로 사회계약론이 왜 화폐공동체에 관한 이론인가를 보이고자 한다. 특히 우리가 관심을 갖는 쪽은 사회상태에 대한 설명이 아니라, 사회상태로의 이행을 정당화하거나 설명하기 위해 이들이 도입하고 있는 자연상태에 대한 가정이다. 이들이 어떤 인위적인 것도 없다고 가정한 '자연상태' 속에 우리는 이미 화폐적 관계가 전제되어 있음을 보일수 있다. 홉스와 로크가 말하는 자연상태 속의 인간은 사실상 시장상태에 내던져져 있는 인간이고 화폐를 사용하는 인간이다.

잘 알려진 것처럼 홉스는 자연상태를 '만인에 대한 만인의 전쟁', '만인이 만인에게 늑대가 되는 상황'으로 묘사한다. 자연상태에서 인간은 능력이 비슷하기 때문에 비슷한 희망을 갖고 있다. 그러나 사람들이 원하는 '좋은' 재화의 양은 한정되어 있고, 결국 서로를 멸망시키거나 굴복시키지 않으면 그것을 차지할 수가 없다. 그는 어떤 초월적 권력이 개입하지 않는 한 싸움은 계속될 것이라고 말한다.

하지만 희소한 재화를 두고 처절한 싸움을 벌이는 개인들을 자연상태의 인간상으로 볼 수 있을까. 크로포드 B. 맥퍼슨의 적절한 지적처럼, "홉스는 사회적 강제권력인 법만을 제거했을 뿐, 사회적으로 형성된 인간의 행위와 욕망은 제거하지 않았다."[49] 즉 홉스는 상호경쟁과 불신상태에서 재화를 놓고 처절하게 싸우는 시장의 인간상을 인간 본연의 것으로 전제하고 있는 것이다. 실제로 그는 사회상태를 다루기 전부터 인간의 힘과 능력이 거래되는 시장을 상상하고 있다.

> 모든 인간의 가치(Value) 또는 값어치(Worth)는 다른 모든 사물과 마찬가지로 그것의 가격(Price)이다. 말하자면 그의 힘의 효용에 대해 주어지는 액면가이다. 그러므로 절대적인 것이 아니라 다른 사람의 필요와 판단에 달려 있는 것이다. 군대의 유능한 지휘관은 현존하거나 임박한 전쟁 시에는 커다란 가치가 있으나 평화 시에는 그렇지 않다. 학식 있고 청렴한 법관은 평화 시에는 많은 가치가 있으나 전쟁 시에는 그렇지 않다. 그리고 다른 사물에 있어서와 마찬가지로 팔리는 자가 아니라 사는 자가 그 가치를 결정한다.[50]

인간의 가치를 시장의 물건 가격에 견주어 설명하고 있는 것을 보면 그의 상상 속에 이미 화폐관계가 들어 있음을 알 수 있다. 홉스가 사회상태에 대한 논의에서 인간의 노동(력)도 상품이라는 결론을 쉽게 도출할 수 있었던 것은 인간의 가치에 대한 이런 식의 상상이 있었기 때문일 것이다. "인간의 노동도 다른 물사와 같이 수익을 위해서 교환될 수 있는 상품이다."[51]

홉스는 자연상태에서 '만인에 대한 만인의 전쟁'이 영원히 계속될 것이라고 했는데, 흥미롭게도 그는 그것이 현재의 권력에 만족할 줄 모르는 인간의 무한한 욕망 때문이 아니라, "현재 가지고 있는 것을 지키기 위해서라도 권력을 더 확대하지 않으면 안 되기 때문"이라고 했다.* 더 확대하지 않으면 지금 것도 지킬 수 없다는 그의 주장에서 우리는 영원한 축적의 운명을 선고 받은 자본가를 연상하게 된다. 홉스는 이런 상황을 자연상태로 기술하고 있지만, 맥퍼슨의 지적처럼 이런 연상은 경쟁을 통해 타인의 권력을 끊임없이 자신의 것으로 이전시킬 수 있는 시장 사회에 대한 고려 없이는 불가능한 것이다.**

로크는 홉스보다 훨씬 직접적으로 화폐공동체에 기반하고 있다. 로크는 자연상태를 "사람들이 타인의 허락을 구하거나 그 의지에 구애받지 않고 자연법의 테두리에서 스스로 적당하다고 생각하는 바에 따라 자기 행동을 규율하고, 자기 소유물과 인신을 처분할 수 있는 완전한 자유상태"라고 정의하고[52] 자연상태에서의 생명보존의 권리에서 소유권의 절대성을 도출한다. "사람들은 자기 신체에 대한 소유권을 갖는다. …… 신체의 노동과 손의 작업을 그의 것으로 한다."[53] 즉 신체의 권리와 노동의 산물에 대한 권리가 소유권의 핵심을 이룬다. 이런 소유권은 국가가 탄생하기 이전에 자연상태에서 성립한다.

그런데 화폐가 도입되면서 자연상태가 하나의 분수령을 맞는다. "신은 우리에게 얼마만큼 주셨는가? 즐길 수 있을 만큼. 누구든 그것

---

* "나는 첫째로 모든 인류의 일반적 성향으로서 죽음에서만 그치는, 권력을 추구하는 권력에 대한 영속적이고 부단한 의욕을 든다. 이 원인은 그가 이미 획득한 것보다 더 강한 환희를 희망하거나 보통 권력에 만족할 수 없다는 것이 아니라, 그가 현재 가지고 있는 잘 살려는 권력과 수단을 지속적으로 확대하지 않고서는 확보할 수 없기 때문이다"(홉스, 『리바이어던』, p. 212).
** "개인 상호간에 지속적인 침해를 허용할 뿐 아니라, 절제하는 사람들까지도 상호침해의 과정에 참여하도록 강제하는 유일한 모델은 소유적 시장사회이다"(맥퍼슨, 『소유적 개인주의의 정치이론』, p. 104).

이 썩기 전에 이득이 되도록 사용할 만큼 주셨다."[54] 그러나 화폐의 도입이 재화들의 부패를 막고 재화의 독점을 가능케 했다. 자연 일반의 희소성을 가정했던 홉스와 달리 로크는 화폐의 도입이 "타인의 사용여지를 두지 않는" 독점을 가능케 했다고 본다.*** "화폐의 사용은 사람들에게 지속적으로 재산을 확장할 수 있는 기회를 제공한다."[55]

맥퍼슨은 로크의 자연상태와 사회상태가 두 단계가 아니라 세 단계라고 말한다. 자연상태가 화폐 도입 이전 단계와 이후 단계로 나누어지기 때문이다.[56] 화폐는 첫번째 자연상태에 존재했던 소유 제한 규칙들을 깨뜨리고 두번째 자연상태로 이행케 한다. 우선 화폐는 부패로 인한 제한을 깨뜨린다. 화폐는 썩지 않기 때문에 축적을 가능케 한다. 둘째, 사람들이 화폐로 인해 첫번째 제한이 깨지는데도 그것의 사용에 '동의' 했다는 것은 '필요한 것 이상을 갖지 않는다' 는 제한을 깨기로 동의한 것에 다름 아니다. 셋째, 노동에 대한 제한이 깨진다. 처음 두 가지와 달리 이 세번째 제한은 로크가 화폐의 사용과 직접 관련시키진 않았다. 하지만 우리가 그의 소유권 개념을 화폐 사용과 연관 짓는다면 충분히 추론할 수 있는 것이다. "임금을 대가로 노동을 양도한다는 것은 자연권의 가정과 모순되지 않는다. 오히려 노동이 하나의 소유로 강조될수록 양도 가능성은 더 쉽게 이해된다. 왜냐면 부르

*** "나는 다음과 같은 점을 대담하게 주장하고자 한다. 화폐를 발명하고 묵시적인 합의를 통해서 그것에 가치를 부여하고자 하는 인간들이 동의를 통해 대규모의 재산과 그것에 대한 권리를 도입하지 않았다면, 재산에 대한 동일한 규칙, 즉 모든 사람은 자신이 사용할 수 있는 만큼 소유해야 한다는 규칙은 여전히 남아 있을 것이다"(Locke, *Some Considerations of the Consequences of the Lowering of Interest, and Raising the Value of Money*, p. 42).

주아적 의미에서 소유권은 처분, 교환, 양도의 권리이기 때문이다."[57]

이처럼 로크는 사회상태 이전에 화폐관계를 도입하고 있다. 맥퍼슨은 로크가 사회계약 이전에 화폐를 도입하는 맥락을 이렇게 설명한다.[58] 로크는 사회상태 이전에도 자유롭고 평등하며 합리적인 인간들의 동의가 존재할 수 있다고 보았다. 화폐 도입은 이런 동의의 결과이다. 그것은 "사회영역 바깥에서 계약 없이 이루어진다". 그렇다면 사회계약은 무엇인가. 그것은 각자의 권력을 다수자에게 넘겨주는 데 합의하는 것이다. 물론 이런 양도는 정부가 철저히 자연법의 원칙들을 준수하는 데 머문다는 것을 확인하는 선에서 이루어진다. 시민사회로의 진입은 어떤 새로운 권리의 형성이 아니라 이미 형성된 소유의 권리를 보호하기 위해 성립하는 것이다.[59] 허쉬먼은 이것을 아주 재미있게 표현했다. "로크가 상정한 자연상태가 이상스러우리만큼 발전된 상태이기 때문에 이를 통해 성취되는 것을 보호하기 위한 장치로서 계약이 필요했던 것이다."[60]

로크의 주장은 17세기 말 정부에게 자신들의 부를 보호해 달라고 요구하는 부르주아지의 모습을 떠올리게 한다. 국가와 상관없이 대외교역을 통해 축적한 부를 국가가 보호하라는 것이다. 아렌트가 처음 등장한 사회를 '위장된 소유주들의 조직'이라고 지적한 것은 이 점에서 매우 적절했다. 더 나아가 아렌트는 부르주아지가 단지 자신들의 부를 보호해 달라는 게 아니라 더 많은 부의 축적을 위해 자신들을 보호해 달라는 요구를 했다고 말한다.[61] 그렇다면 '사회'란 결국 무엇인가. 그것의 의미는 "공화국(commonwealth)이 공동의 부(common wealth)를 위해 존재한다는 것"[62]이다.*

이해관계의 공론장

아렌트에 따르면 '사회적' 요구란 사적 이해관계를 보호하는 것이 국가의 공적 업무라는 주장이다. 즉 폴리스의 과제가 오이코스의 보호와 확장에 있다고 보는 것이다. 고대 그리스 식의 폴리스와 오이코스의 구분이 사라졌다는 것은 '정치경제학'이라는 학문이 탄생한 것만 봐도 알 수 있다. 이 말 자체가 폴리스와 오이코스의 합성어다. 그것은 오이코스의 관점에서 폴리스에 접근하는 것이고, 오이코스의 문제를 폴리스의 우선 과제로 설정하는 것이기도 하다. 실제로 16세기 이후 국가, 부, 화폐에 대한 학자들의 충고는 '살림살이 단위로서의 국가'[63]라는 사고방식을 표현하고 있다.** 과거 '어두운 가정' 영역에 머물러 있어야 할 이해관계의 문제가 공론장의 가장 중요한 쟁점이 된 것이다. 오늘날에는 정치경제학을 경제학의 하위분과처럼 생각하지만, 역사적으로 보면 정치경제학은 경제학의 선구 학문이었다.

사적 이해관계가 공적 주제로 등장하는 과정은 '이익'(interest)이라는 말 자체의 변천과정이 잘 보여준다. 모스는 "이 말이 최근에 생겨난 것으로서 그것은 부기 용어, 즉 장부에서 징수해야 할 지대(地代) 맞은편에 기재한 라틴어 '인테레스트'(interest)에서 유래한다"고

---

* "공적 영역은 더 이상 재산의 객관적 성격을 특징짓지 않는 대신 사적인 영유를 위해 공유 수단이 된다. 이는 근대 세계를 구성하는 공적인 것과 사적인 것의 혼합들을 낳는다"(들뢰즈·가타리, 『천의 고원』 II, p. 240).
** 이전에 군주들의 살림살이는 신민들의 살림살이와 별개의 것이었다. 그러나 모든 것이 국가 안에서 통합되기 시작하면서 군주와 시민들의 삶도 통합되어 갔다. 미셸 푸코에 따르면 16세기 중반 이후 군주들을 집안을 살피는 가장에 비유하는 논설들이 쏟아졌는데, 새로 정립해야 할 군주와 국가의 관계는 집안에서 가부장과 식솔의 관계에 적용되던 오이코스의 틀에서 찾을 수밖에 없다는 것이다(푸코, 『미셸 푸코의 권력이론』).

소개하고, "이득(profit)과 개인(individu)이라는 관념이 널리 유포되고 원리 수준으로 올라간 것은 합리주의와 상업주의가 승리했을 때"라고 지적한다.[64] 모스는 18세기 초의 작가 버나드 드 맨더빌(『꿀벌의 우화』)*을 기점으로 잡고 있다. 사적 이익의 추구라는 개념은 과거에는 아예 없었거나** 도덕적으로 비난받는 것이었지만, 맨더빌에 와서는 도덕적으로 정당화되고 있기 때문이다.

하지만 모스가 '최근에 생겼다고' 한 말은 약간 보충될 필요가 있다. 최근에 생겨난 것은 단어보다 그것의 의미이다. 허쉬먼에 따르면 "경제적 의미가 우세하게 된 것은 나중의 일이다. '인테레스트'라는 단어는 16세기 후반 서유럽에서 관심, 동경, 이익이라는 의미로 쓰였지만, 결코 개인적 복리의 물질적 측면을 의미하지는 않았다. 오히려 인간의 전반적 열망을 의미했고, 이 열망을 추구함에 있어 숙고와 계산의 요소를 지칭했다."[65]

확실히 대외교역에 종사하는 상인들이나 은행가들의 장부에서는 '인테레스트'란 단어가 '손해'에 대비되는 '이익'이라는 용법을 갖고 있었지만, 서유럽 사회 내부에서 '인테레스트'의 일반적 용법은 '정념에 휩쓸리지 않는 냉철한 계산' 같은 것이었다. 17세기 초에 '이해관계'가 가장 유행한 정치적 개념이었다는 존 A. 건의 주장은 이런 맥

---

* 맨더빌의 『꿀벌의 우화』는 대체로 이런 내용이다. 인간 사회의 반영물인 벌통은 타락과 번영의 삶을 동시에 구축하고 있었다. 타락에 대한 혐오와 덕에 대한 향수 때문에, 신께 악덕을 사라지게 하고 덕을 회복하게 해달라는 기도가 올려졌다. 이 기도가 받아들여지자 놀라운 변화가 나타났다. 악덕들이 사라지자 벌통의 활동성이 떨어지고 번영이 사라졌으며 나태와 빈곤, 지루함만이 지배하게 되었다는 것이다.
** "개인적 이익이라는 말을 라틴어나 그리스어, 또는 아랍어로 표현하기는 매우 힘들며, 단지 완곡한 표현법을 통해서만이 가능하다"(모스, 『증여론』, p. 270).

락에서 수긍할 수 있다.[66] 16세기 후반부터 '이해관계'라는 말은 군주들에게 주는 일종의 교훈적 지침 같은 것이었기 때문이다. 1638년 로한 공작은 '유럽 군주들과 그들의 이해관계'를 다루는 책을 펴냈는데 영국과 프랑스에서 인기가 매우 높았다. 그는 군주들에게 비합리적 열정이나 변덕, 신뢰할 수 없는 조언 등을 물리치고, 국가 보존과 유럽의 세력 균형에 요구되는 객관적 목표를 추구토록 충고했다.[67] '이해관계를 따져보라'는 그의 충고는 상황에 대한 객관적이고 냉철한 인식을 촉구한 것이었다.

17세기 중반, 이 개념은 더욱 포괄적으로 사용되었다. 처음에 '자기 이해'(self-interest)라는 말은 군주에게 기대되었던 것이지만, 점차 경쟁상태에 있는 여러 분파들, 그리고 나중에는 일반 사람들에게도 해당하는 것으로 바뀌었다.*** '이해관계를 알면 그 사람의 의도를 알 수 있다'는 경구는 이제 모든 사람들이 따르는 충고가 되었다. 그리고 '사람들은 기본적으로 자기 이해를 좇는다'고 가정하는 것은 당시 경제학자들에게는 학문의 중요한 전제가 되었다.[68]

허쉬먼은 '사회계약' 아래에서의 인간을 "불규칙하고 불확실한 것에서 벗어난" 인간으로, 그리고 정부 지배 아래의 자유를 "가변적이고 불확실한 타인의 자의적 의지에서 벗어나는 것"이라고 본 로크의 정치적 견해가, 사람들이 모두 자기 이해에 충실할 때 질서정연해진

***건은 영국의 저널리스트 마치먼트 네담의 1647년 글에서 '자기 이해'의 개념이 모든 분파들에게 확대된 것이 확인된다며, 이때부터 "이해관계라는 말은 처음으로 군주의 회의실을 벗어나 공중(the public)에게 퍼져나갔다"고 말한다(Gunn, "'Interest Will Not Lie': 17th Century Political Maxim", p.555).

다는* 당시 '이해관계'에 대한 생각과 통한다고 말한다.[69] 여기서 이해관계는 순간적이고 자의적인 일반 열정들과 달리 "날마다 모든 사람에게 존재하는 불변하고 완강한" 열정으로 불린다.

17세기 후반 자료를 보면 중세까지 온갖 도덕적 비난을 받았던** 금전욕이 최소한 '무해하고 온순한' 것으로 취급된 것을 확인할 수 있다. 프랑스의 1669년 칙령은 해상교역이 귀족의 활동으로 적합하며, "상업은 국가에 풍요를 가져오고 이를 신민에게 베푸는 원천이 된다"는 언급이 있다.[70] 중상주의 경제학자들은 교역에 대해 더 적극적이었다. 가령 니콜라스 바본은 『교역론』(1690)에서 교역의 이점을 길게 나열하고 있다. 교역은 필요한 재화를 제공해 주기 위한 것으로, 국가의 스톡을 증가시키고, 평화를 가져오며, 정부의 수익을 증대시키고, 국방력을 증대시키며, 영토를 넓히는 데도 도움이 된다. 18세기 초에는

---

* 인민들이 자신의 이해관계를 알고 있으며 그것에 충실할 것이라는 생각은 중상주의 경제학자들만이 아니라 통치술을 고민하는 정치학자들에게도 시사하는 바가 많았다. 인민들의 이해관계를 알아야 안정적인 통치를 할 수 있다는 것. 1680년 어느 익명의 저자는 이렇게 말했다. "왕국이 분할되어선 안 된다는 것, 이것이 이해관계이고 인민들의 의지이다"(Gunn, "Interest Will Not Lie': 17th Century Political Maxim", p.560. 재인용). 1662년 존 그라운트는 "훌륭하고 확실하고 편리한 통치를 위해" 인구의 크기와 조성에 대한 지식이 필요하다고 말했다. 윌리엄 페티도 통치자들(statesmen)은 인민들의 다양한 이해관계에 대한 정확한 지식으로부터 이익을 얻을 수 있다고 말했다. 그의 정치산술학(Political Arithmetic)은 이런 맥락에서 탄생했다.

** 자크 르 고프는 돈을 다루는 일에 대한 이데올로기적 비난 때문에 고리대금업자들이 겪었던 정신분열증을 잘 보여주었다. "돈이 승자이며 왕이며 통치자인 사회, 고리대금의 어머니라 할 부르주아적 죄악인 탐욕이 봉건적 죄악인 교만을 제치고 일곱 가지 죄악 중 선두를 차지한 사회에서 가히 이자 대부의 전문가라 할 고리대금업자는 필요하되 혐오스럽고, 강력한 권한을 가졌으되 상처받기 쉬운 자였다"(르 고프, 『돈과 구원』, p.11). "이승에서 고리대업자는 일종의 사회적 정신분열증 속에 살고 있었다. 그는 중세 도시에서 강력한 힘을 가졌으면서도 멸시받았다. …… 사람들은 그의 돈을 보고 아첨하고 두려워하지만, 하나님에 대한 숭배가 돈에 대한 숭배를 배척하는 사회에서 고리대업자는 그 돈 때문에 멸시받고 저주받았다"(같은 책, p.69).

프랑스의 '로 사건'과 영국의 '남해회사 투기 사건'이 있었다. 두 사건은 사람들에게 돈이 초래할 수 있는 끔찍한 재앙을 경고한 것이었지만, 더 눈길을 끄는 것은 그보다 먼저 그 많은 사람들이 돈을 벌기 위해 투기에 뛰어들었다는 사실이다. 이 두 사건은 사회가 화폐의 축적에 얼마나 몰입하고 있는가에 대한 증명이기도 한 것이다.

이 시기에 루이 뒤몽이 말한 경제학이 탄생하기 위한 두 전제 조건, 즉 정치로부터의 분리와 도덕적 정당화가 이루어진다. 뒤몽은 소유권을 자연권으로 규정하고 정부의 임무를 사적 이익의 보호에 두었던 로크(『통치론』, 1691)에게서 첫번째 조건을, 사적인 악덕이 사회 전체를 발전시킨다며 사적 이익의 추구를 도덕적으로 정당화한 맨더빌(『꿀벌의 우화』, 1714, 1723)에게서 두번째 조건을 발견한다.

특히 사적 이익에 대한 맨더빌의 도덕적 정당화는 17~18세기의 지적 분위기를 잘 말해 준다. 그는 대표적인 악덕 중의 하나인 사치에 대해서도 이렇게 옹호했다. "사치를 하면 자연스럽게 가난한 자들을 돕게 된다. 아니 그것은 적선을 하는 것보다 훨씬 낫다. 왜냐하면 그것은 가난한 자들을 부지런히 일하게 하지만 적선은 게으르게 만들기 때문이다. 비록 적선이 사치보다 덕스러울지는 몰라도 말이다."[71]***
데이비드 흄은 맨더빌보다 한 발 더 나아가 공동의 이해관계를 도덕적 의무의 토대로 간주하고, "소유와 정의로서 사회적 덕의 기초와 원형을 삼았다." 그리고 정의의 원천이 인간의 에고이즘, 자연이 제공하

*** 조안 로빈슨은 맨더빌의 주장이 경제학을 기초짓는 것으로 평가해서는 곤란하다는 입장이다. "그의 주장은 경제학을 체계화하려는 것보다 부와 국가의 명예를 존중하는 소위 기독교도의 이중인격을 보여주려는 것이다"(로빈슨, 『경제철학』, p.25).

는 것의 희소성, 이 두 가지에 있다고 주장했다.[72]

우리는 사적 이익의 추구가 사회에 이로운 것이라는 생각의 완결판을 스미스에게서 발견할 수 있다. "우리가 식사를 할 수 있는 것은 정육점 주인, 양조장 주인, 빵집 주인의 자비에 의한 것이 아니라 자기 자신의 이익에 대한 관심 때문이다. 우리는 그들의 인간성에 호소하지 않고 그들의 이기심에 호소하며, 그들에게 우리 자신의 필요를 이야기하지 않고 그들의 이익을 이야기한다."[73] 우리는 과거 '열정에 휩쓸리지 않는 냉철한 계산'이라는 이해관계의 의미도 크게 바뀌어 있음을 알 수 있다. 특히 열정과 이해관계가 따로 구분되지 않으며, 오히려 열정적인 이해관계의 추구가 장려되고 있다. 뒤몽이 '사회화'를 자동메커니즘(automatic mechanism)으로 바꾸어 놓았다고 평한[74] '보이지 않는 손'의 움직임에 의해 "개인의 사적 이해관계와 열정은 사회에 가장 보탬이 되는 일에 집중되도록" 만들어진다.[75]

18세기 후반에 사적 이해관계를 정당화하는 공공의 담론이 사실상 완성된 셈이다. 사적 이해관계의 추구가 전체 국가를 이롭게 하고, 국가는 이것을 보호하고 장려하는 데 힘써야 한다는 '사회적' 담화가 형성된 것이다. 사회를 사적인 것의 공적 진출로 정의했던* 아렌트와 마찬가지로, 하버마스 역시 부르주아 공론장의 형성을 이렇게 표현하고 있다. "이제까지 가정경제의 틀 내에 사로잡혀 있던 활동들과 예속

---

* 물론 모든 사적인 것들이 다 공적 영역으로 들어간 것은 아니다. 주로 공적 영역에 들어간 것은 오늘날 경제적인 것이라고 불리는 상품교환과 사회적 노동 부분이다. 반대로 더 안으로 말려 들어가면서 새로 발견된 영역도 있다. 그것은 '내밀함'의 영역으로 우리가 '사생활'이라고 부르는 것이다(하버마스, 『공론장의 구조변동』, p. 97). 사회의 탄생은 다른 한편으로 사생활의 탄생이기도 한 셈이다.

들이 가정의 문지방을 넘어서 공공성의 빛에 들어온다."[76] 본래 '공공적'이란 말은 일차적으로 국가의 성장과 관계된 것이었다. 우리가 이 책 3장에서 보았던 것처럼 17~18세기 영토국가의 성장과정에서 나타난 절대주의는 국가를 사적 개인들과는 다른 보편자의 차원으로 상승시켰다. 18세기에 탄생한 공법(公法)은[**] 국가가 독자적 차원으로 상승했음을 잘 보여준다.[***] 공법의 탄생은 영주권의 소멸과 '내무행정'(공안, Polizei)으로의 전환을 의미한다. 이때부터 "'공공적'이란 말은 "좁은 의미에서 '국가적'이라는 말과 동의어가 되었다." 그리고 자연스럽게 관청에 대응하는 사인(Privatmann)으로서의 부르주아지는 공권력의 수신인이란 맥락에서 '공중'(Publikum)을 형성했다.[77]

　　그런데 "공권력이 지속적 행정 행위과정을 통해 사적 개인들과 접촉하는 지대가 문제가 되었다."[78] 가격이나 조세에 대한 국가 정책들을 부르주아지가 점차 자기 이익에 관련지어 생각했다. 이들이 웅성거린 영역은 "기본적으로 사적인 것이지만, 공적으로 중요한 상품교환과 사회적 노동의 영역에서 교류의 일반 규칙과 관련해서 공권력과 대결하게 된 것이다."[79] 이렇게 형성된 공론장이 사회의 가장 생생한 모습이라고 할 수 있다. 여기서 부르주아지는 자신들의 사적 이익

[**] 18세기 공법의 탄생은 '국가학'의 탄생을 예비한다. 국가가 독자적 차원이 되었다는 것은, 그것이 또한 독자적인 앎의 대상이 되었다는 뜻이기도 하기 때문이다. 국가가 학적 대상으로 완전히 자리한 것은 19세기 들어서였다. 한동안 국가학은 '법학적' 관점에서 다루어졌다. 특히 헤겔의 국가사상이 19세기 중엽의 주요 연구주제였다. 19세기 후반~20세기 초반에 이르러 국가가 비로소 '정치학적' 관점에서 다루어졌고, '법철학'이 아닌 '국가학'이라는 말이 사용되었다(폿지, 『근대국가의 발전』, p. 26. 역자주 3번 참조).

[***] "공공적이라는 말은 그 동안 절대주의와 함께 완성된 국가, 즉 지배자의 인격에 반해 객관화된 국가와 관계된다"(하버마스, 앞의 책, p. 74).

이 사실상 사회 전체의 공적 이익이라는 담론을 완성시켰고, 이 담론을 통해 자신들의 정치적·경제적 요구들을 이데올로기적으로 뒷받침했던 것이다.

4. 사회에 대한 새로운 견해

18세기 사회는 한편으로 공적인 국가와 구분되는 사적인 집단으로 받아들여졌지만, 다른 한편으로는 사적인 것의 총체로서 공적인 중요성을 획득했다.

> 국가적인 것에서 분리된 채 존재했던 사회적인 것의 영역은 삶의 재생산이 사적인 형태를 취함에 따라 독립적인 영역으로 구성될 수 있었던 반면, 다른 한편으로는 사적 부분의 총체로서 공적인 중요성을 갖게 되었다. 사적 개인들 상호교류의 일반 규칙은 이제 공적 관심사가 되었다. …… 공중으로 결집한 사적 개인들은 사적 영역으로서의 사회를 정치적으로 허용하는 문제를 공적인 주제로 만든다.[80]

부르주아지는 자신의 사적 이해관계를 보편적 요구로 발전시키는 재능을 보였다. 화폐가 모든 상품들의 대표자가 되는 것처럼 그들은 화폐공동체 속에서 자신들을 보편적인 신분으로 만들었다. 하지만 이들이 보편적 신분으로 성장하면 할수록 화폐공동체에서 배제된 세력들이 생겨났다. 맑스는 공동체들을 해체하고 보편자로 등장한 국가에 대해서 이렇게 말한 적이 있다. "공동체를 대체한 국가 안에서의 자유는 지배계급 속에서만 자라난 개인에게, 즉 그들이 지배계급에 속하는 개인인 한에서만 존재한다. 그렇지 못한 개인들, 즉 다른 계급에 속하는 개인들에게는 완전히 가상적인 공동체다."[81] 우리는 국가 대신 화폐라는 말을 넣어도 똑같은 진실을 얻어낼 수 있다. 과거 공동체들을 해체하고 등장한 화폐라는 공동체는 부르주아지에게는 '현실적인 공동체'이지만, 그렇지 않은 일반 민중들에게는 '가상적인 공동체'에 불과하기 때문이다.

가상적으로만 사회 안에 들어 있고 실제로는 사회 바깥에 밀려나 있던 세력들의 정치적 발언권 확대는 부르주아 사회의 공적 성격에 커다란 타격을 가했다. 특히 19세기 프롤레타리아트의 성장은 화폐공동체에 결정적인 위협이 되었다. 맑스는 『헤겔법철학비판』의 서문에서 프롤레타리아트를 '아무 것도 아니기에 모든 것'일 수 있는 계급, "시민사회의 계급이면서 동시에 시민사회의 어떤 계급도 아닌 한 계급"이라고 말하고 있다.[82] 형식적으로 사회의 시민이면서 동시에 사회의 시민이 아닌 계급. 이들은 부르주아 사회의 보편성과 공공성이 특수한 사적 이해관계의 반영임을 폭로한다.

19세기 초, 사회를 화폐공동체보다 훨씬 더 근본적인 차원에서 재발견하려는 움직임이 나타났다. 폴라니는 그것이 일차적으로 빈곤 문제와 관련 있다고 밀한다.*

---

* '빈곤의 중요성이 인식되었을 때 무대는 19세기를 위해 설치되었다. 분수령은 1780년 언저리였다. 스미스의 위대한 저서(『국부론』, 1776)에서 빈민 구제는 아직 문제가 되지 않았지만, 10년 뒤에 타운센드의 『빈민법론』에서는 광범위한 논점으로 제기되었고 이후 한 세기 반 동안 끊임없이 사람들의 마음을 사로잡았다"(폴라니, 『거대한 변환』, p. 142).

가상적인 공동체에 속한 사람들

19세기 초 화폐공동체는 빈민들에게는 일종의 가상공동체였다. 맑스는 이렇게 말했다. "공동체를 대체한 국가 안에서의 자유는 그들이 지배계급에 속하는 한에서만 존재하며, 그렇지 못한 개인들, 즉 다른 계급에 속한 개인들에게는 완전히 가상적인 공동체이다."

18세기까지 주요 부르주아 이론가들에게 빈곤의 중요성은 크게 인식되지 않았다. 스미스만 하더라도 사적 이익의 추구가 궁극적으로 모두에게 이익이 된다는 어떤 낙관론의 지배를 받고 있었다. 맨더빌은 아예 '적선할 바엔 사치를 하라'고 했다. 적선이 가난한 자들을 더 게으르게 만들기 때문이란 이유에서였다. 하지만 가난을 개인의 게으름으로 환원하는 것은 부를 개인의 노력의 결과로 간주하는 것만큼이나 사회구조에 대한 인식을 결여하고 있는 것이다. 폴라니의 표현을 빌리면 이들에게는 "경제영역이 [그보다 더 포괄적인] 사회 안에 존재

한다는 것을 시사하는 내용이 없다".[83]

조셉 타운센드의 『빈민법론』(1786)에는 맨더빌의 '꿀벌의 우화' 만큼이나 냉혹한 '염소와 개의 이야기'가 나온다.[84] 후안 페르난데스라는 인물이 칠레 해안의 로빈슨 크루소 섬에 염소 몇 마리를 상륙시켰는데, 그 염소들이 번식해 스페인 무역을 방해하는 무장 세력의 식량이 되었다. 스페인 정부가 이를 막기 위해서 염소를 잡아먹을 개 한 쌍을 그 섬에 풀어놨는데, 시간이 지난 뒤 염소와 개의 균형이 이루어졌다. 그런데 살펴보니 살아남은 염소들이 과거보다 훨씬 강해져 있었다는 것이다.

이 출처도 불분명한 이야기가 빈민 문제에 던지는 메시지는 분명했다. 메기가 사는 곳의 미꾸라지가 건강하듯이, 빈곤의 공포가 빈민들을 나태하지 않고 건강하게 만든다는 주장이 그것이다. 폴라니가 '동물사육자의 관점'이라고 부른[85] 이 주장은 빈곤에 대한 국가의 개입을 가로막고 시장의 폭력에 빈민들을 방치하는 결과를 낳았다.

19세기 초 사회주의는 화폐공동체에 의해 파괴된 더 보편적인 차원, 더 근본적인 차원으로서 사회를 재발견하려는 시도였다. 그 가운데 로버트 오웬의 『사회에 대한 새로운 견해』(1814)는 제목 그대로 사회 개념을 새롭게 인식하려는 의지를 담고 있다.* 그는 무엇보다도 개인주의를 공격했다. "모든 잘못 가운데서도 최내의 잘못은 개개인이

---

* 폴라니는 오웬이야말로 19세기에 '사회'를 발견한 위대한 인물이라고 평가한다. "오웬만큼 깊이 산업 사회의 영역을 통찰했던 사람은 아무도 없었다. …… 그는 사회에 대한 동물주의적 접근을 거부하고 맬서스 학파적, 그리고 리카도 학파적 한계를 비판했다. 그러나 그의 사상적 지주는 기독교와의 결별이었다. …… 오웬으로 하여금 기독교를 넘어선 입장에 도달케 한 것은 사회의 발견이었다"(폴라니, 『거대한 변환』, pp. 161~162).

자기 스스로 자기의 성격을 형성한다는 관념에 의해 저질러진다."[86]

개인은 어떤 사회적 조건 안에 놓여 있느냐에 따라 전혀 다른 성격을 형성한다. 그는 빈곤층의 도덕성을 거론하기에 앞서 그런 문제가 생겨나게 된 사회적 차원의 문제를 환기시켰다. 프랑스의 사회주의자 샤를 푸리에 역시 당시 양산된 빈곤층의 문제를 지적하며* 상업의 '반사회성'을 질타했다.** 그는 당시 정치경제학자들이 부에 관한 새로운 이론을 쏟아내고 있지만, 현실에서는 빈곤이 쏟아지고 있다고 비꼬았다.[87]

이 초기 사회주의자들은 화폐공동체와는 다른 공동체를 대안으로 모색했다. "오웬의 '협동조합촌'(Village of Union), 푸리에의 '팔랑스테르'(Phalanstéres), 프루동의 '교환은행'(Bank of Exchange)" 등이 모두 그런 모색의 일환이었다. 이들은 대체로 화폐가 아닌 노동을 가치 평가의 기준으로 삼고자 했다.[88] 화폐공동체를 소멸시키고자 하는 이들의 실험은 그 순진함과 공상성으로 인해 비판을 받았지만, 화폐공동체의 폭력으로부터 사회를 방어하려는 대항 운동의 성격을 확실하게 표방하고 있었다.

---

* "산업주의는 …… 생산자 혹은 임금노동자가 부의 증대에 대한 분배를 받을 수 있는 아무런 보증도 없이 생산만을 하는 정신착란 증상이다. 우리는 산업이 발달한 지역에 …… 거지가 더 많은 것을 볼 수 있다"(푸리에, 『산업적 협동사회적 새 세계』, p. 371).

** 상업의 반사회성을 확신한 푸리에 개인의 에피소드가 있다. 그는 1799년 마르세유 식료품 점원으로 있었는데, 주인으로부터 매점해 두었던 곡물이 썩었으므로 바다에 모두 던져 버리라는 지시를 받았다. 그는 "주인이 조금만 욕심을 덜 부렸더라면 적당한 시세로 팔 몇백만 킬로그램이나 되는 곡물을 바다 속에 던져 버렸다"고 분개했다(푸리에, 앞의 책, p. 319. 역자해설 참조).

5. 19세기 사회학과 화폐공동체

19세기 후반에 탄생한 사회학에서도 개인주의와 산업혁명, 자유주의 시장경제의 지배 아래서 파괴된 공동체에 대한 지향을 발견할 수 있다. 사회학이 전제한 사회의 이미지는 18세기의 것과는 판이하게 달랐다.*** 사회학자들이 말하는 "'사회적인 것'(the social)의 준거점은 거의 예외 없이 '공동체적인 것'(the communal)이었다".[89] 퇴니에스의 '공동체와 사회'에 대한 구분에 대해서는 이견을 표하는 사회학자들이 많았지만, 화폐공동체에 대한 그의 다음과 같은 비판에 대해서는 어떤 암묵적인 동의가 있었다.

> 공동 정신의 실체는 극히 약하고 타인들과의 유대는 흐려진다. 이 유대는 가족적이며 조합적인 결합과 비교해 보면 비동료간 유대라는 것을 알 수 있다. 여기에는 어떤 공통적인 이해도 없으며, 관습이나 신앙이 서로를 결합시키고 화해시켜주지도 않는다. 여기서는 전쟁의 상태와 서로를 멸망케 하는 무제한의 자유의 상태가 있고, 자의에 따라 사용할 수 있고, 약탈하고 예속시키는 자유가 있을 뿐이다.[90]

퇴니에스의 '공동체'에 대한 지향은 통념과 달리 과거 회귀적인 것이 아니었다. 그는 '화폐적 유대'(cash nexus)로서의 사회에 대한

*** "18세기 사회사상의 핵심이 사회계약이었다면 19세기 핵심은 공동체였다"(신용하, 『공동체 이론』, p. 12).

강한 비판을 전개했고, 공동체의 유대를 옹호했다. 하지만 그의 결론은 '사회 이전'(pre-society)이 아니라 '사회 이후'(post-society)에 대한 전망 속에서 공동체를 사유하자는 것이었다.*

　19세기 사회학의 가장 중심 인물인 뒤르켐은 언뜻 퇴니에스의 주장과 완전히 반대되는 주장을 펴는 것처럼 보였다. 퇴니에스가 공동체를 자연적인 것으로 보았다면, 뒤르켐은 사회적 삶을 자연적인 것으로 보았고, 퇴니에스가 공동체를 유기적인 것으로 사회를 기계적인 것으로 보았다면, 뒤르켐은 사회야말로 유기적인 것이라고 보았기 때문이다.[91] 게다가 '개인주의'를 문제로 생각한 퇴니에스와 달리, 뒤르켐에게 "개인주의의 확산은 병리적 사회조건의 징후라기보다는 새로운 형태의 사회연대를 생성시키기 위한 정상적인 사회적 변모의 표현이었다".[92]

　하지만 실제로 대비가 되는 것은 18세기 '사회'와 19세기 '사회'이다. 퇴니에스가 생각한 '사회'가 부르주아지의 상업적 계약의 결과물이었다면, 뒤르켐이 생각한 '사회'는 계약 이전에 존재하는, 계약조차 거기에 의존해야 하는 선험적 실체였다. 그것은 모든 '관계들의 총체', 브로델의 표현을 빌리자면 '전체집합'(ensemble des ensembles)이라고 할 수 있었다. 뒤르켐의 '사회적인 것'에 대한 정의는 이것을

---

* 폴라니가 퇴니에스를 높이 평가하는 것은 바로 이런 점 때문이다. "퇴니에스는 공동체의 유대를 옹호했다. 그에게 있어 '공동체'란 인간 생활의 공통된 경험이 조직 속에 체화되어 있는 어떤 상태라고 이상화된 반면, '사회'는 토머스 칼라일이 오직 시장관계에 의해서만 연결된 인간관계라고 불렀던 바와 같은 **화폐결합관계**에서 결코 벗어나지 않는 것이었다. 그러나 퇴니에스의 정책 이상은 권위주의와 온정주의의 '사회 이전' 단계로 돌아가는 게 아니라, 오늘날 우리 문화를 이후에 올 '사회 이후'의 더 높은 형태의 공동체로 발전시킴으로써 공동체를 회복하려는 것이었다"(폴라니, 『초기 제국에서의 교역과 시장』, p. 104).

잘 보여준다. 이때 '사회적인 것'과 대비되는 것은 '공동체적인 것'이 아니라 '개인적인 것', '심리적인 것'이다.

개인 외부에 있고, 또 강제적인 힘을 부여하며, 그렇기 때문에 개인을 통제하는 행위, 사유, 감정의 양식이 있다. 이런 사유의 양식들은 표상과 행위로 구성되어 있기 때문에 생물학적 현상과 혼동될 수 없고, 또 개인의식 가운데서 개인을 통해서만 존재하는 심리적 현상과도 혼동될 수 없다. 따라서 그것은 새로운 종류의 현상을 만들어내며, 그것에 대해서 반드시 '사회적'이라는 말이 사용되어야 할 것이다.[93]

뒤르켐에 따르면 사회란 각 개인들이 어찌할 수 없는 영역이다. 사회란 개인이 아니라 관계이고 규칙이다. 따라서 개인주의 사회에도 개인들의 합으로 환원할 수 없는 상위의 차원으로서 '사회'가 존재한다. 그가 개인주의를 병리적 징후가 아니라 정상적인 사회적 변모의 표현으로 간주했다고 해도, 그가 자유주의자나 공리주의자와 다른 이유가 여기에 있다. 자유주의나 공리주의는 개인의 성장과 함께 성장하는 상호의존성의 증가, 새로운 연대의 형성을 해명할 수가 없다. 왜냐하면 그것은 사회적 차원의 것이기 때문이다.[**]

퇴니에스만큼은 아니었을시라도 뒤르켐 역시 화폐적 결합에 대해서 부정적 견해를 감추지 않았다. "화폐에 의해서 조절되는 상호작

[**] 뒤르켐은 "자유주의의 약속을 비자유주의적으로 도달하고자 했다"고 할 수 있다(김종엽, 『연대와 열광』, p. 158).

용이란 거래에 참여하는 사람들간의 인격적 상호작용의 수립이라는 사회적 비용을 제거하며, 따라서 참여자 수를 증가시키고 참여과정을 가속화한다. …… 물건을 사는 데는 개인적 신뢰도 필요하지 않다. 그럼에도 사회적 관계는 확장되고 발전하는 것이다."[94]* 그는 이런 화폐적 사회관계를 '부정적 연대'라고 불렀다. 하지만 이 개념을 더 밀고 가지는 않았다. 그는 부정적 연대 개념을 사실상 폐기하고 도덕성에 기초한 사회 연대의 방식에 더 많은 관심을 기울였다.

로버트 A. 니스벳은 19세기 사회학의 지향을 상징적인 말로 나타냈다. 19세기 사회학에서 "'사회적인 것'의 준거점은 '소키에타스'가 아니라 '코뮤니타스'(communitas)다".[95] 우리는 19세기 사회학의 '코뮤니타스'에 대한 지향을 화폐공동체로서의 '소키에타스'에 대한 거부감으로 읽어도 좋을 것이다. '화폐공동체'에 대한 반발로 일어난 19세기의 몇몇 운동들처럼 일부 사회학자들에게도 화폐공동체를 넘어서려는 의지를 발견할 수 있다. 하지만 19세기 '사회'가 정말로 '화폐공동체' 너머에 존재하는 것인지는 확실하지 않다.

우리에게는 19세기 사회학자들의 '새로움'보다는 동시대 정치경제학자들과의 '유사성'이 더 눈에 띈다. 사회학자들이 발견한 실체로서의 '사회' 관념과 정치경제학자들이 발견한 부의 참된 분석 단위로서의 '가치' 관념은 어쩐지 닮아 보인다.** 화폐공동체에 대한 19세기

---

*뒤르켐은 화폐를 법, 언어 등과 함께 '사회적인 것'의 대표적 사례로 들었다. 각 개인이 마음대로 그것을 창안하거나 사용할 수 없기 때문이다. "나는 우리나라 사람과 우리나라 말로 할 의무도 없고 법적으로 보장된 화폐를 사용할 의무도 없지만, 다른 방도가 없다. 만일 내가 이런 필요성에서 벗어나고자 한다면 나의 시도는 처참하게 실패할 것이다"(뒤르켐, 『사회학적 방법의 규칙들』, p. 55).

사회학자들의 불만은, 상품과의 상대적 비율을 표시하는 '표상'에 불과한 화폐[18세기 화폐론]에 대한 19세기 정치경제학자들의 불만을 연상시킨다. 개인의 자의성을 넘어서는 '사회'가 실체로서 존재한다는 생각과 "개인의 욕망에 의해 수정되거나 그 욕망처럼 수시로 변하는 게 아닌 절대적 척도"로서 '가치'[교환가치]가 존재한다는 생각이 동시대에 나타난 것은 결코 우연이 아닐 것이다.

맑스는 19세기 정치경제학자들이 모든 상품에 내재한 공통의 실체로서 '일반화된 추상적 노동'을 떠올릴 수 있었던 배경을 두 가지 언급했다. 하나는 "인간의 동등성 개념이 대중의 선입관으로 확립되어야 한다"는 것, 다른 하나는 "단순 노동이 부르주아 사회 노동자의 압도적 대중을 이룬다는 통계가 있어야 한다"는 것이다.[96] 아리스토텔레스가 가치형태론의 비밀을 거의 알고 있었으면서도, 19세기 정치경제학자들이라면 누구에게나 가능했던 가치의 공통 실체를 떠올릴 수 없었던 것은 바로 이 두 가지 사실이 역사적으로 준비되어 있지 않았기 때문이다.[97] 그가 자본주의의 기계제 대공장을 보았다면 노동하는 주체가 동등하며(그에게는 귀족과 노예의 활동이 동등하게 보이지 않았을 것이다), 어느 제품을 생산하든 비슷한 단순 노동이 지배한다(그에게는 신발을 만드는 재화공의 노동과 침대를 만드는 목수의 노동이 동일하게 보이지 않았을 것이다)는 사실을 쉽게 인성했을 것이다.***

***

** 19세기 정치경제학자들의 '가치' 개념에 대해서는 이 책의 5장을 참조하라.
*** 이를 두고 아리스토텔레스가 시대적 한계 때문에 오류를 범했다고 말하는 사람이 있다면 그 자신이 시대적 한계 때문에 오류를 범하는 것이리라. 노동가치설은 초역사적으로 관철되는 진리가 아니라 19세기에 마련된 특정한 조건에서만 유효한 이론이다.

19세기 사회학자들이 '사회'라는 실체를 떠올릴 수 있었던 것도 마찬가지 사정 때문이 아니었을까. 19세기 말 가브리엘 타르드가 『사회적 논리』(1893)에서 뒤르켐의 '집합표상'을 비판한 것도 비슷한 맥락에서였다. 그는 뒤르켐이 '수많은 사람들이 유사성을 갖게 된 이유'를 설명하지 않고 그것을 부당하게 전제하고 있다고 주장했다. 과연 사회는 초역사적 실체인가. 19세기에 발견된 실체로서의 사회를 원시공동체들에 소급해서 적용하는 것은 가능한가. 적어도 이 책의 논지에 기초해 보건대 그것은 불가능하다. 인간관계의 어떤 일반적 동질성을 뽑아내지 않고서는 그것을 사유할 수 없다.

서로 다른 것들을 교환 가능게 해주는 공통의 실체에 대한 상상. 사회학자들의 '사회'에 대한 관념이 화폐공동체와 절연된 것이라기보다는 그것의 결과물 아닌가 하는 의혹을 갖는 것은 바로 이런 점에서다. 마치 19세기 정치경제학자들이 떠올린 공간, 즉 화폐와 구분되는 참된 가치의 공간이 사실상 화폐를 전제하고 있고 화폐로밖에 표현될 수 없는 화폐적 공간이었던 것처럼 말이다.

어떻든 우리가 경험하는 현실은 개념보다 훨씬 명확하다. 오늘날 우리 모두 하나로 연결되어 있다는 사실, 세계가 동일한 리듬 아래 놓여 있다는 사실을 화폐만큼 분명하게 보여주는 것이 어디 있는가. 과연 누가 오늘날의 사회적 관계가 화폐적이라는 사실을, 그리고 우리가 사실상 화폐공동체 속에서 살아간다는 사실을 부인하겠는가.

5장 | 근대 화폐론의 형성

화폐론은 화폐를 정의하고 그 기능을 탐구하는 것에서부터, 다양한 화폐 현상들을 분석하고 바람직한 화폐정책을 제시하는 것까지, 화폐에 대한 지식 전반을 가리킨다. 이 장에서 우리는 화폐가 과학(학문)의 장에서 하나의 개념으로 출현하는 과정을 다루려고 한다. 그리고 화폐에 대한 인식이 점차 어떻게 변화했는지도 살펴볼 것이다. 이것은 화폐론에 대한 일종의 고고학적 접근[*]이라고 할 수 있다. 폴 비돈의 표현을 빌리자면 "경제학사를 오류에서 진리를 향하는 과정으로 기술하는" 경제학사가들과 달리, "경제학적 담론의 역사적 장소를 한정하는 작업"이라고 할 수 있다.[**] 경제적 지식은 결코 초역사적인 진리 담론이 아니다. 경제적 사실들에 대해 논하기 이선에 그 사실들 자

---

[*] 푸코의 『말과 사물』은 이 분야의 가장 주목할 만한 업적이라고 할 수 있다. 그는 르네상스와 고전주의, 근대에 이르기까지 각 시대 고유의 에피스테메 속에서 언어, 생물, 경제에 대한 지식이 어떻게 직조되는지를 매우 설득력 있게 보여주었다.

[**] 비돈은 그 예로 조셉 슘페터의 『경제적 분석의 역사』와 마크 블르그의 『되돌아 본 경제이론』을 들고 있다(Vidonne, *Essai sur la formation de la pensée économique*, p. 20).

체가 '역사적으로' 존재하기 때문이다. 즉 부의 생산과 순환, 상품의 교환 등을 앎의 대상으로 삼기 위해서는 그런 사실들 자체가 먼저 발견되어야 한다.[*]

화폐론도 마찬가지다. 화폐가 하나의 독자적인 앎의 대상이 되기 위해서는 무엇보다도 그것이 다른 어떤 것들로부터 구별될 수 있어야 한다. 아무리 귀한 보석이라도 우리가 화폐라고 부르는 독자적 차원을 획득하지 못한다면, 그것은 하나의 사물에 지나지 않을 것이다. 화폐로 존재하는 어떤 것이 인식되고, 그것의 영향력이 뚜렷하게, 그리고 광범위하게 경험될 때, 비로소 화폐론이 생겨날 수 있다. 따라서 화폐론의 탄생은 화폐경제의 형성과정과 맞물릴 수밖에 없다.

아래서 자세히 논하겠지만, 우리는 서유럽에서 화폐에 대한 영향력이 광범위하게 경험된 대표적인 경우를 16세기 후반의 '가격혁명'에서 찾고 있다. 아메리카에서 밀려들어온 귀금속과 그것의 화폐주조, 그리고 연이어 나타난 물가폭등. 이것이 화폐에 대한 성찰을 자극하는 계기가 되었을 것이다. 특히 이 시기 담론에서 '화폐가 부로부터

---

[*] 국가학이나 사회학과 마찬가지로 경제학 역시 근대적 지식구조의 변동과정에서 생겨난 학문이다. 우리는 앞서 4장에서 '정치경제학'이 경제학의 하위분과로서가 아니라 선행 학문으로서 생겨나는 배경을 간략히 살펴본 바 있다. 그것은 사적 오이코스의 관점에서 공적 폴리스를 다루는 문제, 그리고 폴리스의 주요 업무를 오이코스의 보호와 강화에 두는 문제와 맞물려 있었다. 게다가 경제학의 탄생은 무엇보다도 경제라는 분야가 독립성을 획득했을 때 가능하다. 가령 뒤몽은 '부'라는 물음과 관련해서는 중농학파를 경제학의 시조로 볼 수 있지만, 경제가 독립된 분야로서 태어나기 위해서는 정치적인 것으로부터의 독립과 도덕적 정당화가 갖추어져야 한다고 주장했다. 그래서 그는 경제학의 탄생을 다룰 때, 프랑수아 케네를 필두로 하는 중농주의만이 아니라, 정치적인 것으로부터의 독립을 암시하는 로크, 경제적 이익 추구를 도덕적으로 정당화한 맨더빌을 함께 고려해야 한다고 본다 (Dumont, *From Mandeville to Marx*).

분리' 되는 점에 주목할 필요가 있다. 화폐와 부가 동일하지 않다는 인식은 화폐와 부의 관계를 따져볼 수 있는 중요한 출발점이기 때문이다. 실제로 화폐와 부의 관계는 16세기 이후 서유럽 화폐론의 핵심을 이룬다. 처음에 화폐는 부 그 자체였고, 다음에는 부에 대한 '표상' 이었고, 그 다음에는 '자기 증식하는 부' 로서 '자본' 이 되었다.

1. 화폐와 부

16세기 이후 화폐와 부의 관계를 본격적으로 확인하기 전에 우리는 먼저 화폐로 표현되는 부가 독특한 것이며, 그것 역시 역사적 산물임을 확인할 필요가 있다. 부를 화폐로 표현한다는 것은 어떤 의미가 있는가. 가령 100억이라는 재산을 생각해 보자. 그것은 화려한 저택일 수도 있고, 거대한 농장일 수도 있으며, 수십만 주의 주식일 수도 있고, 아름다운 보석일 수도 있다. 하지만 100억 그 자체는 저택도 농장도 주식도 보석도 아니다. 그것은 매우 추상적인 어떤 것이다. 개인의 취향에 따라 저택이나 농장, 보석을 좋아하지 않을 수는 있지만 100억의 재산에 대해서는 모두가 열망한다. 화폐로 표현된 부 속에서 사람들은 다른 어떤 것으로도 전환될 수 있는 어떤 힘을 느끼기 때문이다. 그래서 누군가 자신이 살지도 않을 저택을 다량으로 보유하고 있다면, 실제로 그는 저택을 보유한 게 아니라 그것이 내포하고 있는 추상적인 부를 보유하는 것이다.

구체적인 재화에 대한 욕심과는 다른 차원에서 추상적 부에 대한 욕심이 존재한다. 맑스는 치부욕, 즉 추상적 부를 축적하고 싶은 욕망이 역사적 산물이라고 말했다. 그것은 부를 측정해 주고 저장해 주는 화폐가 존재하고, 그것이 충분한 위력을 발휘하는 화폐경제의 발전을 전제하기 때문이다.

> 충동의 특수한 형태로서, 즉 특수한 부에 대한 욕망, 예를 들어 옷, 무기, 장신구, 여자, 포도주 등에 대한 욕망과 구별되는 치부 욕망 자체는 일반적 부가 한 특수한 사물〔화폐〕로 개별화되자마자 가능해진다. …… 요컨대 화폐가 치부욕의 대상이자 원천인 것이다. 물욕은 화폐 없이 가능하다. 그러나 치부욕은 일정한 역사적 발전의 산물이며 자연적인 것은 아니다.[1]

가령 볼테르는 "아가멤논이 보물은 가지고 있었겠지만 돈은 없었다"고 했다. 이것은 결코 아가멤논이 가난했다거나 재화에 대한 욕심이 없었다는 말이 아니다. 당시 화폐는 일반적 부를 표현하는 수단이 아니었다. 아가멤논의 부는 그가 가진 구체적인 재화들의 목록을 통해서만 나타났다. 누군가 그의 재산을 부러워했다면 그것은 그가 가진 재화들 중의 어떤 것을 부러워한 것이다. 그 역시 멋진 투구, 화려한 장식의 갑옷, 아름다운 여인, 여러 노예들을 갖고 싶어 했을 수는 있지만, 그것은 맑스의 표현을 빌리자면 치부욕보다는 물욕에 가까운 것이었다.[*]

물론 추상적 부가 언제 탄생했는지를 정확히 확정할 수는 없을 것이다. 우리는 단지 근대적인 화폐제도가 어느 정도 발전된 시점에서만 그것이 출현할 수 있다고 말할 수 있을 뿐이다. 추상적 부의 형성을 간접적으로 확인할 수 있는 것은 부의 계산방법이 발달하는 과정이다. 베버는 "근대 자본주의 성립에 대한 일반적 전제 조건이 '합리적 자본계산'에 있다"고 했는데,[2] 그것은 또한 추상적 부의 발달을 위한 전제이기도 하다.

부의 계산방법은 대외교역을 수행하는 상인들에게 특히 발달했다.** 이는 이들에게서 추상적이고 일반적인 부의 관념이 빨리 형성되었음을 의미한다. 이들은 서로 다른 공동체들 사이에서 움직이기 때문에 각 공동체의 가치평가와는 별개로 자기 활동의 의미를 부여해줄 추상적이고 일반적인 부의 관념이 필요했다. 16세기 대외은행가들의 경우가 가장 극명한 예일 것이다. 이들은 오히려 각 나라마다 화폐에 대한 평가가 다른 점을 부의 축적 계기로 삼았다. 우리는 2장에서 16세기 은행가가 여러 지역을 돌아다니며 서로 다른 화폐들을 환전하고 처음 출발지로 되돌아왔을 때, 더 많은 부가 축적되어 있음을 확인한 바 있다. 화폐 교환이 즉시 이루어지지 않고 시간이 흐른 뒤 지불되는 크레딧의 경우에는 훨씬 더 복잡한 계산방법이 동원되었다.

---

* "구체적인 부는 축장과 동시에 부패하지만 추상적인 사회적 부는 좀도 녹도 망치지 못하는 보화이다"(맑스, 『정치경제학비판요강』 1권, p. 213). 하지만 구체적 부와 추상적 부의 차이는 단지 부패에만 있는 게 아니다. 무엇보다도 그 욕망의 질이 다르다. 구체적 물욕과 추상적 치부욕은 첫째 양적인 제한성에서 다르다. 구체적 물욕은 양적으로 유한하지만 치부욕은 무한하다. 아무리 구두가 갖고 싶은 사람도 5만 켤레의 구두를 원하지는 않지만 그것을 돈으로 바꿀 수 있다면 5조 켤레도 충분치 않다(홍기빈, 『아리스토텔레스, 경제를 말하다』, p. 27). 둘째, 물욕은 양적인 제한 대신 질적으로는 무제한적이지만 치부욕은 양적으로는 무제한적이지만 질적으로는 단일하다. 셋째, 치부욕은 질에 있어 동일하기 때문에 그것을 모델화할 수 있고 심지어 계산할 수도 있다.
** "계산 가능성이 비로소 등장하는 것은 합리적 상업에서다"(베버, 『사회경제사』, p. 242), "일반적 교환수단으로서의 화폐 기능은 대외상업에서 시작되었다"(같은 책, p. 255).

구체적인 부와 추상적인 부

아마 식량, 옷, 무기, 장신구 등 구체적인 부에 대한 욕망은 언제 어디에나 있었을 것이다. 그러나 그런 것들과 구분되는 추상적 부 자체에 대한 욕망, 즉 치부욕은 역사적 산물이며 화폐 제도의 발전과 긴밀히 연관되어 있다(위 그림은 파리 국립도서관에 소장되어 있는 「수태에 대한 왕실 송가」이다).

16세기 메디나 델 캄포와 같은 정기시에서 환어음을 발행하는 사람은 그 자리에서 돈을 받았고 이 어음을 받은 사람은 다른 장소에서, 석 달 뒤에 그 당시 환율에 따라 계산한 금액을 받았다. 이익을 계산하고 예측하는 것은 전적으로 그 자신에게 달린 문제였다.[3]

물론 이런 식의 고도의 계산은 '아주 좁은 분야'의 이야기였다. 독립적이고 배타적이었던 대외교역의 영역을 제외하고는 이 시기 서유럽에서 이런 계산은 "이해할 수 없는 모략"에 가까운 것이었다.[4] 이로써 추측해 보건대 추상적인 부의 관념도 이 영역을 제외하고는 그렇게 발전하지 않았을 것이다.

2. 부 자체인 화폐

가치척도 — 화폐와 거울

16세기 활동했던 대외은행가들을 보면 이미 계산 단위(가치척도)와 지불수단을 분리하고 있음을 알 수 있다. 은행가들이 유럽에 걸쳐 있는 자신의 네트워크를 이용해서 여러 차례 환전을 할 때, 그 중간 중간에 나타나는 화폐들은 사실상 계산화폐들이다. 이 중에는 스쿠디 도로(scudi d'oro)처럼 아예 현실에서는 사용되지 않는 화폐들도 있었다.[5] 국내에서 비슷한 업무를 수행했던 환전상과 이들을 비교해 보면 그 새로움을 이해할 수 있다. 환전상의 경우에는 실제 다른 지역의 주화를 옆에 놓고 교환하는 사람들이다. 하지만 대외은행가들은 화폐 단위를 어음에 써서 교환할 뿐이다.

부아예-그장뵈 등의 말처럼, 이들은 "금속 주화 자체를 참조하지 않아도 되었고," "금속 무게를 달지 않고도 환전에 아무런 어려움도 없던" 사람들이다.[6] 16세기 당시 교회학자들과 상인들, 군주 대리인들 사이에 은행가들이 사용하는 어음에 대한 논쟁이 많이 있었다. 대체적인 견해는 이것이 '진짜 화폐'가 아니라 '상상 화폐'라는 것이었다. 1561년의 어느 문서에는 이런 언급이 나온다.

> 상상 화폐는 실제로 존재하는 화폐가 아니다. 그것은 실제 화폐와 동일한 합계를 표시하기 위해 임의로 붙여진 이름이다. 계약을 맺고 계산을 편하게 하기 위해서, 프랑(franc)이나 리브르(livre)라는 식으로 이름을 붙인 것이다. 그것은 결코 화폐가 아니다. 단지 20수(sous)를 의미하는 명칭일 뿐이다.[7]

그러나 '상상 화폐'를 통한다고 하더라도 대외은행가들이 '진짜 화폐'의 움직임을 무시할 수는 없었다. 오히려 '환전을 통해 부를 축적'하는 대외은행가들의 '수법'이 위력을 발휘하기 위해서는 각 지역의 화폐질서가 충분히 안정적이어야 했다.* 불안정한 계산 단위는 곧바로 계산체계 자체의 불안정성을 불러온다.

대외교역의 축이었던 이탈리아의 도시국가들에서는 이런 문제가 일찌감치 제기되었다. 상인과 은행가들은 환전 시 지불 단위의 불안

---

* 유럽 각 지역들은 자신들의 화폐에 대해서는 세뇨리지를 붙여 높이 평가하고, 다른 외국 화폐들은 금속의 시장가치대로 평가하는 일이 많았는데, 이런 차이를 이용했던 은행가들로서는 화폐 단위의 안정이 무엇보다도 중요했다.

정으로 큰 피해를 볼 수 있었기 때문에** '건전하고 신뢰할 만한' 가치척도를 요구했다. 가령 제노바인들은 15세기경 자신들이 행한 거래의 이익을 따져볼 수 있는 안정적인 가치척도의 중요성을 자각했다. 1447년에 모든 화폐 거래를 고정된 무게의 금화(gold coin)로 계산하도록 하는 법이 통과된 것은 그런 맥락에서였다.[8]

16세기에는 일부 도시국가만이 아니라 많은 영토국가들에서도 가치척도 문제가 중요하게 제기되었다.*** 이와 관련된 논의는 크게 두 가지 주제를 중심으로 이루어졌는데, 하나는 화폐를 만드는 재료에 관한 것이었고, 다른 하나는 그것의 정확한 양에 관한 것이었다. 우선 재료와 관련해서 16세기 주요 화폐론자들은, 부의 척도로 사용될 것은 그 자체로 부이어야 한다고 생각했다.

부를 지시하고 측정하는 기호들 역시 내부에 실제적인 표시를 지니고 있었다. 그 기호들이 가격을 표상할 수 있으려면 값비싸고, 희귀하며, 유용하고, 소유욕을 부채질할 수 있는 것들로 만들어져야 했다.[9]

16세기의 사고방식에 따르면 그 자체로 귀중한 것만이 다른 것들의 귀중함을 측정해 주고, 다른 것들 대신에 지불될 수 있었다. 그것

** "그런 [건전하고 신뢰할 만한] 척도를 갖지 못한다면, 이 [자본가들의] 조직들은 단지 자신들이 거래를 수행할 때 사용하는 지불수단의 가치 변동 때문에도 큰 손실을 볼 수 있었다. 일종의 화폐 환상(monetary illusion)이라는 것의 희생물이 될 수 있었던 것이다" (Arrighi, *The Long Twentieth Century*, p. 113).
*** 이탈리아 도시들의 경우를 볼 때, 비돈처럼 "척도의 문제가 16세기 초에 형성되었다"고 말할 수는 없겠지만, 척도 문제가 16세기 화폐론자들의 중심 주제였던 것은 분명하다.

이 왜 하필 금이나 은이었는가를 설명하는 것은 쉽지 않은 문제이다. 금을 찾아 떠난 스페인인들은 "하찮은 물건을 받고 대신 금을 주던 카리브 제도의 토착민들에게 깜짝 놀랐는데,"[10] 그런 에피소드는 금에 대한 가치평가가 문화나 문명에 따라 달라진다는 것을 보여주는 손쉬운 예일 것이다. 16세기 이론가 베르나르도 다반차티는 금이나 은이 그 자체로는 우리 삶에 별 유용성이 없다고 말한다.* 하지만 푸코는 "주화 이외에는 귀금속의 유용성이 별로 없음에도 불구하고" 16세기 사람들이 귀금속을 본위로 택한 것은, 금속 자체가 갖고 있는 것으로 보이는 어떤 고귀한 가치 때문이라고 주장한다. "아름다운 금속은 그 자체로 부의 표시였다. 귀금속이 묻혀 있으면서도 빛을 발한다는 사실은 그것이 세상의 모든 부, 말하자면 숨겨진 부와 드러난 부 모두를 함께 지니고 있다는 점을 암시하기에 충분한 사실이었다."[11]

빌라르는 "금속이 16세기 사람들에게 어떤 심적 마력을 행사"한 듯이 묘사한 푸코의 말에 크게 반발했지만,** 금속에 대한 푸코의 해석이 갖는 의의는 그런 '마력'을 해명한 데 있지 않다. '왜 금은인가'

---

* "지상의 모든 것들이 우리 삶을 위해 창안된 것처럼 보이지만, 금과 은은 그 자체의 본성에 있어서는 우리 삶에 기여하는 바가 거의 없다. 하지만 사람들은 마치 본성을 만드는 것처럼, 그 금속들로 모든 다른 사물들과 동등한 가치를 갖게 했고, 모든 것들의 가격을 재는 척도가 되게 했으며, 이 세계에 좋은 것이라고 알려진 모든 것들과 교환 가능한 수단으로 만들었다"(Davanzati, "A Discourse Upon Coins", p. 376).

** "16세기 사람들에게 금속이라는 것이 그들 시대에 고유한 심적 구조에 기반을 둔 경제 외적 마력을 행사했을까? 역사가들은 함부로 이야기하기를 주저하지만, 철학자들은 역시 과감하다. …… [푸코가 그 근거로 들고 있는 자료의 저자] 다반차티의 꿈은 어둡고 모호한 저주스러운 금속 광휘의 산물이 아니다. 그것은 화폐론의 맹아이다. 그리고 그것은 그렇게 유치하지 않다. 그 이론은 사람들의 수와 사물들 간의 관계, 수요 개념 등을 고려하고 있다. 다반차티가 찾고자 했던 것은 [어빙] 피셔의 방정식이다"(빌라르, 『금과 화폐의 역사 1450~1920』, p. 15).

에 대해서는 근본적으로 시대적·문화적 자의성을 말할 수밖에 없다. 정작 중요한 논점은 특정 금속이 떠받들어진 이유라기보다는 그 금속의 가치가 다른 사물들과의 비교 속에서가 아닌 스스로의 고귀함에서 나온다는 사실이다. 푸코에 따르면 16세기 사람들은 금은을 그 자체로 고귀한 것으로 생각했기 때문에 다른 것들의 가치를 평가하고 비추는 척도로 사용했다. 논란의 대상이 된 다반차티의 글을 보자.

> 사물들 사이, 그리고 사물들과 금 사이의 규칙과 수적 비율을 잘 알기 위해서는 하늘, 혹은 어떤 높은 곳——지상에 존재하고 지상에서 일어난 모든 것을 볼 수 있는——에서 내려다 볼 필요가 있다. 혹은 참된 거울에 비치듯 하늘에 비친 그것들의 이미지를 세어 볼 필요가 있다. 그러면 우리는 합계를 내고는 이렇게 말할 것이다. 지상에는 그만큼 많은 금이 있고, 그만큼 많은 사물이 있으며, 그만큼 많은 사람과 그만큼 많은 욕망이 있다. 어떤 사물의 가치는 그것이 만족시킬 수 있는 욕망만큼, 그만큼 많은 다른 사물의 가치와 같고, 그만큼의 금과 같다. 하지만 이곳 아래에 있는 우리는 단지 주변의 몇몇 사물만을 볼 수 있을 따름이고······ 상인들이 다른 이들보다 가격을 잘 안다는 이유로 그것을 알려준다.[12]

언뜻 보면, 전형적인 화폐수량설이라는 빌라르의 말이 옳은 것 같다. 게다가 다반차티는 달걀을 파는 시골 아낙네의 입을 빌려서 "화폐의 가치가 12에서 1로 감소하면 물건들의 가격은 1에서 12로 올라가지 않느냐"고 묻고 있다.[13] 하지만 주의할 게 있다. 지상의 금은 이미 밤하늘의 별처럼 빛나고, 우리는 그것을 세어 봄으로써 지상의 부를 알 수 있다. 금과 사물의 관계는 일방적이다. 즉 사물들의 양은 그것에 해당하는 만큼의 금의 가치와 같지만, 금의 가치는 사물들의 양에 의해 규정받지 않는다. "화폐의 가치가 12에서 1로 떨어지면 물건의 가치는 1에서 12로 오르지만," 그 반대는 성립하지 않는다.

어떻게 그럴 수 있을까. 16세기 초의 매우 중요한 화폐이론가 가운데 한 사람인 니콜라우스 코페르니쿠스*는 이렇게 말했다. "유통 중인 주화의 양만이 그것의 가치를 감소시킨다."[14] 금은의 가치는 오직 그것 자체의 양과만 관련이 있다. 즉 금은이 흔해지면 그 가치는 감소한다. 귀중한 정도가 줄어드는 것이다. 물가가 올랐다면 상품의 양에서 원인을 찾을 게 아니라 금속의 양에서 원인을 찾아야 한다. 화폐가 담고 있는 금속의 양이 적어서 상대적으로 물건 값이 오른 것처럼 보이거나, 아니면 특별한 계기(금광의 발견, 혹은 아메리카로부터의 금속 유입)로 금속이 이전보다 흔해짐으로써 다른 물건들이 더 많은 금속량과 조응할 수 있게 된 것이다. 그 어떤 경우도 금속의 가치는 금속 자체의 양과 관계할 뿐이다.

16세기 이론가들이 화폐 속에 포함된 금속의 양에 민감했던 것은 그것이 실제적인 부를 의미했기 때문이다. 화폐의 액면가는 그것의

---

* 경제학자로서 코페르니쿠스의 면모는 켄 비에다의 글을 참조하라(Bieda, "Copernicus as an Economist", p.89~103). 코페르니쿠스는 우리에게 주로 천문학자로만 알려졌지만, 그가 생애 동안 종사하고 연구했던 일들을 보면 그는 천문학자만이 아니라 의사, 행정가, 정치가, 지도제작자, 경제학자 등이었다. 사후 50년이 지나 발견된 천문학이 너무 큰 파장을 몰고 왔기 때문에 그의 경제적 저술들은 거의 조명받지 못했지만, 그가 화폐에 대해 저술한 것 중 남아 있는 것만 해도 7종이나 된다.

참다운 가치가 아니다. 화폐 속에 포함된 금속의 양만이 참다운 부이다. 화폐의 발행을 군주가 직접 관장하도록 요구했던 것도 군주의 이익을 위해서가 아니었다. 오히려 이들은 군주가 저질 주화를 발행해 주조 이득을 챙기는 데 강력히 반대했다. 군주가 직접 화폐의 발행을 관장해야 하는 이유는 화폐의 순도를 보장하기 위해서였다.

가령 코페르니쿠스는 폴란드령 포메라니아 의회의 두어 차례 회합에서 "폴란드 국왕의 통치 아래 있던 모든 종류의 통화를 단일화하자"**고 제안했다.[15] 그리고 폴란드 국왕에게 저질 주화를 발행해 주조 이득을 취하라고 건의하는 학자들에 맞서, "화폐는 국왕의 법을 따르는 게 아니라 자신의 법을 따른다"는 점을 분명히 했다.[16] 보댕 역시 같은 주장을 했다. 그는 1576~77년 소집된 삼부회에서 "화폐는 왕국의 단일한 주조소에서 만들어져야" 하며, "모든 주화의 금속 함유량, 즉 내재적 가치가 국왕이 명한 명목적 가치와 정확히 일치하도록 해야 한다"고 주장했다.[17] 다반차티도 마찬가지였다. 1588년의 화폐 강의에서 그는 '공적 당국' (publick Authority)이 화폐를 주조해야 하는 중요한 이유를 '순도에 대한 보장'에서 찾았다.***

양화에 대한 관심이 높았던 16세기 이론가들이 '그레셤의 법칙'이라고 알려진, '악화가 양화를 구축하는' 현상을 발견한 것은 어쩌보

** 이때 코페르니쿠스의 화폐에 관한 중요한 두 저작이 쓰여졌다. 그는 바르미아의 교회 소유지를 대표해서 두 곳의 '마을의회' (Sejm)에 참석했는데, 이때 저술된 것이 『화폐론』(1517)과 『화폐의 계산에 관하여』(1522)이다.
*** "동등한 가치의 화폐를 만들기 위해서는 금속을 어떤 순도로 만들어서, 그것을 무게에 따라 자르고, 거기에 양화임을 나타내는 표식(stamp)을 찍어야 한다. …… 그러나 이런 일이 사기를 칠 수 있는 사적 개인에게 맡겨져서는 안 된다. 모두의 아버지인 군주에 의해서만 이것이 이루어져야 한다" (Davanzati, "A Discourse Upon Coins", p. 380).

면 자연스러운 일이었다. 토머스 그레셤 자신이 이 시기 이론가 중의 한 사람이기도 했지만, 그 현상은 코페르니쿠스 같은 인물에게 훨씬 더 정확하게 포착되었다.* 좋은 옛 주화와 저질의 새로운 주화가 유통되면, "금세공업자들은 옛날 것을 [유통에서] 뽑아내어 거기서 은을 녹여낸 뒤 무지한 대중들에게 팔 것이다. …… 새로운 열등 주화가 옛 양화들을 몰아내기 위해 도입된다".[18] 양화를 뽑아내고 악화를 유통시키는 것은 실질 금속량을 도둑질하는 것이고, 같은 의미에서 부를 도둑질하는 것이다.

위 사실들을 종합해 보면 16세기 화폐론에서 금속이 다른 사물들과 확연히 다른 지위를 차지하고 있음을 알 수 있다. 귀금속은 그 자체로 부를 의미하지만, 다른 것들은 그것과의 관계 속에서만 부일 수 있다. 귀금속은 모든 사물들을 비추지만, 사물들은 귀금속을 비추지 못한다. 사물들은 귀금속에 반영된 자신의 크기를 보지만, 금속은 사물 앞에 서 있는 거울처럼 정작 자기 모습을 반사해 볼 수는 없다.

---

* 비에다는 그레셤이 그레셤 법칙의 주창자가 아니었다고 말한다. 악화에 의한 양화의 구축을 '그레셤의 법칙'이라고 부른 이는 헨리 매클라우드였다. 그는 1858년 『정치경제학요론』에서 양화구축 현상의 최초 주창자로 그레셤을 들었다. 그러나 그는 1896년 『경제학사』에서 이 법칙의 주창자로 니콜 오렘과 코페르니쿠스, 그레셤을 들었다. 그러나 그레셤의 『그레셤의 비망록』(1559)을 보면 그런 주장이 들어 있지 않다. 단지 그는 엘리자베스 1세에게 보내는 편지에서 주화의 저질화가 영국 주화의 교환비율을 떨어뜨릴 것이라며, 좋은 금화들이 영국에서 유출되고 있다고 말하고 있을 따름이다. 그는 그런 유출이 대외무역과 관련해서 일어난다고 보았다. 그레셤의 법칙이 대부분 국내 유통에서 발생한다는 점을 생각하면 그는 단지 악화와 영국 양화의 교환으로 영국의 양화가 빠져나간다는 것만을 지적한 셈이다. 오렘의 경우 1360년에 그레셤의 법칙과 유사한 주장을 한 것으로 되어 있지만, 텍스트 자체가 이후에 여러 차례 수정된 복사본이라는 것을 생각하면 그 사실 자체가 확실하지 않다. 이런 점 때문에 비에다는 가장 완벽하게 그레셤의 법칙을 정식화한 사람은 코페르니쿠스라고 주장한다. 게다가 코페르니쿠스는 그레셤보다 이전 사람이다.

이 시기 화폐론은 16세기 초 스페인에서 시작되어 한 세기 동안 유럽 전역에 확산된 물가폭등——그것은 '가격혁명'으로까지 불린다——에 대한 해석에서 다음 세기 화폐론과 선명하게 대비된다. 16세기 이론가들은 물가폭등에 대해서 주로 금속량의 문제를 제기했다. 하지만 물가폭등이 휩쓸고 지나간 뒤, 다음 세기 이론가들은 더 근본적인 차원에서 '화폐'와 '부'의 관계를 문제삼았다. 이들은 화폐와 부를 전혀 다른 것으로 인식했고, 화폐의 가치도 내적인 고귀함이 아니라 다른 상품과의 관계를 통해서 파악했다.

가격혁명이 제기한 문제

유럽에서 16세기 내내 계속되었던 가격혁명은 화폐론에 있어 중요한 분기점이라고 할 수 있다. 가격혁명의 원인이 무엇인지에 대해서는 당대는 물론이고 지금도 논란이 되고 있다.[**] 하지만 아메리카와 아프리카로부터의 귀금속 유입과 어떤 연관이 있다는 점에 대해서는 아무

[**] 대체로 '화폐수량설'에 입각해서 귀금속의 유입이 가격상승을 불러왔다는 해석이 17세기 이래 주류적인 입장인 것 같다. 대표적인 사례 중의 하나가 얼 J. 해밀턴의 『아메리카 귀금속과 스페인에서의 가격혁명, 1501~1650년』이다. 그는 스페인의 귀금속 수입량과 물가변동이 나란히 진행된다는 점을 보였다. 하지만 빌라르는 귀금속이 계속 스페인에 머물렀으면 모를까 유럽 다른 시역으로 끊임없이 유출되는 상황에서, 스페인의 금속 유입량 자체를 '스페인의 귀금속 스톡'으로 간주할 수 없다고 말한다. 따라서 해밀턴의 자료가 그가 증명하고자 하는 금속량과 물가변동의 비례관계를 보여줄 수 없다. 좀더 새로운 주장은 부아예-그장뵈 등이 제시했다. 이들은 16세기 전반기까지 대략 3세기 동안 유럽의 금속 유입량은 크게 변동했는데 물가는 상당히 안정되어 있었다고 말한다. 따라서 이들이 강조하는 것은 귀금속의 '화폐주조'이다. 금속괴 형태의 유입은 원격지교역의 중요 상품으로 수출되었기 때문에 문제가 없었다는 것이다. 물가상승과 금속 유입의 연동은 스페인이 전쟁 등의 비용을 충당하기 위해 금속을 대규모로 화폐화하면서 일어났다. 이에 대해서는 이 책 2장의 논의를 참고하라.

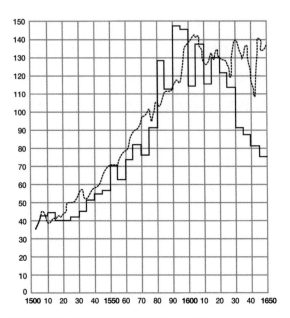

스페인에서의 금속 유입(실선)과 물가변동(점선)(1500~1600년)

16세기 내내 물가가 급격히 올랐다. 그 이유에 대해 16세기 학자들과 17세기 학자들은 서로 다른 답변을 내놓았다. 화폐와 부의 관계에 대한 생각이 완전히 달랐기 때문이다.

도 이의를 제기하지 않는다. 위의 도표는 스페인의 귀금속 유입량과 스페인의 물가변동의 상관관계를 보여준다.

스페인은 금속 유입의 창구 노릇을 했기 때문에 가격혁명이 가장 먼저 일어났다. 어떤 품목이냐에 따라 편차가 크긴 했지만 전체적으로 볼 때 물가는 3~4배 정도 뛰었다. 16세기 중반에 이르면 이미 프랑스에서도 물가상승이 국가의 심각한 문제로 대두되기 시작했다. 가령 1566년경 프랑스 국왕의 자문관이었던 쥐앙 말레스트루아는 이렇게 말했다. "우리가 오늘날 모든 물건에 대해 목도하는 이상한 가격상승

현상은 지위가 낮은 사람이건 높은 사람이건 모두가 지갑에서 느끼고 있는 것이다."[19]

금속 유입과 물가상승의 정확한 연결고리를 찾을 수는 없었지만 금속이 많은 곳일수록 물가가 높다는 생각은 일반적이었다. 유럽에서는 스페인이 거기에 해당했지만, 실제로 가장 물가가 비싼 곳은 금이 산출되는 신대륙이었다. 16세기 중반 비싼 물가 때문에 다른 국가들에게 부를 약탈당하는 스페인을 두고 "스페인은 외국의 서인도이다"는 말이 나돌았다.[20] 하지만 그 말은 동시에 신대륙이 스페인 물건에 대해 얼마나 비싼 값을 지불했는가를 나타내기도 했다.

가혹한 삶이 펼쳐지는 마을들이 생겨났다. 그 중에서도 가장 가혹했던 곳은 포토시였다. 이곳은 안데스 산맥의 해발 4천 미터 지역에 세워진 기묘한 도시로서 10만 명의 사람들이 몰려 있었다. 이곳에서 물가는 부조리하기 이를 데 없었다. …… 닭 한 마리가 8레알, 계란 하나에 2레알. 다른 물건 값들도 그런 식이었다. 돈이 전혀 가치가 없었다. 상인들만이 재미를 봤다. 이들은 화폐, 식량, 광산에 쓰이는 수은 등을 미리 빌려주고 조용히 귀금속으로 돌려받았다.[21]

17세기 이론가들이 '금의 저주'라고 부른 어떤 것이 신대륙에서 스페인으로 옮겨왔다. 막대한 양의 금속이 유입되고 그것이 화폐로 전환되면서 스페인에서는 모든 비용들이 올라갔다. 신대륙으로 가는 배에 선적되는 물품들이 먼저 올랐고, 돌아온 배에 실린 금이 다시 물가를 올렸다. 높은 물가는 유럽 다른 지역과의 교역에서 치명적인 약

점이 되었다. 게다가 스페인의 양화들은 당시 유럽에 돌아다니던 악화들과 교환되었다.

유럽의 다른 지역들도 스페인만큼은 아니었지만 물가가 급속하게 상승하는 현상을 경험하게 되었다. 처음에 스페인 은화의 유입은 경제활동을 진작시키는 면이 있었다. 스페인과 북부 유럽의 교차로 역할을 수행했던 일부 프랑스 도시들은 16세기 중반 경기가 뚜렷이 상승세를 보였다. 하지만 세기 말이 되자 이곳들 역시 물가상승을 우려하지 않을 수 없었다.

16세기 화폐이론가들은 물가상승을 어떻게 이해했을까. 앞서 언급했듯이 물가상승 논쟁의 핵심은 금속량이었다. 대표적인 예가 보댕과 말레스트루아의 논쟁이다.[22] 말레스트루아는 물가상승이 명목적인 것이라고 주장했다. 즉 당시의 화폐는 13~14세기의 화폐보다 더 적은 금속량을 함유하고 있기 때문에 실제로 금속량과 물건의 관계는 변하지 않았다는 것이다. 이에 대해 보댕은 프랑스의 토지 가격이 50년 동안 세 배로 상승했지만, 명목화폐의 은 함유량은 그만큼 하락하지 않았다며 말레스트루아를 공격했다. 대신 그는 물가상승이 금과 은의 실질적인 증가 때문이라고 주장했다. 그는 금속의 산지로부터 유입 경로에 따라 물가가 상승하고 있음을 날카롭게 지적했다.

여기서 누구의 주장이 옳았는가를 밝힐 필요는 없을 것이다. 왜냐하면 두 사람 모두 16세기 화폐론의 전형을 보여주고 있기 때문이다. 물가상승을 화폐의 적은 금속 함유량과 연관지어 명목적인 것이라 파악하든, 더 많은 금속 유통과 관계된 실제적인 것이라 파악하든, 이들은 모두 물건의 가치가 금속량에 달려 있다고 보고 있다.

하지만 가격혁명은 직관적 수준에서나마 화폐와 부를 구분해야 한다는 새로운 생각을 갖게 만들어주었다. 스페인의 상황이 새로운 사유의 출발점이 되었다. 금은이 풍부했던 스페인이 도대체 왜 가난해졌는가. 정치적으로 스페인 국왕들의 재정 낭비를 지적하는 사람들이 많았지만, 이론적으로는 화폐와 부를 혼동했던 스페인인들의 무지가 더 크게 지적되었다. 금과 은을 유일한 부의 형태로 간주했기 때문에 그 유출을 막으려고만 했다는 것이다. 하지만 그런 '무지'라면 스페인인들만 비난 받을 일이 아니다. 16세기적 인식의 틀 속에서 스페인인들의 사고는 특별한 것이 아니었기 때문이다.

오히려 희생이 컸던 스페인에서야말로 화폐와 부를 구분해야 한다는 새로운 인식이 더 빨리 자라났다. 스페인의 토마스 데 메르카도는 1568년에 출간한 『교역 및 계약론』에서 화폐의 구매력을 언급했다. 화폐가 스페인보다 외국에서 더 높이 평가된다는 것, 즉 스페인 화폐는 외국에서 더 많은 물건을 살 수 있기 때문에 그쪽으로 유출된다는 것이다.[23] 여기에는 화폐의 가치가 그것이 표상할 수 있는 재화의 양에 따라 달라진다는 것이 어느 정도 암시되어 있다. 그리고 1600년 마르틴 곤살레스 데 셀로리고는 『스페인 공화국에 필요한 비망록』에서 17세기 이론가들이 대부분 동의하는 의미심장한 메시지를 남겼다. "스페인에 금화와 은화가 없다면 그것은 금화와 은화가 너무 많기 때문이며, 스페인이 가난하다면 그것은 스페인이 부유하기 때문이다."[24] 화폐와 부는 사실상 분리되었다.

17세기에 접어들면 "금과 은은 유익한 경제활동의 목표——차라리 그 징표——이지 부 자체는 아니며, 금과 은을 끌어들이려면 농업과 목축, 혹은 산업에서 생산을 해야 한다는 생각이 태동했다." 스페인, 프랑스, 이탈리아의 많은 이론가들이 그런 생각을 받아들였다.[25] 이로써 부 자체로서 화폐를 바라보는 16세기의 시각은 깨졌으며, 부가 무엇인지, 그리고 화폐는 부와 어떤 관계를 갖는지를 묻는 '부의 과학'(la science des richesses)이 새롭게 탄생했다.

3. 부를 표상하는 화폐

화폐와 부의 분리

스미스는 '중상주의자'들이라고 불리는 17~18세기 이론가들이 부와 화폐를 구분하지 못했다고 비판했다. '부가 화폐나 금으로 구성되었다'고 생각하고 '화폐를 많이 갖는 것'이 부자 혹은 부국이 되는 길이라고 생각했다는 것이다.[26] 하지만 그의 비판은 16세기 이론가들에게는 어느 정도 해당될지 몰라도 17세기 이론가들에게는 전혀 맞지 않는 이야기다. 가격혁명 이후 서유럽의 이론가들은 화폐와 부를 명확히 구분하고 있었기 때문이다.

가령 중상주의자 중의 한 명인 시피옹 드 그라몽은 1620년의 저서에서 부를 화폐와는 전혀 다른 것으로 정의하고 있다. "부란 갈망의 대상이면서 표상될 수 있는 모든 것, 즉 필요라든가, 유용성이라든가, 즐거움이라든가, 희소성이라든가 하는 모든 것들이다."[27] 바본은 재화의 가치를 말할 때 화폐를 언급하지 않는다. "모든 재화들의 가치는 그것들의 유용성(use)에서 나온다. '아무 짝에도 쓸모 없다'(They are good for nothing)는 영국의 속담처럼, 유용하지 않은 사물은 아무런 가치(value)도 없다. 사물의 유용성은 욕구와 필요를 만족시켜 주는 것이다."[28]

이들은 모두 지난 세기 스페인에서 일어난 일들을 잘 알고 있었다. 그랬기 때문에 화폐와 부를 동일시해서 화폐 유출을 금하는 국가 정책을 비판할 수 있었다. 토머스 먼은 왕국에 화폐가 많으면 물가가 오르기 때문에 대외교역에 오히려 손해라고 주장했다. 차라리 동인도에 돈을 가지고 가서 후추 등을 산 뒤, 터키나 이탈리아에 비싸게 팔면 국가의 부는 더 늘어날 것이다. 그는 화폐를 통해 무역이 증대하고, 무역의 증대가 더 많은 화폐를 가져올 것이라며, 그것을 농부의 씨 뿌리기에 비유했다.

> 파종기의 농부가 하는 행동, 즉 땅에 좋은 곡물을 뿌리는 행동만을 본다면, 우리는 그를 농부라기보다는 미친 사람으로 생각할 것이다. 하지만 그의 수고가 끝난 수확기에 그의 〔처음〕 행동을 생각해 본다면, 우리는 그 행동의 가치와 풍부한 결실을 발견할 것이다.[29]

17세기가 되자 금속이 그 내재적 가치 때문에 부의 척도가 된다는 생각은 사라졌다. 푸코는 16세기 화폐론과 고전주의(17~18세기) 시기 화폐론의 근본적인 뒤집힘을 이렇게 설명했다.[30] 16세기 화폐론의 경우 가장 중요한 자리를 차지했던 것은 화폐 자체가 갖는 '귀중함'(préciosité)이었다. 금의 귀중함에서 그것의 가치척도와 교환수단의 기능이 도출되었다. 하지만 17세기 이후에는 금 자체의 내재적 가치는 인정되지 않았고, 오히려 재화를 유통시킨다는 사실에서 그것의 가치가 인정되었다. 중요한 것은 필요와 유용성을 만족시켜 주는 재화들이며, 화폐의 가치는 그것들을 유통시키는 수단으로서 인정될 뿐이다. 따라서 이 시기의 이론가들은 금속이 자체의 고귀함에 의해서 다른 상품들의 가치를 결정한다는 사고를 받아들이지 않았다.

어떤 사람들은 금과 은에 대해서 대단히 높이 평가한다. 금은이 그 자체로 내적인 가치를 갖고 있어서, 그것들로 모든 사물들의 가치를 합산할 수 있다고 믿기 때문이다. 그들이 이런 잘못을 범하는 이유는, 화폐가 금과 은으로 만들어져서 화폐를 그것들과 구분하지 않았기 때문이다. 화폐가 어떤 가치를 갖는 것은 사실이지만 그것은 법에 의해서다. 하지만 금과 은의 가치는 불확실하고 그들의 가격은 구리나 납 등 다른 금속들처럼 변화한다.[31]

화폐로 사용된 금속에서 의미가 있는 것은 그것의 중량보다 거기에 찍힌 법적 표식이다. 그래서 바본은 "화폐가 꼭 금이나 은으로 만들어질 필요는 없으며," 중요한 것은 "금속 위에 찍히는 표식"이라고 강조할 수 있었다. "그것만 있다면 그 소재가 구리든, 주석이든 상관없이 똑같은 가치를 갖고 똑같은 기능을 수행한다."[32] 이에 대해서는 그라몽도 비슷한 말을 했다. "화폐의 가치는 주조된 금속에 있다기보다는 군주의 상이나 표식이 각인된 화폐의 형식에 있다."[33]

금속량에 크게 신경 쓰지 않는다는 점에서도 이들은 16세기 이론가들과 달랐다. 상품들의 실질적인 가치는 금속량에 좌우되지 않는다. 흄은 화폐란 "교역의 수레바퀴가 아니라 그 움직임을 돕기 위해

덧칠해진 기름 같은 것"이라고 말하고, "상품들의 가격은 화폐량에 비례관계를 맺기 때문에, 화폐량 자체는 〔실질적인 상품의 가치에〕 아무런 영향도 주지 못한다"고 주장한다.[34] 상품들의 실질적 가치는 필요나 유용성에 관계하고, 그 가격은 상품량의 많고 적음에 기인하기 때문에,[35] 금속량에 너무 예민할 필요가 없다는 것이다.

이들의 시각에서 보면 16세기의 말레스트루아와 보댕, 둘 다 틀렸다. 금속이 유입되면 일시적으로 물가가 오르겠지만, 결국 가격은 여러 상품들과의 관계 속에서 정해지는 것이므로, 금세 안정될 것이다. 화폐의 증가는 대체로 교역을 증가시킬 것이고 이어서 상품의 양이 증가할 것이다. 화폐가 부족하다면 지금(地金)이 녹여지거나 화폐 대체물들이 자연스럽게 생길 것이다.* 케네의 표현처럼 "나라의 부가 존재하는 한, 그리고 자유롭고 편리한 상업이 존재하는 한, 화폐수단은 어떤 방법으로든지 창조될 수가 있다".[36] 중요한 것은 재화의 교환이고 유통이다.

유통수단 — 화폐와 혈액

금은을 포함해서 모든 상품들은 그것이 얼마만큼의 다른 재화와 교환

---

* 먼은 이탈리아인늘이 화폐가 부족했을 때, 어음을 유통시키고, 사실은행이나 공공은행을 통해 크레딧을 제공하는 방식으로 문제를 해결했다는 점을 강조한다(Mun, "England's Treasure", p. 125). 더들리 노스는 화폐량은 자체적으로 조절되는 것이라고 했다. "화폐의 증감은 정치가의 도움을 받지 않고 스스로 조절된다. …… 주화가 부족하게 되면 지금이 주화로 주조되고, 지금이 부족하게 되면 주화가 녹여진다"(North, "Discourses Upon Trade", pp. 59~60). 노스의 주장은 유통 화폐량이 물가를 정한다는 화폐수량설의 통념과는 달리 물가가 유통 화폐량을 결정한다는 의미로도 읽힐 수 있다. 맑스는 『자본』 1권에서 18세기 화폐수량설을 비판하며 노스를 인용하고 있다.

될 수 있느냐에 따라 그 가치가 결정되었다.* 필요나 유용성, 욕구 만족이 큰 상품일수록 많은 재화와 교환될 것이다. 그런데 교환을 전제한 상태에서 상품들의 가치를 논하면 하나의 모순이 나타난다. 교환이 이루어지기 위해서는 그 전에 자기 물건의 가치를 알고 있어야 하지만, 물건의 가치는 그것과 교환된 물건들을 통해서만 알 수 있기 때문이다.[37]

이것을 두고 두 가지 입장이 대립했다. 하나는 상공업자들의 이해관계를 대변하는 사람들——푸코가 심리학파라고 부른 사람들——의 주장으로, 가치 결정에 있어 '교환 순간의 유용성 평가'를 중시한다. 교환 이전에도 일차적인 유용성이 없는 것은 아니지만, 교환행위를 통해서만 물건의 가치는 결정된다. 교환은 그것이 없었으면 아무런 가치가 없었을 사물에게 새로운 가치를 부여한다. 가령 굶주린 사람에게 다이아몬드는 아무런 유용성도 없지만, 멋을 내고자 하는 여성에게는 엄청난 가치를 지닌다.

다른 하나는 중농주의자들의 입장으로 가치 생산이 교환에 선행한다는 입장이다. 중농주의자들이 보기에 교환은 가치를 생산하는 과정이 아니라 소모하는 과정이었다. 케네는 이렇게 말한다. "매매의 되풀이는 상품의 순환에 그치는 것이고, 실질적으로는 아무런 부의 증가도 없이 비용만 증가시킬 뿐이다."[38] 심지어 "상인은 가능한 한 싼

---

* 금은은 가치척도이기 이전에 다른 상품과 교환될 수 있는 상품이기도 했다. 다른 상품들과 교환되는 정도가 그것의 가치를 결정했다. 17세기 조지 다우닝 경은 매우 흥미로운 언급을 남겼다. "화폐는 이전에 여러 상품의 표준이었지만 이제는 그것이 바로 상품이 되었다"(브로델, 『물질문명과 자본주의』 II-1, p. 281).

값으로 물건을 구입해 최고의 비싼 값으로 판매하기 때문에, 그 부담을 국민에게 전가한다".[39] 상업은 상품의 순환에 불과하며, 공업은 상품의 변형에 불과하다. 그렇다면 상업의 거래비용을 보충해 주고 공업에 원료를 제공하는 부는 어디서 오는가. 안느 로베르 튀르고의 표현을 빌리자면 그것은 "자연의 순수한 선물"이었다. 자연은 농민들의 노동의 대가를 넘는 잉여를 제공한다.[40] 그 잉여가 시장에서 유통되고 소비되는 부의 전체였다.

잉여의 원천을 유통 분야에서 생산 분야로 옮겨놓았다는 점에서 중농주의자들은 '현대 정치경제학의 참다운 조상'이라는 평가까지 받았다. 하지만 이들의 견해는 우리가 다음 절에서 살펴볼 19세기 정치경제학의 '생산' 담론과 큰 차이가 있다. 이들에게서 부가 생산되고 축적되는 것은 비대해지기 위해서가 아니라 교환과정을 통해 소비되기 위해서이기 때문이다.** 케네의 '경제표'를 보면 일차적인 목표가 지속적인 '확대재생산'에 있지 않음을 금세 알 수 있다. 그는 교환체계가 유지되기 위해 어느 정도의 부가 다시 농업으로 복귀해야 하는가를 해명하고 있을 뿐이다.***

따라서 심리학파와 중농학파의 대립은 어찌 보면 표면적인 것이다. 이들의 사유는 모두 교환과 유통의 기반 위에서 전개되고 있기 때

** 푸코는 축적의 원리와 유통의 원리 사이엔 커다란 차이가 있다며, 금속화폐에 대해 비슷한 언급을 했다. "금속이 축적되는 것은 비대해지기 위해서가 아니라 교환과정을 통해 소비되기 위해서다"(푸코, 『말과 사물』, p. 220).

*** 그가 제시한 순환은 50억에서 시작해 다시 50억으로 복귀한다. 물론 다른 외국 사치품 등에 사용하는 지출을 줄이고 농산물 소비를 늘린다면, 농가의 소득(사실상은 지주의 소득)이 늘 것이고, 결국에 경작지 확대로 이어져 사회적 부가 늘겠지만, 케네가 보이고자 했던 것은 교환체계를 떠받치는 부가 농업에서 생산되고 있다는 사실이었다.

문이다. 가치를 부여하는 것은 시장에서의 교환이라는 심리학파의 주장도 그렇지만, 가치의 원천이 교환이 아니라 농업 생산이라고 보았던 중농학파도 자연의 풍요를 끌어들이는 이유가 교환과 소비의 순간을 위해서였기 때문이다.* 오히려 이 두 분파의 대립은 이론적인 것이기보다는 정치적인 것이었다. 상공업자들의 이해관계를 대변했던 심리학파는 가치가 시장에서 형성된다고 주장함으로써 돈이 시장으로 흘러가야 한다고 주장했고, 지주들의 이해관계를 대변했던 중농학파는 농업이 부의 원천이라고 주장함으로써 돈이 지주에게 흘러가야 한다고 주장했던 것이다.**

16세기 화폐론이 가치척도 문제를 놓고 씨름했다면, 17~18세기 화폐론의 주제는 확실히 유통이었다. "17~18세기 저자들의 거대한 다양성 뒤에는 부의 순환을 이해하는 문제가 인식론적 통일성을 이루고 있었다."[41] 중농학파의 선구자였던 리처드 칸틸론***이나 최고 이론가였던 케네의 이론 모형은 마치 토지라는 심장에서 생산된 산물들

---

* 게다가 심리학파가 가치의 결정자 내지 부여자로 지목했던 '인간의 필요'라는 것도 근본적으로는 인간의 '결핍'과 관계하는 것이므로, 심리학파에게도 자연의 풍요로움은 어떤 식으로든 암묵적으로 전제될 수밖에 없었다(푸코, 앞의 책, p. 244~245).

** 케네는 지주와 농업생산자를 구분하고 돈이 농업생산자에게 흘러가야 한다고 주장했다는 점에서, 그의 이론 자체가 지주의 이해관계를 직접 대변했다고 할 수는 없다. 하지만 경작지를 현실적으로 늘릴 수 있는 것은 농업생산자라기보다는 그들을 고용한 지주라는 점에서 분명히 지주의 이해관계와 통하는 면이 있다.

*** 칸틸론은 아일랜드계 영국 은행가로 유럽 전역의 주요 도시에 저택을 소유했던 거부(巨富)였다. 그는 프랑스에서 로 체제가 작동할 때 금융 조작으로 막대한 재산을 모았다. 그의 대표적인 저서 『일반상업론』(1755)은 본래 영어로 쓰인 것이었는데 분실되었다. 남아 있는 것은 프랑스인 친구를 위하여 번역한 논문의 일부이다(힉스, 『프랑소와 케네와 중농주의자』, p. 17). 남아 있는 불어 번역본 때문에 프랑스 작가로 착각해서 '캉티용'이라고 부르는 경우가 있는데 '칸틸론'이 정확한 표기이다.

이 "공동사회 전역에 골고루 순환하고,"[42] 다시 토지로 돌아오는 형태를 취하고 있다.****

중농학파만이 아니라 이 시기 많은 이론가들이 화폐의 순환을 혈액 순환의 모델을 통해 이해하려고 했다. 이들은 화폐를 국가라는 신체 곳곳에 영양소인 부를 전달하는 혈액과 같다고 생각했다. 가령 프랜시스 베이컨은 화폐를 "정치적 신체 전체에 영양을 공급하고 그것을 살아 있게 만드는 생명의 피"라고 했고,[43] 로를 비롯한 여러 중상주의자들도 화폐를 혈액에 비유해서 설명했다.*****

정치철학자인 홉스가 화폐를 혈액에 비유한 것도 아주 흥미롭다. 그 역시 당대의 다른 이론가들처럼 화폐와 부를 명확히 구분하고 있었다. 부란 "물질의 풍요로움으로, 신이 육지나 바다로부터 우리에게 무료로 주거나 또는 노동을 위해 인류에게 파는 산물로 자연에 의해 한정되는 물자이다".[44] 화폐란 바로 이렇게 얻은 부 중에서 소비되지 않은 잉여를 예비하고 운반할 수 있도록 도와준다. 따라서 "화폐는 국가의 혈액"이라고 할 수 있으며, 국가는 징수관, 수취관 등의 정맥을 통해 금고를 채우고, 재무관 및 몇몇 지불대행 관리라는 동맥을 통해 공공 지불을 수행한다.[45]

16세기 가치척도로서 화폐가 갖는 대표적 이미지가 '거울'이었디면, 17세기 유통수단으로서 화폐가 갖는 이미지는 '혈액'이라고 할

**** "케네는 원래 외과의사였다. 그는 부의 순환을 마치 인체에 흐르고 있는 혈액의 순환처럼 포착, 도식화하려 했다"(케네, 『경제표』, p.14. 역자해설 참조).

***** "중상주의자들, 특히 로 역시 유사한 비유를 하고 있다. 그들은 화폐는 마치 인체 내의 혈액처럼 경제계를 순환한다고 하였다"(케네, 앞의 책, pp.14~15. 역자해설 참조).

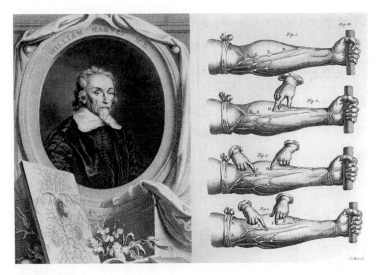

심장은 어디에 있을까

혈액의 이미지는 17~18세기 화폐이론가들을 사로잡았다. 중농주의자들은 혈액이 농업 쪽으로 흘러야 한다고 주장했고, 중상주의자들은 시장으로 가야 한다고 주장했다. 그러나 홉스는 심장이 국가(정부)에 있다고 주장했다. 누가 옳았을까(위 그림은 당시 지식인들을 사로잡았던 혈액 순환 모델의 주인공 하비와 그의 결찰사(結紮絲) 실험 모습이다).

수 있다. 17세기 이론가들은 1628년 윌리엄 하비에 의해 주장된 혈액 순환의 모델을 화폐 순환의 모델로서 채용했다.* 건강한 국가란 영토 안의 부가 골고루 순환하는 국가이다. 물론 심장의 위치는 조금씩 달랐다. 어떤 이들은 피가 상공업 쪽으로 흐르고 그것에서 다시 품어져 나온다고 생각했고, 어떤 이들은 농업 쪽에서 흘러야만 건강하게 재생산될 수 있다고 생각했다. 그것은 재화의 가치가 형성되는 곳이 어

---

* "하비의 견해는 17세기 중반 무렵 일반적으로 받아들여졌다. 영국의 위대한 철학자며 과학자인 홉스는 하비를 '내가 아는 한 다른 이들의 시기심을 정복하고 자기 생애에 새로운 사상을 정립시킨 유일한 사람'이라 평가했다"(그레고리, 『과학혁명과 바로크문화』, p. 178).

디인가에 대한 판단에 따라 달랐다.

하지만 어찌 보면 진정한 심장은 홉스의 판단처럼 국가였는지도 모른다. "국가의 힘과 부는 인구수와 국내외 재화에 달려 있다. 그런데 이것들은 다시 교역에 달려 있고, 교역은 화폐에 달려 있다"는 로의 중상주의적 충고나,[46] 화폐를 농산물 가격을 높이는 데 사용해서 농업 생산을 증가시키고, 경작지를 확대함으로써 부를 늘리자는 케네의 중농주의적 충고 모두 필요한 부를 충당하기 위한 영토국가의 관심, 즉 대외시장의 장악, 인구의 증가, 국토의 확장이라는 주제를 중심으로 이루어지고 있기 때문이다. 상인이나 농민에게 화폐란 유통의 수단이었지만, 국가에게 화폐는 부를 포획하는 장치이며 자기 영토 내의 경제를 하나로 통합시키는 중요한 수단이었다. 국가에 들어오고 국가에서 나가는 화폐의 순환 영역까지가 국가의 실질적인 통치 지역이었다고 해도 틀린 말은 아닐 것이다.

화폐수량설

17~18세기 화폐론의 특징을 가장 잘 보여주는 이론 중의 하나가 '화폐수량설' 이다. 화폐수량설을 나타내는 가장 간명한 공식은 19세기 후반에 나타났는데, 그것은 피셔의 다음과 같은 방정식이다.[**]

$$MV = PT \text{ (M 화폐수량, V 화폐유통속도, P 상품의 평균가격, T 거래량)}$$

[**] 사실 화폐수량설의 기본 개념은 고전주의 시기에 형성되었으며, 이미 맑스의 『자본』에도 그것을 공식화할 수 있는 표현이 들어 있다. 다만 맑스는 화폐수량설의 인과관계를 뒤집었다. 그는 고전주의 시기의 화폐수량설이 상품가격이 유통수단의 양에 달려 있다고 보는 것을 비판하면서, "유통수단의 양은 유통상품의 가격총액(PT)과 화폐가 유통되는 평균 속도(V)에 의해 규정된다"고 말했다(맑스, 『자본론』 I (상), p. 153).

앞의 식이 의미하는 바는 유통 화폐량의 증가에 비례해 물가상승이 일어난다는 것이다. 이미 16세기에도 화폐량이 늘면 물가가 올라간다는 생각은 있었다. 때문에 화폐수량설의 창시자가 누구냐에 대해서 논란이 많다. 비에다에 따르면 "영어권 문헌에서는 에릭 롤의 주장에 따라 말레스트루아와 논쟁을 벌인 보댕을 지목하고, 제이콥 오제의 경우에는 1622년의 제럴드 드 말린스를 지목하며, 프리드먼은 '화폐수량설이 완전히 발전한 것은 18세기'라며, 흄을 지목한다".[47] 그런데 정작 비에다 자신이 지목하는 것은 16세기의 코페르니쿠스다.

화폐량의 증가가 물가상승을 가져왔다는 주장만을 놓고 보면 16세기 이론가들도 화폐수량설을 주창한 것임에 틀림없다. 그러나 16세기와 17~18세기 화폐론에는 인식상의 커다란 차이가 있다. 앞서 지적했듯이 16세기 이론가들은(가령 보댕의 경우) 물가상승이 그 자체로 부이자 부의 척도인 금속량의 증대에 기인한다고 생각했다. 16세기 화폐론에서 금의 가치는 오직 금의 양과 관계한다. 금의 양에 따라 그 가치가 정해지면, 거기에 필적하는 상품의 양이 정해진다.

하지만 17~18세기 화폐론에서 "상품의 가치는 상품에 대한 수요와 그것의 [공급]양에 의해 결정된다".[48] 화폐는 그것을 표상할 뿐이다. 맑스가 화폐수량설을 '최초로 주창한 사람들의 엉터리 가설'이라며 요약한 다음 문장이야말로 18세기 화폐수량설의 특성을 가장 잘 보여준다. "상품은 가격을 갖지 않고 유통과정에 들어가며, 화폐도 가치를 갖지 않고 유통과정에 들어가서, 거기에서 잡다한 상품 집단의 일정 부분이 귀금속더미의 일정 부분과 교환된다".[49] '금속은 다른 상품들과의 관계 이전에 그 자체의 귀중함에 기초해 가치의 척도가 된다'는 16세기 사고방식과 이것을 비교해 보면 그 차이를 알 수 있다.

화폐수량설에서 중요한 것은 비례의 '관계'이다. 관계 바깥에서 그 자체로 귀중한 것은 존재하지 않는다. 다음과 같은 몽테스키외의 화폐수량설은 16세기 다반차티의 것과 아주 비슷하다. 하지만 화폐나 금속의 가치는 자체의 양이 아니라 그것이 표상하는 상품의 양으로 결정된다는 점이 다르다.

은은 상품 또는 재화의 가격이다. 그러나 이 가격은 어떻게 정해지는가. 말을 바꿔 개개의 물건은 은의 어떤 부분에 의해 대표되는가. 세상에 있는 금·은의 총량을 세계에 현존하는 전체 상품의 총량과 대비시킨다면, 개개의 생산물 또는 상품을 금·은의 총량의 일정 부분과 대비시킬 수 있다는 것은 분명하다. 세상에 단 한 종류의 생산물 또는 상품이 존재하고, 또 그것은 화폐와 마찬가지로 분할할 수 있다고 가정하자. 그러면 이 상품의 일부는 화폐 총량의 해당 부분에 대응할 것이다. …… 그러나 인간의 부를 형성하는 것은 모두 일시에 상업세계에 존재하는 것이 아니며, 그 표상(representation)인 금속이나 화폐도 동시에 그것에 존재하는 것이 아니므로, 가격은 물건 자체의 표상 전체에 대한 비율, 그리고 상업세계에 있는 물건 전체와 그 동시에 존재하는 표상 전체에 대한 비율 양자에 의해 결정될 것이다.[50]

위 글을 보면 몽테스키외가 당시의 다른 이론가들처럼 화폐를 부자체가 아니라 '부에 대한 표상'으로 간주하고 있음을 알 수 있다. 여기서는 푸코의 말처럼 "저렴한 가격과 비싼 가격, 그 어느 것도 정확하다고 말할 수 없다".[51] 단지 표상의 양에 대한 재화의 양의 비례관계만 있기 때문이다. 물론 화폐의 유통속도가 빨라진다면 더 적은 양으로도 더 많은 부를 표상할 수 있을 것이다. 하지만 근본적으로 화폐의 양이나 속도가 부에 어떤 실질적인 영향을 미치는 것은 아니다. 프리드먼이 그렇게 지목했듯이 흄이야말로 화폐수량설의 정신을 가장 명확하게 표현한 사람이다.

자신의 나라에서는 화폐를 본 적이 없는 스키타이의 아나카르시스가, 그리스인들에게 금과 은은 별 유용성이 없고 단지 산술과 회계를 보조하는 것일 뿐이라고 본 것은 아주 날카로운 통찰이다. 화폐가 단지 노동과 상품의 표상일 뿐이라고 하는 것, 그것들을 평가하고 추정하는 방법에만 기여한다는 것은 아주 명백하다. 주화가 풍부한 곳에서는 그만큼 더 많은 주화가 똑같은 양의 재화를 표상하기 위해 요청된다. 그것은 나라 안에서 보면 아무런 결과도, 그것이 좋은 것이든 나쁜 것이든, 산출하지 못한다. …… 화폐가 많다는 것은 마치 [상인들의 장부에 아라비아 숫자 대신] 로마자를 쓰는 것처럼 오히려 불편하고 여러 문제를 야기할 뿐이다.[52]

흄은 화폐량의 증대가 실질적인 부의 증가를 가져오는 것이 아니기 때문에 쓸데없이 화폐량을 증대하는 것에 반대했다. 화폐량을 늘려서 이득을 보는 것은 발행자인 국가뿐이다.[53] 어느 무역국가에게도 화폐량의 증가는 손해를 가져온다. 상인과 제조업자들에게 고물가의 부담을 안기기 때문이다.

화폐가 세상을 돌아가게 한다

17세기 중반 독일에서 화폐가 사람들의 경제생활을 활성화시키는 모습(위 그림)과 당시 주조소의 모습(아래 그림). 17 10세기 회폐른에 따르면 최폐는 상업의 바퀴를 부드럽게 돌아가게 만드는 윤활유 같은 것이었다.

하지만 그가 전적으로 화폐량 증대에 반대한 건 아니다. 중요한 것은 적절한 양이다. 그는 아메리카로부터 귀금속이 유입되면서 유럽 여러 국가들에서 경기가 살아나는 것을 알고 있었다. 그는 이렇게 자문한다. 금속 유입과 더불어 노동과 산업이 생명력을 얻고, 상인의 활동이 활발해지며, "제조업자가 더 부지런해지고, 농부는 더 깊이 밭을 가는" 일을 어떻게 설명해야 할까.[54] 그것은 금속 유입과 물가상승의 시차 때문이다. 화폐가 국토 전체를 순환하며 물가를 상승시키는 데는 시간이 걸린다. 바로 이 시간 동안 화폐는 긍정적 역할을 수행한다. 처음 화폐가 들어올 때 그것은 일부 사람에게 집중된다. 상인이나 제조업자인 이들은 이익을 늘리기 위해 고용을 늘린다. 아직 고임금을 요구할 생각이 없는 노동자들이 대거 고용된다. 노동자들은 늘어난 수입을 시장에서 이전 가격으로 팔리고 있는 물건 구입에 사용한다. 수공업자와 농부들은 자신의 물건이 시장에서 더 많이 팔리게 되어 소득이 늘어난다. 그러나 화폐순환이 끝나면 이 과정도 끝이 난다.

가장 바람직한 화폐정책은 무엇인가. 흄은 오늘날 화폐수량설의 주창자들이 좋아할 제안을 내놓는다. "통치자의 가장 좋은 정책은 화폐량을 유지하고, 가능하다면 조금씩 늘리는 것이다. 그래서 나라 안의 산업 정신이 살아 있고, 모든 실질적 권력과 부의 기반이 되는 노동의 스톡을 증가시킬 수 있도록 해야 한다."[55]

상품화폐와 기호화폐

화폐가 부와 구별되고 하나의 표상으로 받아들여지면서, 화폐가 꼭 금속에 기반해 주조되어야 하는가에 대한 논란이 일었다. 그것은 이론가들의 문제만이 아니라 상인과 은행가들의 문제이기도 했다. 무역 규모는 커졌지만 화폐은 안정적으로 공급되지 않았기 때문에 금속 대체물에 대한 욕구가 더욱 커졌다. 브로델은 금속화폐에 대한 불만을 이렇게 표현했다.

언제나 금속화폐가 문제였다. 금속화폐는 자기의 책무를 이행하는데 느릿느릿하거나 (퇴장되어서) 아예 없었으므로, 강제로 유통되도록 밀어붙이거나 다른 것으로 대체되어야 했다. 화폐가 부족하거나 기능에 이상이 있을 경우에는 언제나 같은 종류의 일들이 즉흥적으로 일어났다. 그리고 그 일들을 통해서 화폐의 본질에 대한 심사숙고와 가설들이 이끌어져 나왔다. 도대체 화폐란 무엇인가?[56]

화폐로 금속 주화만을 고집할 필요가 없다는 것은 16세기 대외은 행가들에게는 상식이었다. 그들은 상인들의 채권과 어음을 화폐로 사용했고, 장부상의 이체를 통해 거래를 수행하기도 했다. 국가가 발행한 공채도 제3자 양도가 가능해지면서 지불수단으로 사용되었다. 하지만 영토국가의 성장과 함께 이들의 네트워크는 붕괴되었고, 문제는 대외교역을 장악한 국가가 풀어야 했다.

"화폐가 너무 부족하다면 그에 대한 해결책은 무엇인가?" 페티는 『화폐에 관한 콴툴룸쿰크』(1682)에서 간단한 답을 내놓았다. "우리는 은행을 세워야 한다."[57] 우리가 앞서 2장에서 살펴본 것처럼, 사실 공공은행의 설립은 17세기 전반기에 서유럽의 여러 곳에서 이루어졌다. 특히 17세기 중반의 암스테르담 은행이나 17세기 말의 잉글랜드 은

화폐가 꼭 금속일 필요는 없지만……

금속화폐는 무역 규모에 맞추어 증가시키는 데 일정한 한계가 있었고 금속시장의 상황에 따라 큰 혼란을 가져올 수 있었다. 로는 은행들이 금속을 담보로 은행권을 발행하고 있으나 담보가 금속일 필요는 없다는 것을 깨달은 선구적 은행가였다. 토지도 담보가 될 수 있고 국가의 약속도 하나의 담보가 될 수 있다. 그러나 그의 은행이 파산한 뒤 사람들은 어느새 종잇조각으로 놀아간 자신의 화폐를 보고 큰 충격에 빠졌다. 이 사건의 충격으로 프랑스에서는 지폐의 사용이 불가능했고 '은행'이라는 말조차 한동안 사용되지 않았다(왼쪽 그림은 로의 초상화이고, 오른쪽 그림은 그가 발행한 지폐다).

행의 은행권은 명성이 높았다.

　지폐가 금속 주화를 대체할 수 있다는 생각은, 표상으로서 화폐를 사고하는 이 시기 인식틀에서 충분히 가능했다. 바봉은 이렇게 말했다. "화폐는 많은 사람들의 손을 거침으로써 마멸되어 가볍게 된다. …… 거래할 때 사람들이 고려하는 것은 은의 양이 아니라 화폐의 명칭과 통용력이다. …… 금속을 화폐로 만드는 것은 금속에 부여된 공적인 권위이다."[58] 금속량이 중요한 게 아니므로 공적인 표식이면 충분히 화폐를 만들어낼 수가 있다. 우리는 이런 화폐를 통상 '명목화폐' 혹은 '기호화폐'라고 부른다.

기호화폐와 관련해 서유럽에서 가장 떠들썩한 스캔들(자세한 내용은 이 책 3장 참조)의 당사자였던 로는 당시 공공은행에서 발행된 은행권들이 자발적으로 받아들여지는 데 깊은 인상을 받았다. 그는 은행이야말로 화폐 공급을 늘릴 수 있는 최선의 방법이라고 믿었다.[59] 이탈리아와 스웨덴에서는 무역에 필요한 화폐 공급을 위해 은행들이 설립되었는데, 이들은 불편한 금속 주화 대신 크레딧 증서를 유통시켰다. 암스테르담 은행도 은화를 직접 사용하지 않고, 상인들이 예탁한 화폐[금속]의 예금증서를 화폐처럼 유통시켰다. 전쟁 중에 설립된 잉글랜드 은행은 자신이 가지고 있는 화폐보다 훨씬 많은 은행권을 발행했다.[60] 게다가 로의 출신지인 스코틀랜드에서는 "은행에 아무런 돈[금]이 없었음에도 그 은행권이 받아들여지고 있었다".[61]

국가의 부가 대외무역에 달려 있고, 대외무역이 화폐에 달려 있다면, 화폐를 안정적으로 공급하는 것은 무엇보다 중요하다. 그러나 로는 은화나 은화 지불을 약속하는 크레딧 형태의 화폐를 증가시키는 방법에 대해 회의적이었다.[62] 금속을 늘리는 것에 일정한 한계가 있을 뿐 아니라, 금속은 시장의 상황(수요와 공급)에 따라 가치가 너무 크게 변하는 단점이 있었다. 은행은 금속을 담보로 은행권을 발행했지만 담보가 꼭 금속일 필요가 없다는 점은 너무나 명백했다. 화폐는 부의 표상이므로 꼭 그 부가 상품인 금속일 필요는 없는 것이다. 로는 안정성을 따져 볼 때 토지야말로 최선의 담보물이라고 주장했다.

은은 우리의 산물이지만 화폐를 만드는 데 있어 토지만큼 적당하지는 않다. 토지는 모든 것을 산출한다. 하지만 은은 단지 산물 중의 하나일 뿐이다. 토지는 양에 있어 증가하거나 감소하지 않지만, 은이나 다른 산물들은 그 양이 변화할 수 있다. 그래서 토지는 가치에 있어 은이나 다른 상품보다 더 확실하다.[63]

게다가 지폐를 발행하면 여러 부가적인 이점을 얻을 수 있었다. 지폐는 쉽게 휴대할 수 있고, 이런 성질 때문에 장소를 옮겨도 가치 변화가 거의 없으며, 금속보다 보관할 장소가 크지 않아도 되고, 손실 없이 분할이 가능하고(더 적은 단위의 노트로 교환하면 됨), 표식을 이용해서 위조도 방지할 수 있다.[64]

하지만 1720년대의 대규모 투기와 파산을 경험하면서 유럽인들은 기호화폐의 위험성을 절실히 실감했다. 은행이 파산하자마자 화폐는 단지 종잇조각으로 돌변해 있었던 것이다. 그 뒤 은행권 발행이 사라진 것은 아니지만,* 금속과의 태환 문제가 한층 엄격하게 요구되었다. 그리고 이론 수준에서는 금속화폐론, 상품화폐론이 지배적으로 되었다.

몽테스키외는 현실적 화폐의 관념화 경향에 큰 우려를 표했다. "처음에 현실적 화폐는 어떤 금속의 일정한 중량과 품위이다. 그러나 악의든 선의든 사람들은 화폐에서 금속의 일부를 제거하고도 동일한 명목을 보존한다. 예컨대 중량 1리브르를 가진 한 은화에 그 절반을 깎아내는 경우조차 그것을 계속 1리브르라고 부른다. …… 리브르라

---

* 프랑스에서는 로 사건 이후 은행권 발행이 한동안 불가능했다. 정서상 18세기 말까지 은행 설립은 불가능했다. 18세기 말에 설립된 은행들도 주로 '금고'(caisse)라는 말을 사용했으며 '은행'(banque)이라는 단어를 다시 쓸 수 있게 된 것은 19세기에 들어와서였다.

고 칭하는 것이 사실 리브르의 극소 부분에 지나지 않는 경우까지도 있다. 그런 경우 리브르는 한층 더 관념적으로 된다." 그는 그리고나서 이렇게 충고한다. "현실적 화폐를 사용해야 하며, 현실적 화폐를 관념적 화폐로 만드는 행위를 금지하는 법은 폐해의 근원을 제거하는 매우 좋은 법이다. …… 상거래는 그 자체로 불확실한 것인데, 거기에 다시 개별의 불확실성을 더하는 것은 커다란 해악이다."[65] 흄 역시 금속화폐론자였다. 그는 부유한 사람들이 송금과 보관이 편하다는 이유로 지폐를 선호하는 경향이 있어 은행이 그것을 공급하는 것에 우려를 표했다.[66] 기호화폐는 화폐량의 인위적 증가를 가져올 가능성이 많기 때문이다. 하지만 재화에 기반하지 않고 화폐가 늘어나는 것은 물가만을 상승시킬 뿐이고, 결국 대외교역에서 손실을 초래할 뿐이다.

그러나 자세히 따져보면 기호화폐론과 상품화폐론의 차이가 그리 크지 않음을 알 수 있다. 마치 심리학파와 중농학파의 차이가 그랬던 것처럼 이들의 차이도 본질적인 것은 아니었다. 로의 발상을 따라가 보면 이것을 쉽게 알 수 있다. 그는 금속 주화나 금속량을 기초로 한 화폐의 발행이 특별한 것이 아니라고 생각했다. 금속이 이전 세기처럼 특별한 지위를 갖는 게 아니므로, 어떤 재화도 그런 역할을 수행할 수 있었다. 화폐의 안정적 유통과 관련해서 정작 중요한 것은 담보의 안정성이었다. 그는 금속이 화폐 유통의 담보로 안정적인가에 의문을 품었고, 금속 대신 토지를 제시한 것이다.** "지폐의 담보는 은

** 로 체제는 오랫동안 프랑스인들에게 악몽으로 기억되었지만, 프랑스 혁명기에 지주와 교회에게서 몰수한 토지를 담보로 혁명정부가 발행한 화폐 '아시냐'(Assignat)는 로의 원래 계획을 실현한 것과 같았다.

이었다. 그런데 [내가 제안한] 이 지폐의 담보는 토지이다."[67]

그는 화폐 유통에 필요한 것이 담보의 확실성이라고 판단했기 때문에 토지가 아닌 다른 방식에 대해서도 쉽게 생각할 수 있었다. 그가 프랑스에서 실제로 은행을 설립하고 화폐를 발행했을 때 담보로 생각했던 것은 국가였다. 국가의 보증이야말로 그 어떤 상품보다 확실한 담보였기 때문이다.

그래서 푸코는 기호화폐론과 상품화폐론의 차이가 피상적이라고 말한다.[68] 왜냐하면 이들은 화폐가 자체의 내면적 가치를 갖지 않는다고 보는 시대에, 화폐에 대한 담보 능력을 어떻게 보증할 것인가에 대해 조금 다른 답변을 했을 뿐이기 때문이다. 군주의 자의적 의지에 불안을 느낀 사람들은 금속의 시장가치를 신뢰해서 상품화폐론을 주장했고, 시장의 불확실성에 불안을 느낀 사람들은 국가의 상황대처 능력과 안정적 관리를 선호해서 기호화폐론을 주장한 것이다. 차이는 시장을 신뢰할 것인가, 국가를 신뢰할 것인가 정도였다.

4. 부를 생산하는 화폐

부의 분석 단위

17~18세기 경제학의 출발점이 '화폐와 부(富)의 구별'이었다면, 19세기 경제학의 출발점은 부의 분석 단위에 대한 물음이라고 할 수 있다. 화폐가 부와 다른 것이라면, 화폐가 단지 부의 표상에 불과한 것이라면, 화폐는 부를 이루는 실질적인 단위가 될 수 없을 것이다. 어떤 상품의 가격이 다른 상품인 금과의 교환비율로만 나타난다면, 우

리는 그 상품이 가진 부의 양이 어느 정도인지를 알 수가 없다. 가령 상품의 가치가 증대한 만큼 금의 가치가 증대하면 비율은 그대로일 것이다.

스미스가 근대 정치경제학의 시조로 평가받을 수 있다면 바로 이 지점에서다. 그는 상품들 상호간의 비율로 환원할 수 없는, 부의 실질적인 단위를 고민했다. 16세기 이래 화폐가 수행한 '가치의 척도'와는 다른 의미에서, 가치(부) 자체의 내재적 척도를 제기한 것이다. 고전주의 시기 이론가들도 화폐와 부를 구분했고, 부를 측정하는 상대적 척도로서 금은의 양을 생각하긴 했다. 하지만 이때의 금은이란 부의 절대적인 척도가 아니라, 다른 상품들로도 대체될 수 있는 그런 의미에서의 척도였다. 스미스가 지적했듯이, 그런 의미의 척도는 "마치 두 팔, 한 주먹 등과 같이 척도 자신이 변하는 관계로 정확한 척도일 수가 없다".[69] "금은 역시 다른 상품들과 마찬가지로 자기 가치가 변동하여 때로는 싸고 때로는 비싸며 때로는 구매하기 쉽고 때로는 구매하기 어렵다."[70]

부의 절대적인 척도란 그것의 시장 상황에 따라 수시로 변화하는 것이어서도 안 되겠지만 주관적이어서도 안 될 것이다. "그것은 개인의 욕망에만 관련되는 것도 아니고, 그 욕망에 의해 수정되는 것도 아니고, 그 욕망처럼 수시로 변하는 것도 아니다. 척도가 절대적이라는 것은 인간의 마음이나 욕구에 의존하지 않는다는 말이다."[71]

그런데 부가 하나의 척도에 의해서 객관적으로 분석될 수 있기 위해서는 부 자체가 먼저 객관적인 것으로 정의될 필요가 있었다. 고전주의 시기 이론가들은 부를 유용성이나 욕구(필요)에 의해서 정의

했다. 하지만 스미스는 개인이 구체적인 재화에 대해서 느끼는 욕구나 유용성과는 다른 차원에서 부의 객관적 차원이 존재한다고 생각했다. 그것이 사용가치와 교환가치의 구분이다.

재화를 화폐 또는 다른 재화와 교환할 때 사람들이 자연적으로 준수하는 규칙이 무엇인가를 고찰하려 한다. 이 규칙들이 이른바 재화의 상대가치 또는 교환가치를 결정한다. 여기서 주의해야 할 것은 '가치' 라는 단어가 두 개의 상이한 의미를 가진다는 점이다. 즉 때로는 물건의 유용성을 표시하고, 때로는 기타 물건들에 대한 구매력을 표시한다. 전자를 '사용가치', 후자를 '교환가치' 라 부를 수 있다.[72]

물은 매우 유용하지만 물을 가지고 다른 것을 구매할 수는 없다. 반대로 다이아몬드는 사용가치가 거의 없지만 교환을 통해서 다른 재화를 대거 얻을 수 있다. 유용성과는 다른 차원에서 정의할 수 있는 "이 교환가치의 진정한 척도는 무엇인가? 모든 상품의 진정한 가격은 어디에 있는가?" 이것이 스미스가 『국부론』에서 던진 첫번째 질문이었다.

이제 부의 분석은 가치의 내재적 척도를 묻는 것으로 전환되었다. 그 척도는 부를 표상하는 모든 상품들에 내재하지만 특정 상품으로 환원할 수 없는, "표상의 분석으로 환원할 수 없는" 상위 차원의 것이어야 했다.[73] 스미스가 지목한 것은 바로 '노동' 이었다. 모든 상품들에는 인간의 노동과 수고가 들어 있다. 분업이 이루어진 사회에서는 부, 즉 "인간 생활상의 필수품, 편의품, 오락물"의 많은 부분이 타인의 노동에서 얻어진다. 부를 구성하는 재화들은 모두 이런 노동을 담고 있다. 부란 결국 타인의 노동을 얼마나 지배할 수 있느냐의 문제이다.* "상품의 가치는 그 상품이 그로 하여금 구매하거나 지배할 수 있게 해준 노동량과 같다. 따라서 노동은 모든 상품의 교환가치의 진정한 척도이다."[74]

노동이 어떻게 금은이나 다른 상품들과 달리 절대적인 척도가 될 수 있는가? 그것은 "노동의 수고로움이 그 대가로 받는 재화들에 상관없이 항상 동일하기 때문이다."[75] 즉 때와 장소에 상관없이 일정한 노동의 지출은 일정한 수고로움을 동반한다. 변하는 것은 노동이 아니라 노동과 생산물의 관계이다. 지출된 수고로움을 생산물들이 나눠 갖는 것이다. 생산력의 발달로 생산물이 10배로 늘었다면, 각 생산물당 나눠 갖는 수고로움은 1/10로 줄어들 뿐이다.

하지만 스미스는 곧바로 혼란에 빠지고 말았다. 그것은 '상품으로서의 노동'이라는 문제 때문이었다. 그의 눈에 노동은 가치의 불변하는 척도였지만 동시에 노동자들이 시장에서 판매하는 상품이기도 했던 것이다. 모든 상품들을 생산하며 그 속에 대상화되어 있는 가치 척도로서의 노동과 시장에서 매매되는 상품으로서의 노동을 동일시한 것,** 여기서 심각한 문제가 생겨났다. 그는 "노동의 실질가격이 노동에 대해 주어지는 생활필수품과 편의품의 수량"이라고 말했다.[76] 그

---

* "부는 홉스의 말과 같이 힘이다. 그러나 큰 재산을 획득하거나 상속한 사람이 반드시 정치적 권력을 획득하거나 상속하는 것은 아니다. …… 이 소유가 그에게 직접 주는 힘은 구매력이다. 즉 그 당시 시장에 있는 모든 노동 또는 모든 생산물에 대한 일정한 지배력이다"(스미스, 『국부론』 상권, p.37).
** 스미스는 맑스처럼 상품인 '노동력'과 그 사용가치인 '노동'을 엄격히 구분하지 않았다.

리고 나서 그것을 다시 가치척도로서의 노동과 혼동했다.* 노동의 가치가 노동자의 생활수단의 가치로 전환되면서, 그는 다른 상품의 가치를 이 생활수단의 가치로 측정하려 한 것이다. 그는 "금은 또는 기타 상품에 의거하는 것보다는 노동자의 생활수단인 밀에 의거하는 것이 낫다"고 말한다.[77] 밀도 하나의 상품인지라 절대적인 척도 역할은 못하겠지만, "채택할 수 있는 것 중에서 노동가격과 가장 근사하게 비례하기 때문에 이것으로 만족해야 한다".[78]

어떻게 보면 18세기 후반의 사상가였던 스미스는 자신의 세기로부터 크게 벗어나질 못했다. 푸코의 표현을 빌리자면 그는 여전히 '표상'의 문제에 사로잡혀 있었다. 모든 상품들은 일정한 노동을 표상하지만, 모든 노동은 또한 일정한 양의 상품을 표상하고 있다. 상품들의 가치를 재는 것은 노동이지만, 노동의 가치는 생활수단이 되는 상품들로 구성된다.

가치론과 화폐론

'19세기'의 리카도는 스미스의 문제를 금세 알아차렸다. "스미스는 금이나 은 같은 가변적 매체가 척도로서 부적당함을 그렇게 훌륭하게 설명해 놓고도, 곡물이나 〔상품으로서〕 노동에 매달림으로써 스스로 그에 못지않은 가변적 매체를 선택하고 말았다."[79] 그는 문제를 다른 각도에서 제기했다. 스미스가 발견한 것, 그리고 정치경제학에서 가

---

* "스미스가 가치 규정에서 동요하게 된 것은 이런 개념 혼동에서도 기인하는 것이다. 즉 동시에 가치의 실체를 이루고 있는 내재적 척도로서의 가치척도가, 화폐가 가치척도라고 불리는 의미에서의 가치척도와 혼동되고 있다"(맑스, 『잉여가치 학설사』 1권, p. 163).

장 중요하게 평가되어야 할 주장은 "노동이 모든 물건의 교환가치의 근거"라는 것이다.[80] 이것의 의미는 무엇인가. 그것은 단지 모든 물건들을 노동이라는 단위로 표상할 수 있다는 게 아니다. 부의 진정한 분석 단위가 노동이라는 것은 노동이 부의 원천이라는 것, 즉 "노동이 모든 가치의 원천"이라는 의미이다. 여기에 스미스와 리카도의 차이, 고전주의와 19세기 '가치론'의 진정한 차이가 있다. 노동량이 사물의 가치를 규정하는 것은, 가치가 노동으로부터만 생산되기 때문이다.[**] 리카도는 스미스가 혼동하고 있는 두 가지를 명확히 구분했다.

> 교환가치의 원천을 그처럼 정확하게 정의했고 모든 물건은 생산에 투여된 노동의 많고 적음에 비례해서 그 가치가 크거나 작아진다는 것을 일관되게 주장했어야 했던 스미스는 또 하나의 가치의 표준척도를 설정했고, 물건들은 이 표준척도의 얼마만큼과 교환될 것인가에 비례해서 그 가치가 크거나 작다고 이야기한다. 그는 어느 때에는 곡물을, 다른 때에는 노동을 표준척도로 이야기하는데, 이 경우 노동은 어떤 대상의 **생산에 투여된 노동이 아니라 그것이 시장에서 지배할 수 있는 노동량**이다.[81]

[**] 스미스는 한편으로 새롭게 추가되는 가치가 노동으로부터만 생기며, 그것이 임금·이윤·지대로 나뉘는 듯이 말한다. 그런데 곧이어 생산물의 가치 중에 노동량말고 자본의 이윤을 위해 존재하는 양이 따로 있는 것처럼 말한다(스미스, 『국부론』 상권, pp. 54~55). 즉 임금·이윤·지대가 각각 특수한 원리에 의해 규정되어 각각 상품가치에 포함된다는 식으로. 일종의 가격 합성이론(adding-up theory)인 셈이다(헌트, 『경제사상사』 1권, p. 92). 맑스는 전자를 상품가치에 대한 스미스의 '심오한'(esoteric) 파악이라고 했고, 후자를 '피상적인'(exoteric) 파악이라고 불렀다(스미스, 위의 책, p. 56. 역주 1번 참조).

즉 매매되는 노동자의 노동력과 가치생산 활동으로서의 노동을 구분한 것이다. 스미스가 전자로 많이 기울었다면, 리카도에게 중요한 것은 후자였다. 그것은 '불변의 척도'에 대한 그의 소극적 태도를 통해서도 잘 나타난다. "상품들의 상대가치가 변했을 때, 실질가치에 있어 그들 중 어느 것이 상승했는가를 확인하는 수단을 갖는 것은 분명히 소망스러운 일이며", 이는 "불변의 표준적 가치척도와 비교함으로써만 알 수 있는 일이지만, 그런 척도를 입수하는 것은 불가능하다". 그것은 "변동을 겪지 않는 상품이 없기 때문이며", 설사 변동의 원인을 제거했다고 해도, "고정자본의 비율과 그 내구성의 차이 때문에" 시장에서 그것이 실현되는 시간의 차이가 생길 것이기 때문이다. 따라서 어떤 상품도 완전히 정확한 가치척도일 수는 없다. "다만 연구 목적을 위해 금으로 만든 화폐가 불변이라고 가정할 뿐이다."[82]

리카도는 불변의 척도인 상품을 찾으려 하지 않는다. 다만 편의 상 '상품 X'가 그런 역할을 한다고 가정할 뿐이다.* 그가 강조하고 싶은 것은 가치가 "생산에 투입된 노동량"에 의해 결정된다는 점이고, 가치 생산의 원천이라는 사실이다. 그는 정치경제학의 주제를 가치 생산의 문제로 전환한다. 고전주의 시기 경제학이 '부의 표상'에 주목했다면, 리카도의 경제학은 '부의 생산'에 주목한다. 더 흥미로운 것

---

* (현실에서 찾는 것이 불가능할지라도) '불변의 가치척도'를 반영하는 특정 상품을 말하는 것은 리카도에게도 스미스가 범한 혼동의 흔적이 약간은 남아 있음을 보여준다. 상품이 아니라 '사회적 필요노동시간'을 가치척도(이때의 가치척도는 화폐가 수행하는 기능 중의 하나인 가치척도와는 전혀 다른 것이다)로 제시했던 맑스가 리카도에게 지적했던 것도 바로 그것이다. "리카도에게도 [화폐가 수행하는 가치척도와 가치의 내재적 척도로서의 가치척도를 혼동했던 스미스의] 이런 혼동이 간혹 나타남을 볼 수 있다"(맑스, 『잉여가치학설사』 1권, p. 163).

은 '부의 생산'에 대한 그의 관심이 '생산으로서 부를 정의' 하는 것에 기반하고 있다는 사실이다. 고전주의 시기의 '부'에 대한 정의와 구별되는 '가치'에 대한 정의가 등장하는 것은 이런 맥락 아래서다.

> 스미스는 '사람들은 생활필수품, 편의품, 오락품을 향유할 수 있는 정도에 따라 부유하거나 가난하다'고 말했다. 그렇다면 가치와 부는 다른 것이다. 왜냐하면 가치는 풍요로움에 의존하지 않고 생산의 어려운 정도에 의존하기 때문이다.[83]

스미스가 자기 선배 이론가들을 '화폐와 부를 혼동하는 사람들'이라고 불렀다면, 이제 리카도는 스미스를 '부와 가치를 혼동하는 사람'이라고 부르는 셈이다. "일정한 사람들의 노동이 1천 켤레의 양말을 생산했다고 하자. 다음에 기계의 발명에 의해 같은 수의 사람들이 2천 켤레의 양말을 생산했다고 하자." 스미스가 생각한 부의 관점에서 보면 부는 분명 두 배 증가했겠지만, "동일한 양의 노동 생산물이라는 점에서 양말의 가치는 많아지지도 적어지지도 않았다".[84]

리카도의 '가치'는 부를 생산의 관점에서 새롭게 정의해 얻어낸 개념이다. 그의 '상품가치' 분석은 노동을 똑같이 가치의 척도로 사고했으면서도 시장에서 '타인의 노동에 대한 지배력'으로 상품가치를 분석하고자 했던 스미스의 것과 달랐다. 스미스는 시장에 동시적으로 존재하는 여러 상품들을 상호비교함으로써 그 속에 포함된 노동량이 비교된다는 생각을 갖고 있었다. 하지만 가치 생산에 관심이 있는 리카도는 현재의 상품을 과거의 상품과 비교하는 방식으로 가치 분석을 수행한다. 스미스가 수평적 차원에서 한 상품과 다른 상품을 비교한다면, 리카도는 수직적 차원에서 한 상품의 과거와 현재를 비교한다.

그래서 리카도에게는 시간이 진정으로 의미를 갖는다. 그것은 자본을 '과거의 노동으로 환원' 하는 모습에서 잘 나타난다. 그는 노동만이 가치의 원천이기 때문에 현재 생산에 사용된 자본 역시 별개의 원천이 아닌* 과거의 노동으로 설명되어야 한다고 생각했다. 상품 생산이 생산요소로 사용되는 상품과 노동의 결합으로 이루어진다면, 생산요소로 생산되는 상품은 과거에 그것을 생산하기 위해 사용된 노동으로 환원할 수 있을 것이다. 상품 생산에 결합하고 있는 것은 '과거의 노동' 과 '현재의 노동' 이다. 리카도에게 상품들이 자신 안에 과거의 역사를 내장하고 있는 것처럼 보이는 것은 그 때문이다. 현재의 자본이 과거의 노동이라면, 미래의 자본은 다시 새롭게 추가되는 현재의 노동을 통해서 축적될 것이다. 부는 시간의 흐름에 따라 증가한다.**

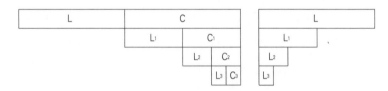

과거의 노동으로 자본을 환원하기 (L=노동, C=자본)

19세기 이론가들이 상대적으로 화폐에 대해 무관심해 보이는 것은 당연하다. 그들의 가치론은 화폐가 아니라, 부 자체의 분석 단위에서 출발하고 있기 때문이다. 화폐는 부의 표면일 뿐이고 진정한 단위는 심층에 따로 존재한다는 생각이 그들을 지배했다. 그리고 표면으로서의 화폐와 심층으로서의 가치라는 이원론적 구분은 상당히 오랫동안 경제학의 기본 골격이 되었다.*** 단지 몇 명의 뛰어난 소수들만이 예외였을 뿐이다.

우리가 리카도의 화폐론을 적극적인 의미에서의 화폐론이라고 부를 수 없는 이유도 거기에 있다. 그는 화폐와 관련된 어떤 적극적인 역할도 주문하지 않았다. 가치의 변동을 가급적 충실히 반영하는 화폐가 있었으면 좋겠지만, 그런 역할을 수행할 상품이 없다는 것은 그 자신이 더 잘 알고 있었다. 다만 불확실한 상황을 더 악화시키지 않으려면 화폐의 발행이 엄격한 준칙 아래서 이루어져야 한다는 게 그의 지론이었다. 그런데 역설적이게도 화폐의 적극적 역할을 부정하는 그의 주장이 영국 화폐질서의 형성에 막강한 영향을 행사했다. 잉글랜드 은행을 중앙은행으로 만들고, 은행권의 발행을 은행이 보유한 지금의 양에 따라 엄격하게 규제하는 '1844년 은행법'이 그가 제창한 '통화 원리'(Currency Principle)에 기초해 만들어진 것이다.

사실 화폐 발행에 대한 리카도의 생각은 단순했다. 금속화폐보다

---

* 스미스는 모든 가치의 척도는 노동이라고 말하면서도 상품들의 가치가 지대, 이윤, 임금 등의 상이한 세 가지 원천에서 나온다고 생각했다.
** "리카도는 가치의 형성과 가치의 표상성을 분리함으로써 경제를 역사 위에 절합시켰다" (푸코, 『말과 사물』, p.303).
*** 잉햄은 주류 경제학자들이 화폐를 실물경제를 상징하거나 지시하는 베일 정도로 간주하기 때문에 자신들의 궁극적 이론 모형에 화폐를 포함시키지 않는다고 말한다. 이들의 화폐론은 가치론이거나 상품론에 불과하다는 것이다. 경제학자들의 이런 태도는 현실 경제를 분석할 때는 물론이고 경제사를 다룰 때도 화폐나 신용의 역할을 제대로 평가하지 못하게 하는 요인이 되고 있다. 아글리에타와 오를레앙은 "화폐라는 실재에서 출발하기 위해 18세기 후반 경제학이 구축된 이래 지속되어 온 '가치 실체' 개념을 폐기하지 않으면 안 된다"고 말한다(アグリエッタ・オルレアン, 『貨幣の暴力』, p.8).

MIDAS, Transmuting all into GOLD PAPER.

History of Midas.____ The great Midas having dedicated himself to Bacchus, obtained from that Deity, the Power, of changing all he Touched.____ Apollo fixed Asses Ears upon his head, for his Ignorance.____ & although, he tried, to hide his disgrace, with a Regal Cap, yet the very Sedges which grew from the Mud of the Pactolus, whispered out his Infamy, whenever they were agitated by the Wind from the opposite Shore.____ Vide Ovids Metamorph.

돈을 뿜어내는 리바이어던에 대한 공포

통화 원리를 주창한 이들은 통화량을 늘릴 수 있는 국가의 무제한적 권력에 대한 공포를 갖고 있었다. 하지만 국가개입에 대한 이들의 반대가 화폐위기를 더 증폭시킨 면이 많았다. 위 그림은 국가를 '마이더스의 손'에 비유하고 있다. 그런데 이 새로운 '마이더스'는 모든 금을 종이로 바꾸어버린다. 잉글랜드 은행으로 들어간 금이 종이로 변해서 온 세상에 뿌려지고 있다.

는 지폐를 쓰는 것이 경비도 덜 들고 여러 부차적인 편익을 얻을 수 있다. 그러나 문제는 국가나 은행이 지폐를 발행할 수 있는 무제한적 권력을 갖고 있어서 통화량을 무한정 늘릴 수 있다는 데 있다. 금은 생산에 투여된 노동량에 따라 가치가 변동하지만, 내재적 가치를 갖지 않는 지폐의 가치는 국가나 은행이 조절하는 희소성에 달려 있다. 결국 통화의 남발을 막으면서도 지폐 사용의 이점을 살릴 필요가 있는데, 그것이 바로 준비금의 양과 지폐 발행을 연계하는 것이다.[85]

애초에 리카도의 통화 원리는 「지금위원회 보고서」를 둘러싼 논쟁을 통해 형성되었다. 그는 기본적으로 화폐수량설의 관점에 서 있었기 때문에, 물가 수준이 통화량에 의존한다는 생각을 가지고 있었다. 이전 세기의 흄처럼 그도 금속의 유출입은 그 자체로 큰 문제가 아니라고 믿었다. 외국의 물건이 많이 들어오면 그만큼 많은 금이 나갈 것이고, 화폐량이 줄었으니 물가가 떨어질 것이다. 물가가 떨어지면 다시 수입보다 수출이 늘기 때문에 금이 돌아올 것이고 균형이 회복될 것이다. 그런데 왜 당시 영국에선 "상품 수출 증대를 통한 균형 회복이 이루어지지 않았는가?" 수출가를 낮추어야 하지만 국내의 인플레이션이 그것을 막고 있다는 게 그의 답변이었다.[86] 곧이어 그는 지폐의 과도한 발행을 인플레이션의 원인으로 몰아갔다.

하지만 우리가 이 책 3장에서 살펴보았듯이 엄격한 통화 준칙을 강조하는 리카도의 통화 원리는 현실에서 여러 번 포기되었다. 통화 준칙이 중앙은행의 적극적인 위기관리 정책을 가로막고 있었기 때문에 화폐위기가 더 증폭되는 면이 있었다. 게다가 해외유통 및 지불수단인 금을 국내 통화량의 기초로 삼음으로써 통제할 수 없는 해외시장의 불확실성을 국내로 끌어들이는 문제도 있었다.* 리카도의 화폐론이 비현실적이라는 불만은 당시에도 여러 번 제기되었다. 리처드 세이어는 그 이유가 외부 산업이나 무역과 접촉한 적 없이 생의 대부분을 런던에서 보낸 '런던 시민'으로서의 리카도의 한계 때문이라고 지적했다.** 하지만 그보다 더 근본적인 이유는 그의 이론적 관심이 현상보다는 감추어진 실체에 있었기 때문에, 다시 말해 경제의 본질이 화폐보다는 가치에 있다고 믿었기 때문일 것이다.

화폐의 자본으로의 전화 — 화폐와 생물

19세기 자본주의의 맥락에서 화폐가 획득한 새로운 의미를 이해한 사람은 맑스였다. 그는 화폐와 가치를 혼동하지 않으면서도, 가치의 증식과정에서 화폐의 의의를 이해했다. 우리가 16세기 이래로 살펴본 화폐와 부의 관계는 그의 이론을 통해서 새롭게 변화한다. 그는 화폐가 화폐 그 자체로 기능하는 것 말고도 부와 관련해서 새로운 사용가치를 얻는다고 말한다. "화폐는 모든 관계들에 재등장하지만, 이때 그

---

* 이에 대해서는 투크나 존 풀라턴 등 이른바 '은행학파'의 비판이 제기되었다. "통화의 국제적 순환에 의한 통화의 국내적 순환의 조절은 불가능하다는 것이 통화학파에 대한 은행학파의 주된 비판들 중의 하나였다"(드 브뤼노프, 「국제적 통화의 불안정」, 『금융의 세계화』, p.53). 맑스는 은행학파의 비판을 다음과 같이 정리했다. "국제적 유통수단과 지불수단에 대한 수요는 국내적 수요와 상이하다. 귀금속의 국외 유출은 은행권이나 주화를 국내 유통에 투입하는 것과 같지 않다. 국제 지불을 위한 준비금으로서 퇴적되고 있는 퇴장화폐의 운동은 그 자체로 유통수단으로서의 화폐의 운동과 아무 관계가 없다"(맑스, 『자본론』 III(상), p.558).

** 세이어에 따르면 당시 한 하원의원은 리카도가 제기한 주장의 비현실성을 꼬집으며 이렇게 말했다고 한다. "그 존경하는 의원[리카도]은 그동안 어디에서 살다 온 겁니까? 어디 다른 행성에서 지금 막 내려온 건 아닌가요?"(Sayers, "Ricardo's Views on Monetary Questions", p.94. 재인용).

것은 더 이상 단순한 화폐로만 기능한 것이 아니다."[87] 자본주의적 생산의 바탕 위에서 "화폐는 화폐로서 갖는 사용가치 외에 추가적인 사용가치, 즉 자본으로서 기능한다는 사용가치를 획득한다".[88]

리카도가 '부'와 '가치'를 구분한 것처럼, 맑스는 '가치'와 '자본'을 구분한다. 그는 서유럽에서 12~13세기경 등장해서 오랫동안 혼돈스럽게 사용되던 '자본'이라는 말을 새롭게 개념화했다.[***] 자본주의 사회에서 중요한 것은 가치가 아니라 '가치의 증식'이다. 즉 자본가는 부의 사용에 관심이 있는 사람이 아니라 부의 축적에 관심을 갖는 사람이다. 자본이란 부의 축적을 위해, 더 엄밀히 말하자면 '가치의 증식'에 사용되는 '가치'이다. 즉 '끊임없이 자기를 증식하는 가치'가 자본인 셈이다.[89]

화폐로서 사용되는 화폐와 자본으로서 사용되는 화폐는 어떻게 다른가. 처음에 그것은 유통 형태에서만 달라 보인다. 가령 화폐가 시장에서 교환 기능을 수행할 때 그것의 도식은 W-G-W(상품-화폐-상품)라고 할 수 있다. 화폐는 서로 다른 두 상품을 잠시 동안 매개한다. 이 과정의 목적은 화폐가 아니라 필요한 다른 상품이다. 그런데 상품이 아닌 화폐 자체가 목적인 경우도 있다. G-W-G(화폐-상품-화폐)의 도식이 그것이다. 첫번째의 상품 교환 도식에서 두 상품이 질

[***] 브로델의 말에 따르면 본래 '자본'(capital)이라는 말은 '머리'를 뜻하는 라틴어 '카푸트'(caput)에서 유래했고, 12~13세기경에 처음 등장했다. 그 뜻은 자금, 상품 스톡, 많은 액수의 돈, 이자를 가져오는 돈 등 아주 다양했다. 그러다 점차 회사나 상인의 화폐 자산을 뜻하는 것으로 되었다. 이 말은 한때 '몸'을 뜻하는 이탈리아의 '코르포'(corpo), 프랑스의 '코르'(corps)라는 말과 경쟁했는데, 결국에 '머리가 몸보다 우세해졌다.' 17세기쯤에는 부채, 부, 자산, 돈, 가치, 자금, 재산, 현금, 원금 등 다양한 뜻으로 사용되었다 (브로델, 『물질문명과 자본주의』 II-1, p. 329).

적으로 다른 것이라면, 두번째 도식에서 두 화폐는 질적으로 동일한 것이다. 만약 그 양마저 같다면 두번째 도식이 나타내는 과정은 완전히 무의미할 것이다. 이 과정이 의미가 있으려면 두 화폐 사이에 양적인 차이가 있어야 하기 때문에 도식은 다음과 같이 수정된다. G-W-G´(=G+ΔG). 이렇게 화폐가 잉여가치(ΔG)를 만들어내는 운동에 사용되었을 때, 그것은 또한 자본으로 사용된 것이다.

너무도 유명한 이야기지만 사실 유통 형태만을 보아서는 자본을 이해할 수가 없다. 유통에서 잉여를 남기려면 누군가로부터 가치 이하로 구매하거나 누군가에게 가치 이상으로 판매해야 하지만, 교환이라는 말 자체가 잘 보여주듯, 그가 무언가를 구매했다는 것은 같은 의미에서 무언가를 판매했다는 것이 되기 때문에, 가치의 일반적인 증가는 일어날 수 없다.[90] 유통에서 가치의 증가가 나타나지 않는다고 해서 유통을 떠나서 그것이 가능한 것도 아니다. 유통 바깥에서 상품 소유자는 오직 자기 자신의 상품과만 관계한다. 이때 "상품 소유자는 자기 노동으로 가치를 창조할 수는 있을지언정 잉여가치를 창조할 수는 없다".[91] 자기의 상품은 자기의 노동만큼의 가치를 갖지 별도의 잉여가치를 갖지는 않기 때문이다. 맑스가 '로도스 섬'이라고 명명한 하나의 모순이 여기서 출현한다. "자본은 유통에서 발생할 수도 없고 유통 바깥에서도 발생할 수 없다. 자본은 유통에서도 발생하는 동시에 유통 외부에서도 발생해야 한다."[92]

맑스는 가치 형성의 원천이 노동이라는 리카도의 주장을 맑스는 받아들였다. 그리고 노동이 상품으로 구매될 때와 가치의 원천으로 지목될 때를 구분해야 한다는 리카도의 충고도 받아들였다. 하지만 맑스는 그 둘을 구분하면서 결합시켰다.

상품으로 구매되는 것은 노동력이고, 그것의 사용가치가 노동이다. 그는 '노동력'을 '가치를 창조하는 독특한 사용가치를 갖는 특수한 상품'으로 간주했다.[93]* 가치의 증식과정은 이런 식으로 해명되었다. 자본가는 상품으로서의 노동력을 구매하고 그것을 생산에 사용한다. 노동력의 사용가치는 가치를 생산하는 노동이다. 요컨대 노동자는 노동력 판매의 대가로 받은 가치 이상의 가치를 생산할 수 있다. "화폐가 자본으로 전환되는 과정이 유통영역 내부에서도 생기고 외부에서도 생긴다는 것은, 그 과정이 한편으로 상품시장에서 노동력의 구매에 의해 조건 지워진다는 의미에서", 그리고 다른 한편으로 유통 바깥인 "생산의 분야에서 가치의 증식과정이 이루어진다는 의미에서" 그렇다.

자본에 대한 맑스의 설명을 따라가 보면 우리는 '화폐의 자본으로의 전화'가 기왕에 존재하던 화폐 기능의 새로운 포착이 아니라, 역사적으로 출현한 화폐의 새로운 기능임을 알게 된다. 화폐가 가치 증식에 사용될 수 있으려면, 무엇보다도 그것을 가능케 할 노동력이라

---

* 가치 증식을 설명하기 위한 맑스의 해법은 정말로 '특별해' 보인다. 최소한 리카도 이래로 가치론에서 사용가치의 영역과 가치의 영역은 엄격히 구분되었는데, 맑스는 '가치를 증식시키는 사용가치'라는 매우 '특별한' 해결책을 제시했기 때문이다. 여기에는 당연히 논란의 여지가 생기는데, 바로 노동가치론에 따르면 사용가치는 가치를 증가시키지 못하기 때문이다. 물론 맑스는 노동력이 '특수한' 상품이라고, 그래서 그것의 사용가치는 '가치를 증가시키는 것에 있다고 말하기 때문에 '노동력'의 특수성을 내보이는 방식으로 문제를 넘어갈 수도 있다. 하지만 질적인 사용가치를 통해 가치의 양적 증가를 설명하는 것은 두 영역을 엄격히 구분해 온 스미스와 리카도의 기본 문제의식에 크게 위배되는 것이다. 이 점에서 이진경은 맑스가 '가치 증식'을 설명하기 위해 제시한 해법이 역설적으로 노동가치론의 공리를 반박하고 있다고 말한다(이진경, 『자본을 넘어선 자본』, pp. 121~122).

는 특수한 상품이 출현해야 하기 때문이다.* 화폐는 특수한 상품인 노동력을 구매함으로써만 자본으로 전화가 가능하다.

> 화폐 자산이 자본이 될 수 있는 조건은 한편으로 자유로운 노동자를 주어져 있는 것으로 발견하고, 둘째로 지금은 객체 없이 되어버린 대중의 이런저런 소유였던 생활수단과 재료 등을 마찬가지로 자유롭게 판매될 수 있는 것으로 발견하는 것이다.[94]

따라서 화폐의 '자본으로서의' 기능은 노동력이 상품이 되지 않으면 안 되는 역사적 상황 속에서 탄생한 것이다. 폴라니는 노동〔력〕을 허구적인 상품이라고 불렀다. 그것은 본래 판매를 위해 생산된 것이 아니기 때문이다.[95] 그런데 그는 이 '완벽하게 허구적인 효과'가 나타나기 위해서는 생활에 필수적인 모든 것들이 시장에 내맡겨져야 한다고 말한다. 맑스의 말처럼, 자본으로의 전화과정은 화폐에서 어떤 신비가 일어나는 과정이 아니다. "화폐가 생활수단을 창출한 것도 아니고 축적한 것도 아니다. …… 변한 것이 있다면 이 생활수단이 지금은 교환시장에 던져졌다는 것뿐이다."[96] '자본으로서의 화폐'의 출현은 "자본가와 노동자 사이의 화폐적 관계가 생산 자체에 내재하는 관계가 되었다"는 것을 의미한다.[97] 이때의 화폐는 단순한 축장과 달리 유통의 바깥, 즉 노동자에 대한 착취가 일어나는 생산의 영역에서

---

* 화폐가 자본이 된다는 것은 "노동이 자본 창출적인 노동, 즉 임노동이 된다는 것"을 포함하고 있다(맑스, 『정치경제학비판요강』 2권, p.86).

하나의 실재적인 가치(real value)로 존재한다. '화폐로서의 화폐'는 스미스나 리카도 모두 이해하고 있었듯이 '가치'가 아니지만, '자본으로서의 화폐'는 실재적인 가치라고 할 수 있다. 자본으로서의 화폐는 상품으로 전화되기도 하고 다시 화폐로 돌아오기도 한다. 상품과 화폐는 가치의 증식과정에서 그것이 취할 수 있는 형태들 중 하나이다.

자본으로서의 화폐가 [산업]자본이 통과하게 되는 한 형태로서가 아니라, 증식과정의 바깥에서 온전한 모습을 띠는 것은 '이자 낳는 자본'에 있어서다. 이자 낳는 자본은 이자를 받고 화폐를 실제로 자본으로 사용하는 자본가(기능자본가)에게 대부되는 자본이다. 이때의 '자본'은 가치의 증식과정에서 자본이 일시적으로 취하는 형태들인 '상품자본'(commodity capital)이나 '화폐자본'(money capital)과 달리, 그 자체로 하나의 상품처럼 등장하는 자본이다.[98]** "유통 행위에서 상품자본은 단순히 상품으로서 기능할 뿐이고," "화폐자본으로서의 자본은 단지 상품의 구매수단으로 작용할 뿐이기 때문에," 즉 상품자본은 상품으로 작용하고 화폐자본은 화폐로만 기능할 뿐이기 때문에, 자본으로서 화폐의 모습을 온전히 드러내지 못한다.

이자 낳는 자본은 '자기 증식하는 가치', '자기 증식하는 화폐'로서의 자본에 대한 가장 순수한 형상으로 나타난다. 그것은 다음과 같

** '이자 낳는 자본'을 하나의 상품이라고 말했지만, 일반적인 상품의 관점에서 이것을 보아서는 안 된다. 이 자본은 판매와 구매가 아닌 대부와 차입이라는 특수한 맥락에서 유통되기 때문이다. 따라서 이 자본이 여전히 수요와 공급에 의해 규제되는 것처럼 보일 때조차 일반 상품과는 뚜렷한 차이를 보인다. 일반 상품의 시장가격은 대체로 생산가격에 일치하며 수요과 공급의 변동은 그 편차를 설명해 준다. 하지만 이자 낳는 자본의 이자는 채권자와 채무자 사이의 계약에 따른 분할에 의해 결정될 뿐이다. 상품의 '자연적 가격'과 달리 '자연적 이자율이 존재하지 않는 것'은 그 때문이다(맑스, 『자본론』 III(상), p. 429~431).

은 도식을 취한다. G-G-W-G´-G´. 대부자본가는 그저 기능자본가에게 대부한 뒤 증가된 화폐를 받기 때문에, 그에게는 가치 증식의 중간 과정이 모두 생략된 채, 마치 화폐가 화폐를 낳는 것처럼 G…G´의 도식을 취한다. 그가 "잠을 자든 안 자든, 집에 있든 여행을 하든, 낮이든 밤이든 화폐에는 이자가 생긴다"고 생각하는 것은 이 때문이다. 그래서 맑스는 "이자 낳는 자본에서 자본관계는 가장 피상적이고 물신화된 형태에 도달한다"고 말한다.[99]

또한 "이자 낳는 자본은 언제나 모든 불합리한 형태의 모체"이다.[100] 대부에 대해 일정한 이자가 지급된다는 이유에서, 사실은 존재하지 않는 자본에 대해서도 자본 행세를 하도록 만든다. 가령 국채의 경우, 국가는 차입자본에 대해 매년 일정한 이자를 지급한다. 하지만 국가는 이미 그 자본을 지출해버렸으며 채권자가 가진 것은 실제 자본이 아니라 일종의 '청구권'이다. 그런데 채권자는 이 증서를 다른 이에게 팔 수 있기 때문에 원금을 회수할 수가 있다. 거래는 몇 번이고 일어날 수 있지만, 이때 거래되는 것은 자본이 아니라 그 청구권일 뿐이다. 문제는 이런 '권리'가 하나의 자본처럼 간주되고, 실제로 기업이나 은행은 이런 권리증서들로 자기 자본의 상당 부분을 구성한다는 사실이다. 또 주식의 경우에도 처음에 그것은 자본으로 지출되도록 투하된 화폐액이지만, 주식시장에서 거래되는 경우에는 생산에 투여된 자본이 실현할 잉여를 분배받을 소유권에 불과하다. 따라서 주식 거래는 소유권의 거래인 것이다.

맑스는 이런 자본들을 실제로는 자본이 아닌데, 자본처럼 행세한다는 의미에서 '가상자본'(fictitious capital)이라고 불렀다. 권리 형태의 이런 가상자본들은 현실의 수입이 아니라 미래에 예상되는 수입에 의해서 그 가치가 결정되기 때문에 대체로 투기적이며, 실제적인 자본의 움직임과는 상관없이 독립적인 운동을 보인다.[101]

물론 맑스는 '이자 낳는 자본'과 그것과 연관해서 자본처럼 움직이는 '가상자본'들의 수익에 근본적인 한계가 있다는 점을 지적했다. 그것이 어떤 형태의 이자이든 이윤이든 근본적으로 생산영역에서 산출된 잉여가치의 일부이기 때문에, 게다가 "잉여가치는 잉여노동과 동일하기 때문에 노동일, 생산력, 인구 등이 형성하는 질적인 한계가 부여된다는 것이다".[102] 그리고 더 근본적인 차원 ——경제적이면서 동시에 정치적이고 사회적인 차원인데——에서 말하자면, 그것은 "자본 관계가 지속하는 동안에만 가능한 것이다".[103]

우리는 '이자 낳는 자본'을 통해서 근대 화폐가 취하는 최종적인 이미지에 도달한다. 그것은 바로 화폐를 생물로 바라보는 것이다. 리카도가 가치론에 '시간의 차원'을 도입했다고 한다면, 맑스의 자본론에는 더 구체적으로 생명체의 시간, 즉 자기 생명을 연장하고 새롭게 번성하는 시간이 나타난다. '자본'은 무엇보다도 '생식하는 화폐'이며, 생식을 통해서만 '자본'으로 규정되는 화폐이다. 맑스가 묘사하는 자본의 운동은 생명체의 운동 바로 그것이다.

이 과정에서 가치는 끊임없이 번갈아 화폐와 상품의 형태를 취하며 그 크기 자체를 변화시키면서, 원래의 가치로서의 자기 자신으로부터 잉여가치를 내뿜으면서 자기 자신을 증식시키는 것이다. 왜냐하면 가치가 잉여가치를 낳는 운동은 가치 자신의 운동이고, 따라서 가

돈이 돈을 낳는가?

서유럽에서는 오랫동안 화폐를 다루는 일을 천시해 왔다. 무엇보다 성경이 돈을 빌려주고
이자를 받는 고리대금업을 금지시켰다. "돈은 돈을 낳지 않는다", "시간이 흘렀다는 이유로
돈을 더 받는 것은 신에게 속한 시간을 훔치는 것과 같다"는 등의 교리 해석이 중세를 지배
했다(위 그림은 신이 고리대금업자의 잘못을 꾸짖는 장면을 나타낸 15세기의 판화이다).

치의 증식은 자기 가치의 증식이기 때문이다. 가치는 그 자체가 가치이기 때문에 가치를 낳는다는 신비스런 성질을 가졌다. 가치는 살아 있는 자식을 낳거나 또는 적어도 황금의 알을 낳는다.[104]

자본은 생식을 통해서 자본이다. 자본은 아들을 낳지만, 자본을 자본으로 정의해 주는 것은 이 아들이다. $G-W-G'(=G+\Delta G)$. 여기서 ΔG의 존재가 처음의 G를 자본으로 만들어주는 것이다. 맑스는 이렇게 말한다. "처음 자본이 잉여가치로부터 자신을 구별하는 것은 성부가 성자로부터 자기를 구별하는 것과 같다. 비록 부자(父子)는 둘 다 나이가 같고 실제로는 둘이 한 몸이지만. 10원이라는 잉여가치에 의해서 비로소 최초에 투하된 100원은 자본으로 되며, 그것이 자본이 되자마자, 즉 아들이 생겨나고 아들에 의해 아버지가 생겨나자마자 양자의 구별은 소멸되고 양자는 하나 110원이 된다."[105]

따라서 퇴장된 화폐량은 그 액수가 아무리 크다고 해도 불임성 때문에 자본이 되지 못한다. 고대의 아리스토텔레스에서 중세의 토마스 아퀴나스까지 "돈은 돈을 낳지 않는다"는 것은 하나의 진리이자, 상인과 고리대업자들에게 보내는 엄중한 경고였다. "돈이 돈을 낳는 것은 자연을 거스르는 일"이며, 시간이 흐른 뒤 이자를 받는 것은 "신에게 속한 시간을 도둑질한 것"이라는 생각이 오랫동안 서유럽을 지배해 왔다.[106] 그러나 이제는 모든 것이 전도되었다. 비난받는 것은 게으른 화폐, 불임의 화폐들이다. 가치 증식하는 화폐, 부를 생산하는 화폐, 이자를 낳는 화폐야말로 최고의 찬사를 받을 자격이 있다. 이것이 역사상 가장 최근에 도달한 화폐의 이미지다.

6장 | 서유럽에서 근대적 화폐구성체의 성립

근대 화폐질서의 많은 부분은 서유럽을 모태로 하고 있다. 화폐를 발행하고 관리하는 각종 기법과 관행들, 은행 및 금융 제도들, 화폐에 관련된 이론들 중 상당수가 서유럽에서 발생했다. 아예 근대적 화폐구성체는 서유럽에서 생겨났다고 말할 수도 있을 것 같다. 하지만 이 말이 불러일으킬지도 모를 오해를 미리 해명해 두어야겠다.

가장 경계할 것은 지배적 유형과 우수한 유형을 혼동하는 진화론적 편견이다. 근대적 화폐구성체의 지배적 유형이 서유럽에서 발생했다고 해서 서유럽이 가장 우수한 화폐질서를 만들어냈다고 주장하는 것은 아니다. 서유럽의 화폐구성체는 잠재적으로 가능했던 여러 구성체들 가운데 하나일 뿐이다. 게다가 서유럽인들은 화폐와 관련해서 세계의 진리를 발견한 사람들이라기보다는 자기가 믿는 진리 속으로 세계를 밀어 넣은 사람들이다. 화폐경제로의 진입은 세계의 많은 공동체들에게 진화나 발전이 아닌, 단절과 해체를 의미했다. 사지(四肢)와 장기(臟器)가 완전히 재조립되는 고통. 수많은 공동체들이 화폐경제라는 새로운 생체리듬에 적응해야 했다.

이 책 4장에서 본 것처럼 과거의 공동체들은 결코 화폐를 만들지 못한 미개 집단이 아니었다. 그들은 오히려 근대 화폐의 발생을 저지한 독특한 메커니즘의 소유자들이었다. 그들을 무너뜨린 것은 이성의 빛이 아니라 화폐경제의 함포 사격이었다(이 책에서 다루지는 않았지만 비서유럽 세계가 근대적 화폐구성체 속으로 말려 들어가는 과정은 매우 중요한 연구 주제임에 틀림없다).

그런데 우리는 서유럽에 대해서도 화폐구성체의 성립과 관련해서 다음과 같은 세 가지 사실을 지적하고자 한다.

첫째, 근대적 화폐구성체의 성립은 서유럽에 내재한 어떤 본성의 실현이 아니었다. 그것은 비서유럽 세계와의 관계를 전제함으로써만, 그리고 비서유럽과의 관계를 자기 안으로 끌어들임으로써만 가능했다. 둘째, 서유럽에서 근대적 화폐구성체가 성립되는 과정은 서유럽 자신과 낯설어지는 과정이기도 했다. 공동체 바깥에 존재했던 것이 공동체 안으로 진출했고, 사적 영역에 한정되었던 것이 공적 영역으로 확대되었다. 그전까지 화폐 유통을 가로막던 각종 규범들도 깨져나갔다. 셋째, 근대 화폐의 출현은 공동체 외부에 존재하던 화폐 흐름을 포획하는 과정이면서 동시에 화폐를 새로운 포획장치로 만드는 과정이기도 했다. 탈영토화, 탈코드화된 화폐 흐름은 급속히 재영토화, 재코드화되었다. 이로써 화폐를 통한 새로운 착취 메커니즘이 가능해졌다.

정리하자면 서유럽에서 근대적 화폐구성체의 성립은 비서유럽적 세계와 관계하고 있던 서유럽의 어떤 공간, 다시 말해 '서유럽 안에 있지만 서유럽적이지 않았던' 공간과 관련이 있다. 그리고 근대적 화폐구성체의 성립은 서유럽 자신의 과거에 대한 해체였으며, 화폐를 통한 새로운 착취 메커니즘의 탄생이기도 했다. 여기서는 이 세 가지 사항을 중심으로 서유럽에서 근대적 화폐구성체의 성립을 정리하고, 이 과정과 관련 깊은 근대 화폐의 네 가지 중요한 의미들을 살펴보고자 한다.

1. 서유럽의 경우

내재하는 외부

근대적 화폐구성체의 지배적 유형이 서유럽에서 생겨났다고 하지만 이는 서유럽인들이 가졌을지도 모를 어떤 심성이나 기질과는 아무런 관련도 없다. 화폐에 대한 거부감은 근대 이전의 서유럽인들에게도 부족하지 않았다. 그들 역시 화폐를 공동체를 위험에 빠뜨릴 수 있는, 외부에서 온 불길한 손님처럼 대했다.

그렇다면 서유럽에서 근대적 화폐구성체의 초기 형태가 나타난 곳은 어디였는가. 그곳은 서유럽 공동체의 '내부' 가 아닌 '외부' 였다. 분명히 서유럽 안에는(intra-Europe) 있었지만 국내(domestic area)는 아닌 곳. **내재하는 외부**. 맑스의 표현을 빌리자면, 그곳은 공동체들의 품이 아니라 공동체들이 멈추는 곳, 즉 공동체들의 '경계' 였다. 또한 그곳은 오랫동안 국내교역과 철저히 분리된 채 운영되던 대외교역의 공간이었다. 그곳은 생산자의 공간도 저장자의 공간도 아니었다. 그곳은 원격지교역을 조직하고 재화와 화폐의 대외적 흐름을 매개하

고 순환시키는 곳이었다. 즉 그곳은 중계자의 공간이었다.[*]

그곳에 국제적인 화폐거래네트워크가 펼쳐져 있었다. 그런데 이 네트워크의 '국제성'은 오늘날 우리가 생각하는 것과는 조금 다르다. 우리가 16세기 화폐거래네트워크를 '국제적'이라고 부를 수 있는 것은 두 가지 의미에서다. 그 하나는 서유럽 전역에 걸쳐 있을 정도로 규모가 컸다는 점에서고, 다른 하나는 '국내적'이지 않았다는 점에서다. 바로 이 두번째 의미가 중요하다. 국제적 화폐거래네트워크를 운영했던 자들은 주로 공동체에서 추방됨으로써 국제적일 수밖에 없었던 '이산자들'(diaspora)과 '외부자들'(outsiders)이었다. 국가적 코드체계에서 추방되었거나 탈주한 자들. 이들로부터 탈코드화된 화폐 흐름이 발생했고 이들의 네트워크를 통해 그것이 흘렀다.

네트워크를 지배하던 이산자들 중에는 이탈리아인이 많았지만 유대인과 신교도 망명자들도 있었다. 화폐의 운용과 부의 계산에 대한 이들의 기술은 놀라웠다. 이들은 가치척도와 지불수단을 분리해서 정화에 대한 참조 없이 환전을 수행했고, 어음의 할인과 상업대부도 시행했다. 유럽 곳곳에 대리인들을 두고 은행 업무를 수행했고 때로는 그들을 뉴스 리포터로 활용했다. 이들이 은행업의 선구자인 것만큼이나 우편과 신문업의 선구자였다는 사실은 자못 흥미롭다. 자녀

---

[*] 브로델은 16~18세기 세계의 귀금속 흐름을 볼 때, 결코 유럽이 자기 피를 뽑은 게 아님을 강조했다. "확실한 것은 흔히 이야기하듯이 유럽이 향신료나 중국풍의 물품과 같은 사치품을 얻기 위해 자기 피를 뽑아 팔았기 때문에 빈혈에 걸렸다는 식의 이야기를 해서는 안 된다는 것이다"(브로델, 『물질문명과 자본주의』 II-1, p. 283). 유럽 상인들은 귀금속 생산지에서는 터무니없는 가격으로 식량이나 광산장비 등의 재화를 팔아 넘겼고, 쉽게 얻은 귀금속의 흐름을 아시아로 보내 향신료, 약품, 차 등의 고급 재화들을 확보했다. 비유컨대 유럽인에게 피를 제공한 것은 아메리카와 아프리카였고, 살을 제공한 것은 아시아였다.

교육에 있어서도 이들은 대단히 근대적이었다. 학교에서는 상업기술 외에도 삶의 새로운 습속들을 가르쳤다. 달력과 기계시계를 사용함으로써 생활을 '계산 가능한' 형태로 바꾸었다. 이들의 삶을 보면 마치 근대적 삶에 대한 예고편처럼 느껴질 정도다.

근대적 화폐구성체의 성립과 관련해서 서유럽이 독특했다면 아마 이 '내재하는 외부'와 관련이 있지 않을까 싶다. 근대 이전 서유럽의 국가장치들은 아주 허약했고, 대륙은 통치권이 미치는 몇 개의 섬들을 감싼 바다와 같았다. 대륙 안에 있으면서도 사실상 바깥이라고 할 수 있는 상업적 공간이 곳곳에 존재했다. 이 공간에서 대외상인들과 은행가들이 원격지들을 매개했던 것이다.

하나의 가설이지만, 근대적 화폐구성체가 서유럽에서 발생한 것은 서유럽에 '뭔가'가 있었기 때문이 아니라, '뭔가'가 없었기 때문이 아닐까. 들뢰즈와 가타리는 이렇게 말했다. "국가장치가 발명된 곳은 아프로-아시아와 동양이었다. …… 국가의 초코드화는 지배계급을 위한 대외무역의 독점적 영유와 더불어 수공업자 및 상인 모두를 포함하는 야금업자들을 엄격한 경계 내에, 강력한 관료적 통제 아래 두었다."[1] 그러나 서유럽은 어떠했는가. 서유럽의 유약한 국가장치와 빈곤한 물자. 그것이 상인들에게 탈영토화를 가능케 했고 또한 강제하지 않았을까. 그들은 원격지교역의 당사자로서 동양을 발견했고 거기서 잉여의 냄새를 맡았다. "동양에서는 초코드화된 동일한 흐름이 유럽에서는 탈코드화되는 경향이 있다. 유럽의 상황은 타자의 뒷면 혹은 상관물 같은 것이다. 잉여가치는 더 이상 코드의 잉여가치가 아니고 흐름의 잉여가치가 된다."[2]

우리가 도달한 결론은 아주 역설적이다. 근대적 화폐구성체는 서유럽에서 생겨났지만 동시에 그것은 서유럽적인 게 아니기 때문이다. 비서유럽과의 관계가 서유럽 안에 접혀 들어와 '내재하는 외부'라는 역설적 공간을 만들어냈다. 근대적 화폐구성체의 성립과정이란 이 '외부'가 내부화되는 과정이면서, 동시에 '외부'로 남아 있던 내부 세계가 정복되는 과정이라고 할 수 있다.

매끄러운 평면

근대적 화폐구성체의 성립은 화폐 흐름을 규제하던 다양한 홈들이 지워지고 매끄러운 평면이 탄생한 과정이기도 하다. 클라스트르는 원시공동체들이 교환에 적대적인 이유를 만인 사이의 교환은 동일화를 초래하는데, 그 동일화란 사실상 죽음으로 받아들여졌기 때문이라고 했다.[3] 화폐는 어떤 질적인 차이도 알아보지 못한다. 화폐는 자신이 마주한 사람의 혈통, 성별, 나이를 묻지 않는다. 화폐는 철저한 평등주의자이며, 모든 차이들을 교환 가능한 것으로 만드는 동일자이기도 하다. 원시공동체들은 화폐가 초래할 파괴적 효과를 두려워했다. 그렇기 때문에 그들은 구성원들간의 자유로운 상업적 교환을 금지했고, 교환이 불가피한 경우조차 그것을 교환이 아닌 것으로 위장했다.

서유럽에서도 화폐를 다루는 일은 오랫동안 공적 지위를 인정받지 못했다. 고대 사회에서 돈을 직접 만지는 일은 노예나 포로들의 몫이었고, 거래에 있어 이윤을 추구하는 행위 역시 저급한 것으로 평가되었다.[4] 돈의 영향력을 인정하지 않을 수 없었던 중세에도, 대금업자들은 직업에 대한 사회적 멸시 때문에 '정신분열증'을 앓아야 했다.[5]

그러나 결국 화폐의 흐름을 규제하던 장벽들이 허물어졌다. 이 책에서 우리는 근대에 들어서면서 두 개의 중요한 장벽이 허물어지고, 매끄러운 하나의 평면이 탄생하는 것을 목격할 수 있었다. 두 장벽 중 하나는 공동체의 안과 밖을 가르고 있었고, 다른 하나는 공적 영역과 사적 영역을 가르고 있었다. 두 영역이 혼동되고 뒤섞이면서 하나의 균질적인 평면이 드러났는데, 그것이 바로 우리가 '화폐공동체'라고 부른 근대 '사회'이다.

근대 '사회'의 탄생은 한편으로 공동체 외부에서 발달한 질서가 "공동체 내부로 침투해서 공동체에 해체적인 영향을 미치는" 과정이고,[6] 다른 한편으로 사적 가계의 활동이 "가정의 어두운 내부로부터 공론 영역의 밝은 곳으로 이전되는" 과정이다.[7] 우리는 근대적 화폐 구성체의 성립과정에서 '외적인 것의 내부로의 침투'와 '사적인 것의 공적 진출'이라는 두 측면을 한꺼번에 관찰할 수 있었다. 우리가 화폐 공동체의 출발점으로 삼은 대외상인과 은행가들의 클럽은 공동체 '바깥'에 위치한 '사적' 결사체였다. 이들의 성장·변질과정은 사실상 공동체 안팎의 경계와 공사 영역의 경계가 허물어지는 과정과 같다.

화폐구성체의 각 요소들은 매끄러운 화폐적 평면의 탄생을 잘 보여준다.

① 화폐거래네트워크. 국내교역과 대외교역의 구분은 해소되고, 전국적 차원에서의 수평적 통합성(전국을 연결한 네트워크의 구축)과 계층적 차원에서의 수직적 통합성(기층 민중의 화폐경제로의 통합)을 갖춘 동질적인 화폐거래네트워크가 만들어졌다.

② 화폐주권. 영토국가는 전쟁과 사치, 행정의 비용을 조달하기

위해 대외적 화폐네트워크를 포획했다. 이 과정에서 국가채무, 대외무역, 화폐조세, 공공은행(은행권 발행) 등이 연계되었다. 국가의 채무는 상인과 자본가에게 민중들에 대한 채권을 제공해 주었다. 화폐거래네트워크에서 화폐가 상품으로서, 혹은 상품의 매개자로서 전국을 순환했다면, 화폐주권에서 화폐는 명령으로서 전국을 순환했다. 19세기 국민국가의 출현은 매끄러운 화폐주권의 공간이 출현했음을 의미한다. 동질적이고 배타적인 국민통화가 발행되었고 중앙은행과 각종 재정기구들을 통한 전국적 화폐 관리가 이때 가능해졌다.

　③ 화폐공동체. 화폐공동체로서의 사회란 근대 이전의 특수 공동체들이 해체된 결과이다. "화폐 자체가 공동체가 아닌 곳에서는 화폐가 공동체들을 해체한다."[8] 화폐는 특수 공동체들과 공존하는 또 다른 특수 공동체가 아니라, 모든 특수 공동체들의 해체를 전제하는 일반 공동체이다. 교환의 일반적 등가물로서의 화폐는 모든 차이들을 해소하는 동일자다. 이 책에서 우리는 17세기 후반에서 18세기 전반기 사이에 일어난 세 가지 현상을 특히 주목했다. 사회계약론의 출현, 화폐자산가들(부르주아지)의 성장,* '이해관계'(이익, interest) 개념의 변화 등이 그것이다. 이런 세 가지 현상은 인간의 새로운 결합 원리로서 '계약'(교환), 결합의 주체로서의 '개인'(부르주아지), 결합의 목적으로서의 '이익' 등의 출현과 각각 상응한다.

　④ 화폐론. 과학의 차원에서 화폐는 '부'의 개념과 밀접한 관계

---

*18세기 초 대규모 투기 사건들이 아주 많았는데, 이는 당시 사람들이 화폐 축적에 얼마나 몰입했는가에 대한 간접 증거라고 할 수 있다.

속에서 탄생하고 발전했다. 자기 만족적인 특수한 부와는 명확히 구분되는 일반적 부의 출현. 비교할 수 있고 측정할 수 있고 축적할 수 있는 '부'라는 개념이 역사적으로 탄생했다. 물론 그것은 맑스의 말처럼 일반적 부를 나타낼 수 있는 화폐의 출현을 통해서 비로소 가능했다.[9] 근대 정치경제학자들은 화폐와 부를 구분하고, 부의 절대적 척도로서 가치의 문제를 제기했지만, 사실 부의 모든 표현(비교, 측정, 축적)은 결국에 화폐를 통해서 이루어질 수밖에 없으며, 일반적인 부의 동질적 평면은 사실상 화폐적 평면일 수밖에 없다. 근대 화폐론은 대체로 화폐와 부의 관계를 해명하는 데 집중되었다. 화폐는 16세기에는 그 자체로 부이면서 부의 척도로 간주되었고(거울), 17~18세기에는 부의 표상으로 간주되었으며(혈액), 19세기에는 부의 생산수단으로 강조되었다(생물).

포획장치

서유럽 안에 있었지만 또한 바깥에 있었다고 할 수 있던 화폐적 흐름이 어떻게 체제 내로 들어와서 새로운 화폐구성체를 성립시킬 수 있었는가. 분명히 대외교역의 공간에서 화폐의 흐름을 순환시키던 세력들은 공동체와 따로 존재했다. 이는 그들이 공동체의 직접적인 통치를 받지 않았음을 의미하지만, 또한 공동체에 아무런 직접적 영향도 미치지 못했음을 의미하기도 한다. 그렇다면 변동은 어떻게 일어났는가. 우리는 아마도 근대 국가체제의 수립과정에서 그 답을 찾을 수 있을 것이다.

16세기에 일어난 일련의 전쟁들은 유럽에서 '도시체제의 몰락'

과 '영토국가의 성장'을 가져왔다. "도시가 국가를 지배할 것인가, 국가가 도시를 지배할 것인가. 이것이 유럽의 문명을 결정짓는 중요한 문제"였다는 브로델의 말은 화폐질서에 있어서도 사실이었다.[10] 화폐와 관련해서 도시체제와 국가체제가 갖는 의미는 완전히 달랐다. 16세기 중반까지 서유럽 도시들에 걸쳐 있던 화폐거래네트워크는 영토국가를 가로지르고 있을 때조차 영토나 국가와 관련되지 않았다. 도시는 이웃 도시와 연결된 네트워크상의 점이었을 뿐이고, 도시들 사이에는 '횡단-일관성'이 존재했다.[11] 반면 국가는 영토 안에서 공명하는 '내-일관성'을 가졌다. 국가는 재화와 화폐의 흐름을 자기 안에서 순환케 했다. 17세기 유행했던 경구를 빌리자면 국가는 '나라 안에서 나라 안으로 공급하는' 체제였다.

16세기 중반까지는 대체로 도시체제가 작동했으며, 17~18세기 사이에 국가체제로의 전환이 이루어졌다. 17세기 이후, 도시 네트워크를 따라 조직된 화폐거래시장인 정기시가 몰락하고, 특정 장소에서 계속 열리는 거래소, 주식시장, 공공은행 등이 득세한 것은 매우 시사적이다. 왜냐하면 이것들은 도시체제와 국가체제를 각각 대변하기 때문이다. 정기시를 조직한 것은 대외상인과 은행가들이었고 그 리듬은 개별 국가가 아니라 유럽 차원의 것이었다. 하지만 거래소, 주식시장, 공공은행 등은 그것을 개설한 국가의 영향 아래 있었다.

대외적 화폐네트워크가 무너지고 국민경제를 향한 화폐질서의 변동이 시작된 것은 영토국가가 국민국가로 발달하는 과정 속에서였다. 영토국가들은 전쟁과 국가 정비에 많은 돈이 필요했기 때문에 자연스럽게 대외적 화폐네트워크에 관심을 가졌다. 당시 화폐거래네트워크를 장악하고 있던 상인과 은행가들 역시 거래의 안전을 위해 영토국가들의 보호를 필요로 했다. 대외적 화폐네트워크와 국가 사이의 '외면적인 상호작용'은 이렇게 시작되었다. 가령 16세기 후반 스페인 정부는 대부와 송금에 관한 업무를 제노바 은행가들에게 맡겼고, 제노바 은행가들은 필요한 보호를 외부 국가인 스페인으로부터 제공받았다. 이들의 상호작용은 서로의 국적이 달랐다는 점에서 '외면적'이었다.*

17세기 이후 서유럽의 주요 영토국가들(네덜란드, 영국, 프랑스 등)은 자기 자신의 화폐거래네트워크를 갖게 되었다. 상인이나 은행가들의 입장에서는 '보호비용을 내부화'한 셈이고, 영토국가의 입장에서는 '금융비용을 내부화'한 셈이었다. 짐멜의 표현을 빌리자면 17세기에 들어서야 "비로소 화폐자본의 부유성(浮遊性)이 종식"[12]되었다. 이때부터 이산자 은행가들의 지위가 몰락하고 정주 은행가들의 득세가 이루어졌다. 특히 공공은행의 설립과정은 주목할 만한 것이었다. 은행가들은 국가에 자금을 제공하고, 국가로부터 대외무역의 독점과 은행권 발행, 화폐조세 징수권 등을 보장받았다. 국가채무와 대외무역, 은행권발행, 화폐조세 등이 상호연계되면서 새로운 체제가 구축되었다. 우리는 이를 '내면적 상호작용'으로 파악했다.

그리고 19세기 근대 국민국가의 탄생과 함께 전국적 차원의 화폐경제가 성립하고 화폐거래네트워크에 대한 국가의 체계적 관리가 시작되었다. 국민통화가 발행되었고, 전국시장을 따라 전국적 지불시스

---

* 물론 엄밀히 보면 16세기 스페인은 영토국가라기보다는 뒤늦게 제국의 꿈을 꾼 국가였다.

템이 구축되었다. 또한 중앙은행이 설립되어 화폐거래네트워크에 대한 관리 및 감독 기능이 크게 강화되었다. 마지막으로 공공은행의 중앙은행으로의 전환은 국가와 은행이 상호이득을 주고받는 상호작용 체제가 끝나고, 중앙은행이 하나의 국가기관으로서 화폐질서의 안정적 관리자가 되었음을 의미한다. 우리는 이런 과정을 '체제화'라고 부를 수 있을 것이다.

이상의 과정을 요약하자면 다음과 같은 네 가지 상호작용으로 나타낼 수 있을 것이다. **대외적 독립 — 외면적 상호작용 — 내면적 상호작용 — 체제화.**

하지만 우리는 또한 **'화폐의 포획'** 이 **'화폐를 통한 포획'** 의 과정임을, 즉 화폐를 포획함으로써 '화폐를 통해 포획할 수 있는 체제'가 출현하게 되었음을 이해해야 한다. 국가는 화폐를 향해 그물을 던졌지만 나중에는 화폐가 하나의 그물이 되었다.

서유럽에서 17~18세기에 일어난 국가와 상인〔자본가〕, 대외독점 무역회사와 은행〔은행권〕의 결탁을 특히 주목할 필요가 있다. 국가는 채권-채무의 관계를 창조한다. 국가는 필요한 비용을 상인과 은행가들에게 지급받고 대신 대외무역과 화폐, 조세청구의 독점적 권리를 넘긴다. 그것들은 민중들에게 채권의 형태로 제시된다. 화폐의 순환은 자산가들에게는 채권의 순환이며, 일반 민중들에게는 채무의 순환 형태를 띤다.

화폐조세는 화폐를 통한 수탈의 가장 기본적 형태였다. 조세를 현물조세에서 화폐조세로 전환하는 것만으로도 민중들은 빈곤의 늪에 빠져들었다.[*] 화폐를 통해서만 조세를 낸다는 것, 더 일반적으로

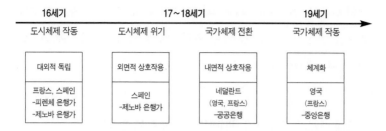

16세기	17~18세기		19세기
도시체제 작동	도시체제 위기	국가체제 전환	국가체제 작동
대외적 독립	외면적 상호작용	내면적 상호작용	체계화
프랑스, 스페인 -피렌체 은행가 -제노바 은행가	스페인 -제노바 은행가	네덜란드 (영국, 프랑스) -공공은행	영국 (프랑스) -중앙은행

〈국가와 화폐거래네트워크의 상호작용 유형 비교〉

말하자면 화폐가 부의 일반적 표현수단이라는 것, 하지만 또한 화폐의 발행과 관리가 독점되어 있다는 것, 화폐는 언어처럼 사회적인 것이지만 또한 언어와 달리 사적인 축적이 가능하다는 것, 이 사실들이 화폐를 독점할 수 있는 자들에게 착취의 조건을 구성해 주었다.

17~18세기에 관찰된 국가와 자산가(상인, 은행가, 자본가)의 결탁에서 우리는 국가 채무만이 아니라 자산가들의 이윤이 화폐를 통해 함께 청구되고 있음을 발견한다. 자산가들은 국가의 명령에 올라타서 자신의 이윤을 민중들에게 청구했다. 그런데 이것은 직접세만의 문제가 아니다. 오히려 어떤 시사점을 제공하는 것은 상품들에 포함된 간접세이다. 들뢰즈와 가타리는 상품에 붙어 있는 간접세가 가격을 인상시키는 부가적 요소라기보다 지대와 이윤이 부착될 수 있도록 만들어주는 자석과 같은 요소라고 했다.[13] 가격에 세금이 붙은 것이 아니라 세금에 가격(이윤, 지대 등)이 붙어 있다고 해야 할까. 확실한 것은

근대 화폐가 탄생한 순간부터 국가와 자산가의 결탁이 이루어졌으며, 화폐를 통해 자본가가 행사하는 권력은 항상 국가의 강제력에 근거하고 있다는 사실이다.

2. 근대 화폐의 의미 사가성(四價性) — 상품, 명령, 관계, 부

우리는 근대 화폐의 출현을 근대적 화폐구성체의 성립과정을 통해 보여주었다. 따라서 근대 화폐의 의미 또한 화폐구성체 속에서 해명될 수 있어야 할 것이다. 실제로 근대적 화폐구성체의 각 요소들은 근대 화폐가 갖는 중요한 네 가지 의미에 그대로 상응하며, 화폐구성체의 성립과정은 이 네 가지 의미들이 결합하는 과정을 그대로 보여준다. 그 네 가지 의미란 상품, 명령, 관계, 부이다. ① 상품 혹은 교환의 매체로서의 화폐, ② 권력 혹은 명령으로서의 화폐, ③ 화폐적 유대 내지 이해관계로서의 화폐, ④ 부 혹은 가치로서의 화폐.

우리가 화폐구성체를 어떤 창문을 통해 들여다보느냐에 따라, 그리고 어떤 요소가 강한 영향을 미치느냐에 따라 화폐의 의미는 달라 보인다. 하지만 더욱 중요한 것은 근대적 화폐구성체의 성립과정을 통해 이 다양한 의미들이 함께 녹아들었으며, 하나의 의미는 항상 다른 의미들을 동반한다는 사실이다. 이 점을 망각한다면 근대 화폐에 대한 우리의 이해는 매우 단편적인 것에 머무를 수밖에 없다. 옆의 그림은 화폐구성체의 각 요소와 관련하여 근대 화폐가 갖는 여러 의미를 함께 보여주기 위한 것이다.

시장의 차원에서 화폐는 무엇보다도 상품과 관련된다. 근대 화폐

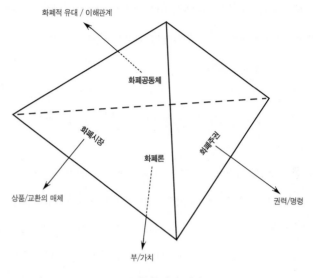

화폐적 유대 / 이해관계

화폐공동체

화폐시장

화폐수권

화폐론

상품/교환의 매체

권력/명령

부/가치

〈근대 화폐의 의미 사가성〉

는 그 자체로 '상품'이거나 '상품 교환의 매체'이다. 많은 경제학자들이 화폐의 기원을 상품의 교환과정에서 찾고 있지만, 상품 혹은 '상품 교환의 매체'로서 화폐의 의미가 두드러진 것은 시장경제가 경제생활의 지배적 형태가 되고 나서였다. 전근대 비서유럽 공동체들에서도 '상품' 혹은 '상품 교환의 매체'로서 화폐가 없었던 것은 아니지만, 그것은 매우 특별한 관리 아래 있었거나 국지적인 현상이었다. 주류 경제학자들이 비시장경제 화폐의 의미를 이해할 수 없는 이유는 시장경제를 사실상의 유일한 경제로 간주하고 화폐를 상품의 거래와 이익에만 관련시키기 때문이다.[14]

하지만 시장경제를 벗어나면 상품으로서의 화폐 의미가 탈각된다. 경제활동이 시장 교환(exchange)이 아니라 재분배(redistribution)

나 호혜(reciprocity)에 기초해서 이루어지는 경우, 화폐는 단순한 계산 단위이거나 친교를 위한 선물(gift)일 수 있다. 고대 이집트나 수메르, 바빌로니아 등 시장을 갖지 않고 중앙의 거대 창고에서 재분배를 행했던 제국들의 화폐가 전자의 예라면, 말리노프스키나 모스가 사례로 들고 있는 멜라네시아나 북서부 아메리카 등 원시공동체들의 화폐가 후자의 예가 될 것이다.[15]

만약 우리가 시장의 차원이 아니라 주권의 차원에서 접근한다면 근대 화폐의 의미는 아주 달라진다. 그것은 상품이라기보다는 '권력'이나 '명령'의 의미를 갖는다. 화폐의 기원을 시장보다는 국가의 세금에서 찾는 이들은 화폐가 자기 영토 안팎의 부를 포획하기 위한 국가장치라고 주장한다.[16] 국가는 법을 통해 화폐 사용을 형식적으로 규정하고, 세금 징수를 통해 그것을 실질적인 것으로 만든다. 뿐만 아니라 국가는 화폐질서의 일반 관리자 역할을 수행한다. 화폐에 대한 국가의 독점적 권리를 의미하는 화폐주권은 그 자체로 화폐에 들어 있는 강제성을 나타낸다.

그렇지만 우리는 '상품으로서의 화폐'(money-as-commodity)와 '명령으로서의 화폐'(money-as-command)를 별개의 것으로 생각해선 안 된다. 비록 이들 각각이 화폐구성체의 다른 요소들로부터 생겨났고, 서로 환원 불가능한 어떤 측면들을 표현한다고 해도, 근대적 화폐구성체 속에서 이 둘은 서로를 전제하고 서로를 가능케 해준다.

한편으로 국가가 화폐를 포획장치로서 사용할 수 있었던 것은 대외상업과 은행업에서 화폐의 흐름이 먼저 존재했기 때문이다. "국가는 탈주하는 화폐의 흐름들(상업과 은행업) 없이는 조세의 화폐 형태를 창조할 수 없었다."[17] 국가는 대외적으로 존재하던 화폐거래네트워크를 포획하고 자신의 것으로 재창조함으로써 영토 안의 부를 포획하고 상업과 무역, 더 나아가 경제 일반을 장악할 수 있었다.

그러나 다른 한편으로 강력한 화폐주권의 형성이 없었다면 상품교역을 매개하던 화폐거래네트워크는 전국적으로 확대되지 못했을 것이다. 국가의 '명령'이 시장을 전국적인 것으로 만들어주었다. 우리가 이 책의 본문에서 확인한 것처럼 근대 이전의 시장에는 전국화의 동력이 존재하지 않았다. 교역은 안으로 말려 있던 대내교역과 밖으로 겉돌던 대외교역으로 분할되어 있었고, 화폐거래네트워크는 주로 대외교역 쪽에서만 발전했을 뿐이다. 이런 분리를 극복하고 전국적으로 균질한 화폐거래네트워크를 구축한 것은 국가의 강제력이었다.

이 과정은 공간적(수평적)인 통합이면서 동시에 수직적인 통합이기도 했다. 맑스가 『자본』의 '본원적 축적에 관한 장'에서 보여준 것처럼 민중들이 생산수단을 잃고 시장에 내던져지는 과정은 국가의 폭력적 개입이 없었으면 불가능했다.* 민중들은 화폐조세를 납부하기 위해서이기도 했지만, 생존 자체를 시장에 의존해야 했기 때문에 점차 화폐경제 안으로 들어왔다. 국가는 한편으로 민중들의 삶을 시장에 의존하게 만들었고, 다른 한편으로는 시혜를 베풀듯 민중들이 사

---

* 해리 클리버는 '명령으로서의 화폐'가 갖는 의미를 잘 지적했다. 그는 맑스가 말하는 본원적 축적이 "한 계급이 다른 사람들을 노동하도록 만들기 위해 화폐를 사용하는 새로운 계급구조의 창출과정"이며, 이 "새로운 계급관계에서 화폐의 중심성은 명령의 중심성에 있었다"고 주장한다. 그는 또한 오늘날 자본주의의 유지와 성장에도 화폐질서의 일반적 관리자로서 국가의 역할이 결정적이라며, 화폐의 '명령'으로서의 성격을 강조한다(클리버, 『신자유주의와 화폐의 정치』, p. 209).

용할 수 있는 소액의 화폐들을 발행했다.

이처럼 국가의 강제적 명령과 개입, 관리가 없었다면 화폐거래네트워크는 확장될 수도, 안정적으로 유지될 수도 없었을 것이다. 따라서 '명령으로서의 화폐'는 '상품으로서의 화폐', '교환 매체로서의 화폐'를 강력하게 뒷받침한다. 물론 앞서 지적한 것처럼 상업과 은행업에서 만들어진 화폐의 흐름이 없었다면 국가는 '명령으로서의 화폐'를 창조할 수 없었을 것이고, 더 근본적으로는 화폐에 대한 어떤 적극적 관심도 갖지 않았을 것이다. 이런 식의 형성과정 때문에 근대 화폐는 두 가지 의미를 동시에 갖는다. 그것은 한편으로 국가 강제력이 뒷받침하는 '명령'이고, 다른 한편으로는 시장에서 구해야 할 '상품'이거나 상품을 얻기 위한 '교환 매체'이다.

물론 근대 화폐의 의미는 이 두 가지에 그치지 않는다. 과거 공동체의 소멸과 화폐공동체의 출현이라는 맥락에서 근대 화폐는 무엇보다도 하나의 인간관계를 의미한다. 국가의 개입과 시장의 확대에 따른 화폐 사용의 증대는 화폐적 인간관계의 확산을 가져온다.본문에서 확인한 것처럼 과거 공동체들은 자유로운 교환과 화폐의 사용에 대해 뚜렷한 거부감을 가지고 있었다. 화폐경제가 침투하면서 많은 원시공동체들이 해체된 것은 공동체 자체의 유대와 화폐적 유대가 갖는 긴장감을 보여준다. 맑스가 지적했듯이 화폐는 그 자체로 공동체이며, 그렇지 않은 곳에서는 "화폐가 공동체를 해체"한다.[18)]

이런 이유로 우리는 과거의 공동체들이 근대적 화폐공동체로 전환되는 것을 '발전'이나 '진보'가 아니라 '해체'로 받아들였다. 그리고 원시공동체들을 '아직' 화폐 거래가 발달하지 않은 미개한 공동체가 아니라 화폐 거래의 발달을 선험적으로 저지했던 공동체, 즉 '화폐에 대항하는 공동체'라고 불렀다. 서유럽에서 근대적 화폐구성체가 성립되어 가는 과정은 화폐에 대한 이들의 방어막이 파괴되고 화폐적 유대가 공동체를 결합시키는 새로운 원리로서* 자리를 잡아 가는 과정이라고 할 수 있다.**

　따라서 우리는 근대 화폐의 중요한 두 의미인 '상품으로서의 화폐'와 '명령으로서의 화폐'를 가능케 한 것이 바로 '관계로서의 화폐'

---

* 피에르 클로소프스키가 지적하듯이, 화폐가 매개하는 관계가 극단에 이르면 그것을 사용하는 사람들 자신이 서로에 대해 화폐처럼 다가선다. 돈에 팔려 내게 온 인간을 나는 화폐처럼 다른 이에게 지불할 수 있다. 고대의 노예들이 그랬고, 근대 '산업노예'들이 그렇다. 오늘날 연예인이나 운동선수들에게는 연봉과는 별개로 몸값이 매겨지는데, 실제로 이들은 소속 기획사나 구단에 의해 지불수단으로 사용되기도 한다. 클로소프스키는 이를 '살아 있는 화폐'라고 불렀다(クロソウスキ一,『生きた貨幣』).

** 최근 세계 곳곳에서 일고 있는 지역통화운동(LETS, Local Exchange Trading System)은 이와 관련된 중요한 시사점을 제공한다. 이 운동의 양상은 해당 지역이나 단체에 따라 다양하다. 중앙화폐 대신 공동체화폐를 직접 발행하는 경우도 있고, 거래 정보와 가치를 담은 게시판과 계정만으로 운영되는 경우도 있다. 운영 원리를 보면 유통 범위가 지역 수준이라는 점만을 제외하고는 중앙화폐와 동일한 경우도 있고, 화폐라기보다는 서로 선물을 증여하는 네트워크에 가까운 것도 있다. 캐나다의 코목스 밸리(Comox Valley)에서 이 운동이 처음 시작되었을 때는 실업자에게 화폐를 공급하고 노동력을 활용케 함으로써 지역의 불황을 타개하려는 것이 목적이었다. 하지만 점차 다른 긍정적 기능들이 발견되었다. 지역통화는 지역 내에서만 통용되므로 외부로 부가 유출되는 것을 막아주고, 생산과 소비를 직거래하므로 운송 등에서 생기는 불필요한 환경오염을 줄여주었다. 하지만 무엇보다도 중요하게 부각된 것은 인간관계의 전화였다. 이 운동에 참여한 다수의 사람들은 경제적 효과보다는 공동체 구성에 미치는 긍정적 효과를 높이 평가했다. 그리고 그 긍정성은 자신들만의 화폐를 사용한다는 사실보다는 자신들의 능력과 물건을 다른 이들에게 선물로서 줄 수 있다는 사실에서 나온 것이었다. 이는 화폐가 단순한 경제적 수단을 넘어서 사회적 관계를 의미한다는 것을, 그리고 근대 화폐에 대한 저항과 극복이 근대적 사회관계에 대한 저항과 극복을 의미한다는 것을 잘 보여준다(지역통화운동의 사례 조사에 대해서는 다음을 참조하라. 한국불교환경교육원,『인간의 얼굴을 가진 경제, 지역화폐운동의 가능성과 과제』, 한국불교환경교육원, 1998 ; K. Kobayashi, "Community Currency", *EEPH 196*, Senior Thesis, 1999. 지역통화운동이 근대 화폐질서에 대해 갖는 저항적 의미에 대해서는 다음을 참조하라. Roger Lee, "Local Money : Geographies of Autonomy and Resistance", *Money and the Space Economy*, Ron Martin, ed., New York : John Wiley & Sons, 1999).

였다고 말할 수 있다. 그것은 화폐에 대한 공동체적 방어막이 깨지지 않고서는 공동체 내의 화폐 유통이 불가능하기 때문이다. 하지만 우리는 반대로 말할 수도 있다. 그 방어막은 국가의 명령과 시장경제의 확산과정에서 깨졌기 때문이다. '명령으로서의 화폐'와 '상품으로서의 화폐'는 '관계로서의 화폐'를 전제하는 동시에 창출한 셈이다.

마지막으로 근대적 화폐구성체의 성립에서 우리가 확인할 수 있는 화폐의 의미는 '부'나 '가치'이다. 화폐는 어떤 구체적인 재화나 서비스로도 바뀔 수는 있지만, 그것들과 동일시할 수는 없는 추상적 형태의 '부'를 나타낸다. 본문에서 확인한 것처럼 근대 화폐에 대한 인식은 주로 부와의 관계를 중심으로 형성되었다. 부에 대한 생각이 변화하면 화폐의 기능과 용법도 달라졌다. 17~18세기에 화폐는 주로 부의 표상(representation of wealth)으로, 19세기에는 가치 형태(form of value)로 간주되었다. 그러나 그 위상을 어떻게 설정하든[*] 근대의 부나 가치는 화폐를 통해서만 표현되고 인식되었다.[**]

우리는 부가 화폐를 통해 표현된다는 것의 의미를 좀더 따져볼

---

[*] 근대 경제학자들은 대체로 화폐보다 부를 더 근본적인 것이라고 생각했고, 부에 대한 이해로부터 화폐의 기능과 용법을 정의하려고 했다. 그들은 심층에 있는 부나 가치에 대한 직접적 탐구를 표층에 있는 화폐가 방해하고 있다고 생각했다. 부가 실재(the real)라면 화폐는 표상(representation)이었고, 가치가 실체(substance)라면 화폐는 형태(형식, form)였다. 따라서 근대 경제학에서 화폐 자체에 대한 분석은 크게 발전하지 못했다. 심층의 가치에 대한 그들의 열망이 오히려 표층의 화폐를 볼 수 없도록 가렸던 것이다.

[**] 맑스가 명백히 밝혀놓았듯이 상품의 가치는 그 자체로 내재해 있는 게 아니라, 다른 상품들과의 관계 속에서만 규정되고 다른 상품들을 통해서만 표현된다. 즉 한 상품의 가치는 항상 다른 상품들을 자신의 '등가 형태'로 삼아서만 표현되는 것이다. 그런데 화폐란 '일반화된 등가 형태'에 다름 아니므로, 가치가 존재한다는 것은 결국 화폐가 존재한다는 것을 의미한다. "가치는 상품에 내재하는 화폐존재(Geldsein)이다"(맑스, 『정치경제학비판요강』 1권, p. 25).

필요가 있다. 본문에서 언급한 것처럼 맑스는 물욕과 구분되는 치부욕이 화폐제도의 발전과 관련해서 역사적으로 생겨난 것이라고 했다.[19] 옷, 자동차, 보석 등 구체적 물건에 대한 욕망은 어느 시대에나 존재할 수 있지만, 그것들로 환원될 수 없는 추상적 부에 대한 욕망은 그 부를 표현하고 축적할 수 있게 해주는 화폐가 있기에 가능한 것이다. 누군가 자신이 살지도 않을 다량의 저택을 보유하고 있다면, 그것은 저택 자체에 대한 욕심보다는 화폐로 표시되는 추상적 부에 대한 욕심 때문이라고 할 수 있다. 이때 화폐를 통해 표현되는 추상적 부란 구체적인 사물이나 활동이 아니라 그것들로 전환될 수 있는 어떤 힘을 나타낸다. 화폐는 바로 이런 힘을 소유 가능한 형태로 만들어주며 또한 축적 가능케 해준다.

근대 화폐의 '부'로서의 의미는 다른 의미들과 어떤 관계가 있을까. 그것은 '부'가 다른 것들로 전환할 수 있는 힘이라는 사실에서부터 추론할 수 있다. 첫째, '부로서의 화폐'는 '상품'으로의 전환 가능성(convertibility)을 의미한다. 부의 크기는 그것과 교환될 수 있는 상품들의 크기이다. 둘째, '부로서의 화폐'는 '명령'이나 '권력'으로의 전환 가능성을 의미한다. 부로서의 화폐는 국가 강제력의 뒷받침을 받으면서 직접적인 명령의 형식을 취하기도 하고, 정책 및 제도를 통해 간접적인 명령의 형식을 취하기도 한다.*** 셋째, '부로서의 화폐'는 새로운 '관계'를 생성시키고 기존 '관계'를 확장시킬 수 있는 힘을

*** '외환위기' 당시 국제통화기금은 구제 금융을 제공하는 대가로 한국 정부에 대규모의 사회구조 개혁을 요구했다. 사회적 반발을 억누르며 정부는 그것을 충실히 이행했는데, 이는 국제적 수준에서도 화폐가 어떻게 명령의 의미를 갖는지를 잘 보여준다.

가지고 있다. 부의 크기는 그것이 지배할 수 있는 관계의 크기라고 할 수 있다. 이처럼 '부'는 '상품'이나 '명령', '관계'로의 전환 가능성이라고 할 수 있다. 그리고 '부로서의 화폐'가 출현했다는 것은 '상품으로서의 화폐', '명령으로서의 화폐', '관계로서의 화폐'가 출현했다는 것을 동시에 의미한다.

근대 화폐가 우리 앞에 제시되었다면 그것은 하나의 상품으로서, 명령으로서, 관계로서, 부로서 제시된 것이다. 학자들에 따라 화폐의 정의가 그토록 다양한 것은 충분히 이해할 수 있는 일이다. 화폐를 앞에 두고 그 정체를 묻는다면, 우리는 한꺼번에 울려오는 여러 목소리를 듣게 될 것이다. 그 어느 것도 그것의 목소리가 아닌 것은 없지만 그 어느 것도 그것의 목소리라고 말할 수 없다. 왜냐하면 이 책의 서두에서 밝힌 것처럼, '화폐'란 개별화된 사물이 아니라 복합적인 구성체이기 때문이다. 그것은 잘 훈련된 성가대와 같다. 각각의 소리들은 고유한 배치와 구성 속에서 울려 퍼진다. 그러나 그때 우리가 듣고 있는 것은 여러 개의 목소리가 아니라 하나의 노래인 것이다.

후주

1장 | 근대의 화폐를 이해하기 위하여

1) 칼 맑스, 최인호 옮김, 『1844년의 경제학-철학 초고』, 박종철출판사, 1991, p.360.
2) 맑스, 『1844년의 경제학-철학 초고』, p.339.
3) 맑스, 『1844년의 경제학-철학 초고』, p.357. 재인용.
4) 미첼 아질레·애드리안 편햄, 김정휘 외 옮김, 『화폐심리학』, 학지사, 2003, p.81.
5) John Kenneth Galbraith, *Money, Whence It Came, Where It Went*, Boston : Houghton Mifflin, 1977, pp.88~89. [최황열 옮김, 『돈 : 그 역사와 전개』, 현암사, 1980.]
6) 칼 맑스, 고병권 옮김, 『데모크리토스와 에피쿠로스 자연철학의 차이 : 맑스 박사학위 논문』, 그린비, 2001, p.151.
7) 게오르크 짐멜, 안준섭·장영배·조희연 옮김, 『돈의 철학』, 한길사, 1983, p.304.
8) 짐멜, 『돈의 철학』, p.305.
9) サリー H.フランケル, 吉澤英成 譯, 『貨幣の哲學 : 信賴と權力の葛藤』, 東京 : 文眞堂, 1984, p.101.
10) 프리드리히 니체, 권영숙 옮김, 『즐거운 지식』, 청하, 1989, p.185.
11) 존 케네스 갤브레이스, 김은우 옮김, 『불확실성의 시대』, 대일서관, 1982, p.242.
12) 밀튼 프리드먼, 김병주 옮김, 『돈의 이야기』, 고려원, 1992, p.32.
13) 칼 맑스, 김수행 옮김, 『자본론』 I(상), 비봉출판사, 1992, p.105.
14) 맑스, 『자본론』 I(상), p.65.
15) 맑스, 『자본론』 I(상), p.91.
16) 맑스, 『자본론』 I(상), p.89. 강조는 인용자.
17) 르네 지라르, 김진식·박무호 옮김, 『폭력과 성스러움』, 민음사, 2000, p.388.
18) 맑스, 『자본론』 I(상), pp.86~87. 특히 각주 26번, 119번을 참조하라. 그리고 다음의 책도 참조하라. 칼 맑스, 김호균 옮김, 『정치경제학비판을 위하여』, 중원, 1989, pp.76~77.
19) 맑스, 『자본론』 I(상), p.113. 강조는 인용자.
20) 맑스, 『자본론』 I(상), p.110.
21) 칼 맑스, 김호균 옮김, 『정치경제학비판요강』 1권, 백의, 2000, p.215.
22) 장 보드리야르, 하태환 옮김, 『시뮬라시옹』, 민음사, 2001, p.40.
23) 애덤 스미스, 김수행 옮김, 『국부론』 상권, 동아출판사, 1996, pp.29~30.
24) 맑스, 『정치경제학비판요강』 1권, p.233.
25) 칼 폴라니, 홍기빈 옮김, 『전 세계적 자본주의인가 지역적 계획경제인가』, 책세상, 2002, p.33.
26) 맑스, 『정치경제학비판요강』 1권, p.137; 맑스, 『정치경제학비판을 위하여』, p.39.

27) 막스 베버, 조기준 옮김, 『사회경제사』, 삼성출판사, 1991, p.253.

28) 칼 폴라니 외, 이종욱 옮김, 『초기 제국에서의 교역과 시장』, 민음사, 1994, p.213.

29) 마르셀 모스, 이상률 옮김, 『증여론』, 한길사, 2002, p.47.

30) 짐멜, 『돈의 철학』, p.7.

31) Richard Swedberg, Ulf Himmelstrand, and Göran Brulin, "The Paradigm of Economic Sociology", *Structures of Capital: The Social Organization of the Economy*, Sharon Zukin and Paul Dimaggio, eds., Cambridge: Cambridge University Press, 1990.

32) 니겔 도드, 이택면 옮김, 『돈의 사회학』, 일신사, 2002, p.9.

33) 도드, 『돈의 사회학』, p.9.

34) Geoffrey Ingham, "Capitalism, Money and Banking: A Critique of Recent Historical Sociology", *The British Journal of Sociology*, vol.50, no.1, 1999; "On the Underdevelopment of the 'Sociology of Money'", *Acta Sociologica*, vol.41, no.1, 1998.

35) Swedberg, Himmelstrand and Brulin, "The Paradigm of Economic Sociology".

36) 마크 그라노베터, 「경제행위와 구조」, 『신경제사회학의 이해』, 역사비평사, 1994, p.241.

37) Wayne E. Baker, "What Is Money?: A Social Structural Interpretation", *Intercorporate Relations: The Structural Analysis of Business*, Mark S. Mizruchi and Michael Schwartz, eds., Cambridge: Cambridge University Press, 1987; Wayne E. Baker and Jason B. Jimerson, "The Sociology of Money", *American Behavioral Scientist*, vol.35, no.6, 1992.

38) Viviana A. Rotman Zelizer, *The Social Meaning of Money*, New York: Basic Books, 1994.

39) Eric Helleiner, *The Making of National Money: Territorial Currencies in Historical Perspective*, Ithaca: Cornell University Press, 2003; Emily Gilbert and Eric Helleiner, "Introduction: Nation-States and Money— Contexts, Interdisciplinary Perspectives", *Nation-States and Money: The Past, Present, and Future of National Currencies*, E. Gilbert and E. Helleiner, eds., London: Routledge, 1999.

40) Ingham, "Capitalism, Money and Banking", p.76.

41) 마르틴 하이데거, 이기상 옮김, 『기술과 전향』, 서광사, 1993, p.23.

42) 블라디미르 레닌, 김우현 옮김, 『인민의 벗이란 무엇인가』, 새길, 1990, p.21. 번역 일부 수정.

43) 에밀리오 세레니, 김민지 옮김, 「마르크스로부터 레닌으로: '경제적 사회구성체'의 범주」, 『사회구성체론: 생산의 기본요소와 사회구성체』, 이성과현실사, 1987, p.182.

44) 세레니, 「마르크스로부터 레닌으로」, p.191. 재인용.

45) 김용학·임현진, 『비교사회학: 쟁점, 방법 및 실제』, 나남, 2000, p.106.

46) Georg Friedrich Knapp, *The State Theory of Money*, H. M. Lucas and James Bonar, trans., Clifton, N.J.: Augustus M. Kelley Publishers, 1973.

47) 벤저민 J. 코헨, 박영철 옮김, 『화폐와 권력』, 시유시, 1999, p.64.

48) 칼 폴라니, 박현수 옮김, 『사람의 살림살이』, 풀빛, 1998, p.138.

2장 | 화폐거래네트워크에서 일어난 변화

1) 조녀선 윌리엄스 편저, 이인철 옮김, 『돈의 세계사』, 까치, 1998, p.22.

2) 윌리엄스, 『돈의 세계사』, p.215.

3) 막스 베버, 조기준 옮김, 『사회경제사』, 삼성출판사, 1991, p.253; 칼 폴라니 외, 이종욱 옮김, 『초기 제국에서의 교역과 시장』, 민음사, 1994, p.341.

4) 칼 폴라니, 박현수 옮김, 『사람의 살림살이』, 풀빛, 1998, p.213.

5) 베버, 『사회경제사』, p.254.

6) 폴라니, 『사람의 살림살이』, p.227.

7) 칼 맑스, 김수행 옮김, 『자본론』 I(상), 비봉출판사, 1992, p.164.

8) 칼 맑스, 김호균 옮김, 『정치경제학비판요강』 1권, 백의, 2000, p.233.

9) 페르낭 브로델, 주경철 옮김, 『물질문명과 자본주의』 I-2, 까치, 1995, p.626.

10) 브로델, 『물질문명과 자본주의』 I-2, p.626.

11) 칼 맑스, 김호균 옮김, 『정치경제학비판을 위하여』, 중원, 1989, p.38.

12) 베버, 『사회경제사』, p.255.

13) 게오르크 짐멜, 안준섭·장영배·조희연 옮김, 『돈의 철학』, 한길사, 1983, pp.288~292.

14) 맑스, 『정치경제학비판요강』 1권, p.213.

15) 브로델, 『물질문명과 자본주의』 I-2, p.633.

16) James G. Carrier, *Gifts and Commodities: Exchange and Western Capitalism since 1700*, London: Routledge, 1995, p.63.

17) 페르낭 브로델, 주경철 옮김, 『물질문명과 자본주의』 II-1, 까치, 1996, p.25.

18) Carrier, *Gifts and Commodities*, p.64.

19) John E. Crowley, *This Sheba, Self: The Conceptualization of Economic Life in Eighteenth Century America*, Baltimore: Johns Hopkins University Press, 1974, p.6.

20) 칼 폴라니, 박현수 옮김, 『거대한 변환: 우리 시대의 정치적·경제적 기원』, 민음사, 1996, p.85.

21) 찰스 틸리, 이향순 옮김, 『국민국가의 형성과 계보』, 학문과사상사, 1994, p.85.

22) 브로델, 『물질문명과 자본주의』 II-1. 제1장 참조.

23) 브로델, 『물질문명과 자본주의』 I-2, p.678.

24) 브로델, 『물질문명과 자본주의』 I-2, p.639. 재인용.

25) Giovanni Arrighi, *The Long Twentieth Century: Money, Power, and the Origins of Our Times*, London: Verso, 1994, p.96; Charles Kindleberger, *A Financial History of Western Europe*, Oxford: Oxford University Press, 1993, p.46.

26) 맑스, 『정치경제학비판을 위하여』, p.134.

27) 맑스, 『자본론』 I(상), p.170.

28) Marie-Thérèse Boyer-Xambeu, Ghislain Deleplace, and Lucien Gillard, *Private Money and Public Currencies: The 16th Century Challenge*, Azizeh Azodi, trans., Armonk, N.Y.: M. E. Sharpe, 1994, p.17.

29) Boyer-Xambeu, Deleplace, and Gillard, *Private Money and Public Currencies*, p.12.

30) Boyer-Xambeu, Deleplace, and Gillard, *Private Money and Public Currencies*, p.18.

31) Arrighi, *The Long Twentieth Century*, pp.100~102.

32) Boyer-Xambeu, Deleplace, and Gillard, *Private Money and Public Currencies*, p.23.

33) Boyer-Xambeu, Deleplace, and Gillard, *Private Money and Public Currencies*, pp.130~132.

34) Boyer-Xambeu, Deleplace, and Gillard, *Private Money and Public Currencies*, p.26.

35) Boyer-Xambeu, Deleplace, and Gillard, *Private Money and Public Currencies*, p.151.

36) 브로델, 『물질문명과 자본주의』 I-2, p.633.

37) 맑스, 『정치경제학비판요강』 1권, p.144.

38) 브로델, 『물질문명과 자본주의』 II-1, p.118.

39) 맑스, 『자본론』 I(상), p.171.

40) 브로델, 『물질문명과 자본주의』 II-1, p.115.

41) 브로델, 『물질문명과 자본주의』 II-1, p.115.

42) 브로델, 『물질문명과 자본주의』 II-1, p.117.

43) Boyer-Xambeu, Deleplace, and Gillard, *Private Money and Public Currencies*, p.67.

44) Boyer-Xambeu, Deleplace, and Gillard, *Private Money and Public Currencies*, p.92.

45) Boyer-Xambeu, Deleplace, and Gillard, *Private Money and Public Currencies*, p.93.

46) 브로델, 『물질문명과 자본주의』 II-1, p.131.

47) John G. Ruggie, "Continuity and Transformation in the World Polity : Toward a Neorealist Synthesis", *World Politics*, vol.35, no.2, 1983, p.173.

48) 벤저민 J. 코헨, 박영철 옮김, 『화폐와 권력』, 시유시, 1999, p.41.

49) Arrighi, *The Long Twentieth Century*, p.34.

50) 페르낭 브로델, 주경철 옮김, 『물질문명과 자본주의』 III-1, 까치, 1997, p.385.

51) Arrighi, *The Long Twentieth Century*, pp.47~49.

52) Arrighi, *The Long Twentieth Century*, p.118.

53) 피에르 빌라르, 김현일 옮김, 『금과 화폐의 역사 1450~1920』, 까치, 2000, p.185.

54) Arrighi, *The Long Twentieth Century*, p.125.

55) Boyer-Xambeu, Deleplace, and Gillard, *Private Money and Public Currencies*, p.185.

56) Boyer-Xambeu, Deleplace, and Gillard, *Private Money and Public Currencies*, p.183.

57) Boyer-Xambeu, Deleplace, and Gillard, *Private Money and Public Currencies*, p.178.

58) 브로델, 『물질문명과 자본주의』 III-1, p.239.

59) 빌라르, 『금과 화폐의 역사 1450~1920』, pp.251~254; Arrighi, *The Long Twentieth Century*, pp.138~139.

60) Boyer-Xambeu, Deleplace, and Gillard, *Private Money and Public Currencies*, p.41.

61) 브로델, 『물질문명과 자본주의』 II-1, p.224.

62) 짐멜, 『돈의 철학』, p.291.

63) 짐멜, 『돈의 철학』, p.291.

64) Arrighi, *The Long Twentieth Century*.

65) Kindleberger, *A Financial History of Western Europe*, p.52.

66) 빌라르, 『금과 화폐의 역사 1450~1920』, p.254.

67) Kindleberger, *A Financial History of Western Europe*, p.50.

68) 존 케네스 갤브레이스, 김은우 옮김, 『불확실성의 시대』, 대일서관, 1982, p.215.

69) 윌리엄스 편저, 『돈의 세계사』, p.171.

70) 칼 맑스, 김수행 옮김, 『자본론』 III(하), 비봉출판사, 1999, p.741.

71) Boyer-Xambeu, Deleplace, and Gillard, *Private Money and Public Currencies*, p.60.

72) 빌라르, 『금과 화폐의 역사 1450~1920』, p.262.

73) 브로델, 『물질문명과 자본주의』 I-2, p.685.

74) 페르낭 브로델, 주경철 옮김, 『물질문명과 자본주의』 II-2, 까치, 1996, p.550.

75) John Law, "Money and Trade Considered with a Proposal for Supplying the Nation with Money", *Monetary Theory : 1601~1758*, vol.5, Antoin E. Murphy, ed., London : Routledge, 1997.

76) Kindleberger, *A Financial History of Western Europe*, p.77.

77) 칼 맑스, 김수행 옮김, 『자본론』 III(상), 비봉출판사, 1999, p.491.

78) 맑스, 『자본론』 III(상), p.399.

79) 브로델, 『물질문명과 자본주의』 III-1, p.342.

80) Arrighi, *The Long Twentieth Century*. 참조.

81) 맑스, 『자본론』 I(상). 참조.

82) 맑스, 『자본론』 III(상), pp.491~492.

83) 맑스, 『자본론』 III(상), p.548.

84) 맑스, 『자본론』 III(상), p.527. 엥겔스의 주석.

85) 맑스, 『자본론』 III(상), p.490.

86) Kindleberger, *A Financial History of Western Europe*, p.102.

87) 브로델, 『물질문명과 자본주의』 III-1, pp.482~483.

88) 폴라니, 『거대한 변환』, p.86.

89) 브로델, 『물질문명과 자본주의』 III-1, p.413.

90) 브로델, 『물질문명과 자본주의』 III-1, p.385.

91) Kindleberger, *A Financial History of Western Europe*, p.88.

92) Thomas S. Ashton, "The Bill of Exchange and Private Banks in Lancashire, 1790~ 1830", *Papers in English Monetary History*, Thomas S. Ashton and Richard S. Sayers, eds., Oxford : Oxford University Press, 1953 ; Matthew Rowlinson, "'The Scotch Hate Gold' : British Identity and Paper Money", *Nation - States and Money : The Past, Present, and Future of National Currencies*, E. Gilbert and E. Helleiner, eds., London : Routledge, 1999, p.58.

93) Eric Helleiner, *The Making of National Money : Territorial Currencies in Historical Perspective*, Ithaca : Cornell University Press, 2003, pp.44~45.

94) Helleiner, *The Making of National Money*, p.36.

95) Kindleberger, *A Financial History of Western Europe*, p.80.

96) Helleiner, *The Making of National Money*, p.66.

97) Helleiner, *The Making of National Money*, p.64.

98) Richard Doty, "Matthew Boulton and the Coinage Revolution, 1787~1797", *Rare Coin Review*, vol.61, 1986 ; Helleiner, *The Making of National Money*, p.68.

99) Helleiner, The Making of National Money, p.73.

100) 브로델, 『물질문명과 자본주의』 I-2, p.639.

101) 브로델, 『물질문명과 자본주의』 I-2, p.625.

102) 칼 폴라니, 홍기빈 옮김, 『전 세계적 자본주의인가 지역적 계획경제인가』, 책세상, 2002, p.28.

3장 | 근대적 화폐주권의 성립

1) 칼 폴라니, 박현수 옮김, 『거대한 변환 : 우리 시대의 정치적 · 경제적 기원』, 민음사, 1996, p.86 ; 페르낭 브로델, 주경철 옮김, 『물질문명과 자본주의』 III-1, 까치, 1997, p.399.

2) 벤저민 J. 코헨, 박영철 옮김, 『화폐와 권력』, 시유시, 1999, p.64.

3) Carlo M. Cipolla, *Money, Prices, and Civilization in the Mediterranean World : Fifth to Seventeenth Century*, New York : Gordian Press, 1967, p.14.

4) 코헨, 『화폐와 권력』, p.103.

5) 코헨, 『화폐와 권력』, p.101.

6) 페리 앤더슨, 김현일 외 옮김, 『절대주의 국가의 역사』, 소나무, 1993, p.49.

7) 앤더슨, 『절대주의 국가의 역사』, p.49. 재인용.

8) 피에르 빌라르, 김현일 옮김, 『금과 화폐의 역사 1450~1920』, 까치, 2000, p.226

9) 게오르크 짐멜, 안준섭 · 장영배 · 조희연 옮김, 『돈의 철학』, 한길사, 1983, p.227.

10) Frank van Dun, "National Sovereignty and International Monetary Regimes", *Money and the Nation State : The Financial Revolution, Government and the World Monetary System*, K. Dowd and R. Timberlake, eds., New Brunswick : Transaction Publishers, 1998, p.50.

11) Georg Friedrich Knapp, *The State Theory of Money*, H. M. Lucas and James Bonar, trans., Clifton, N.J. : Augustus M. Kelley Publishers, 1973, pp.6~7.

12) Knapp, *The State Theory of Money*, pp.132~133.

13) Knapp, *The State Theory of Money*. 참조.

14) 존 메이너드 케인즈, 신태환·이석륜 옮김, 『화폐론』 상권, 비봉출판사, 1992, pp.3~30.
15) 앤소니 기든스, 이윤희·이현희 옮김, 『포스트모더니티』, 민영사, 1991, p.37.
16) Geoffrey Ingham, *Capitalism Divided?: The City and Industry in British Social Development*, London: Macmillan, 1984, p.257.
17) 찰스 틸리, 이향순 옮김, 『국민국가의 형성과 계보』, 학문과사상사, 1994, p.74; 찰스 틸리, 윤승준 옮김, 『유럽혁명 1492~1992』, 새물결, 2000, p.62.
18) 니겔 도드, 이택면 옮김, 『돈의 사회학』, 일신사, 2002, p.81.
19) 틸리, 『국민국가의 형성과 계보』, p.70.
20) 이매뉴얼 월러스틴, 나종일 외 옮김, 『근대세계체제』 I, 까치, 1999.
21) 월러스틴, 『근대세계체제』 I, p.283.
22) 폴라니, 『거대한 변환』, p.85.
23) 월러스틴, 『근대세계체제』 I, p.304.
24) 브로델, 『물질문명과 자본주의』 III-1, p.120.
25) 질 들뢰즈·펠릭스 가타리, 이진경·권혜원 옮김, 『천의 고원』 II, 연구공간 너머, 2000, p.219.
26) 들뢰즈·가타리, 『천의 고원』 II, p.220.
27) 들뢰즈·가타리, 『천의 고원』 II, p.220.
28) 들뢰즈·가타리, 『천의 고원』 II, p.220.
29) 브로델, 『물질문명과 자본주의』 III-1, p.410.
30) 들뢰즈·가타리, 『천의 고원』 II, p.221.
31) 페르낭 브로델, 주경철 옮김, 『물질문명과 자본주의』 II-1, 까치, 1996, p.122.
32) 브로델, 『물질문명과 자본주의』 II-1, p.131.
33) 월러스틴, 『근대세계체제』 I, p.305.
34) Marie-Thérèse Boyer-Xambeu, Ghislain Deleplace, and Lucien Gillard, *Private Money and Public Currencies: The 16th Century Challenge*, Azizeh Azodi, trans., Armonk, N.Y.: M. E. Sharpe, 1994, p.113.
35) 페르낭 브로델, 주경철 옮김, 『물질문명과 자본주의』 II-2, 까치, 1996, p.756.
36) 틸리, 『국민국가의 형성과 계보』, p.109.
37) 틸리, 『유럽혁명 1492~1992』, p.67.
38) 앤더슨, 『절대주의 국가의 역사』, p.31.
39) 앤더슨, 『절대주의 국가의 역사』, p.70.
40) 이매뉴얼 월러스틴, 나종일 외 옮김, 『근대세계체제』 II, 까치, 1999, p.418.
41) 월러스틴, 『근대세계체제』 II, p.418. 각주 214번 참조
42) Charles Kindleberger, *A Financial History of Western Europe*, Oxford: Oxford University Press, 1993, p.6. 재인용.
43) 틸리, 『국민국가의 형성과 계보』, p.131. 재인용.
44) 앤더슨, 『절대주의 국가의 역사』, p.31.
45) 월러스틴, 『근대세계체제』 II, p.179.
46) 니알 퍼거슨, 류후규 옮김, 『현금의 지배』, 김영사, 2002, p.49.
47) 월러스틴, 『근대세계체제』 II. 각주 214번 재인용.
48) Kindleberger, *A Financial History of Western Europe*, p.7.
49) 월러스틴, 『근대세계체제』 II, p.179.
50) 브로델, 『물질문명과 자본주의』 III-1, p.483.
51) 월러스틴, 『근대세계체제』 I, p.213.
52) 베르너 좀바르트, 이상률 옮김, 『사치와 자본주의』, 문예출판사, 1997, p.4.
53) 칼 맑스, 김수행 옮김, 『자본론』 III(상), 비봉출판사, 1999, p.393. 각주 2번 참조
54) 리사 자딘, 이선근 옮김, 『상품의 역사』, 영림카디널, 2003, p.107.

55) 노르베르트 엘리아스, 박여성 옮김, 『궁정사회』, 한길사, 2003, p.342.
56) 좀바르트, 『사치와 자본주의』, p.121. 재인용.
57) 좀바르트, 『사치와 자본주의』, p.126.
58) 좀바르트, 『사치와 자본주의』, p.137.
59) 엘리아스, 『궁정사회』, p.340.
60) 엘리아스, 『궁정사회』, p.155.
61) 좀바르트, 『사치와 자본주의』, p.48 ; 엘리아스, 『궁정사회』, p.107.
62) 월러스틴, 『근대세계체제』 I, p.210.
63) 틸리, 『국민국가의 형성과 계보』, p.75.
64) 월러스틴, 『근대세계체제』 I, p.212.
65) 앤더슨, 『절대주의 국가의 역사』, p.32.
66) 엘리아스, 『궁정사회』, p.333.
67) 월러스틴, 『근대세계체제』 I, p.214.
68) 엘리아스, 『궁정사회』, p.334.
69) 앤더슨, 『절대주의 국가의 역사』, p.55.
70) 월러스틴, 『근대세계체제』 I, p.213. 각주 23번 재인용.
71) 브로델, 『물질문명과 자본주의』 II-2, p.744.
72) 브로델, 『물질문명과 자본주의』 II-2, p.744.
73) 페르낭 브로델, 주경철 옮김, 『물질문명과 자본주의』 I-2, 까치, 1995, p.746.
74) 빌라르, 『금과 화폐의 역사 1450~1920』, p.311.
75) 브로델, 『물질문명과 자본주의』 II-2, p.752.
76) 칼 맑스, 김수행 옮김, 『자본론』 I(하), 비봉출판사, 1992, p.949.
77) 들뢰즈·가타리, 『천의 고원』 II, pp.232, 238.
78) 퍼거슨, 『현금의 지배』, p.68.
79) 이매뉴얼 월러스틴, 나종일 외 옮김, 『근대세계체제』 III, 까치, 1999, pp.37~39.
80) 들뢰즈·가타리, 『천의 고원』 II, p.231. 재구성.
81) 칼 맑스, 김수행 옮김, 『자본론』 III(하), 비봉출판사, 1999, p.738.
82) 맑스, 『자본론』 III(하), p.737.
83) 브로델, 『물질문명과 자본주의』 I-2, p.627.
84) 게오르크 빌헬름 프리드리히 헤겔, 임석진 옮김, 『법철학』, 지식산업사, 1996, p.468.
85) 헤겔, 『법철학』, 1996, p.467.
86) 짐멜, 『돈의 철학』, p.239.
87) 짐멜, 『돈의 철학』, p.239.
88) 잔프랑코 폿지, 박상섭 옮김, 『근대국가의 발전』, 민음사, 1995, p.130.
89) 폿지, 『근대국가의 발전』, p.130.
90) 폿지, 『근대국가의 발전』, p.131.
91) 앤더슨, 『절대주의 국가의 역사』, p.33.
92) 도드, 『돈의 사회학』, p.91.
93) 틸리, 『국민국가의 형성과 계보』, p.87.
94) 폴라니, 『거대한 변환』, p.249.
95) 코헨, 『화폐와 권력』, p.80.
96) 코헨, 『화폐와 권력』, p.80. 재인용.
97) Emily Gilbert and Eric Helleiner, "Introduction: Nation-States and Money—Historical Contexts, Interdisciplinary Perspectives", *Nation-States and Money: The Past, Present, and Future of National Currencies*, E. Gilbert and E. Helleiner, eds., London: Routledge, 1999, p.7.

98) Matthew Rowlinson, "'The Scotch Hate Gold': British Identity and Paper Money", *Nation-States and Money: The Past, Present, and Future of National Currencies*, E. Gilbert and E. Helleiner, eds., London: Routledge, 1999, pp.52~53.

99) 베네딕트 앤더슨, 윤형숙 옮김, 『상상의 공동체』, 나남, 2002, p.25.

100) Rowlinson, "'The Scotch Hate Gold'", p.51.

101) Eric Helleiner, *The Making of National Money: Territorial Currencies in Historical Perspective*, Ithaca: Cornell University Press, 2003, p.45.

102) Helleiner, *The Making of National Money*; 코헨, 『화폐와 권력』.

103) 맑스, 『자본론』 I(하), pp.949~950.

104) 정운찬, 「중앙은행제도의 개편에 관하여」, 『한국행정연구』(제6권/2호), 1997, p.117.

105) 찰스 굿하트, 김홍범 옮김, 『중앙은행의 진화』, 비봉출판사, 1997, p.30.

106) ミッシェル アグリエッタ・アンドレ オルレアン, 井上泰夫・齊藤日出治 譯, 『貨幣の暴力 : 金融危機のレギュラシオン・アプローチ』, 東京: 法政大學出版局, 1991.

107) 맑스, 『자본론』 III(하), p.659.

108) Rowlinson, "'The Scotch Hate Gold'", p.56.

109) Michel Aglietta, "Genèse des banques centrales et légitimité de la monnaie", *Annales: Economies, Sociétés, Civilisations*, no.3, Mai-Juin, 1992, p.677.

110) Aglietta, "Genèse des banques centrales et légitimité de la monnaie", p.677.

111) 차명수, 『금융공황과 외환위기, 1870~2000』, 아카넷, 2000, p.45. 각주 10번 참조.

112) 굿하트, 『중앙은행의 진화』, p.198, 재인용.

113) Helleiner, *The Making of National Money*, p.64.

114) Marc Flandreau, "Les règles de la pratique: La Banque de France, le marché des métaux précieux et la naissance de l'étalon-or 1848~1876", *Annales: Histoire, Sciences, Sociales*, no.4, Juillet-Août, 1996, p.871.

4장 | 화폐공동체로서 '사회'의 탄생

1) 칼 폴라니, 박현수 옮김, 『사람의 살림살이』, 풀빛, 1998, p.138.

2) 칼 맑스, 김호균 옮김, 『정치경제학비판요강』 1권, 백의, 2000, p.215.

3) 페르낭 브로델, 주경철 옮김, 『물질문명과 자본주의』 II-1, 까치, 1996, p.277.

4) 애덤 스미스, 김수행 옮김, 『국부론』 상권, 동아출판사, 1996, pp.29~30.

5) 마르셀 모스, 이상률 옮김, 『증여론』, 한길사, 2002, p.51.

6) 칼 폴라니, 홍기빈 옮김, 『전 세계적 자본주의인가 지역적 계획경제인가』, 책세상, 2002, p.33.

7) 모스, 『증여론』, p.53.

8) 칼 폴라니 외, 이종욱 옮김, 『초기 제국에서의 교역과 시장』, 민음사, 1994, p.110.

9) 모스, 『증여론』, p.74.

10) Claude Lévi-Strauss, *Introduction to the Work of Marcel Mauss*, F. Baker, trans., London: Routledge, 1987, pp.45~46.

11) 모스, 『증여론』, pp.99~100.

12) 질 들뢰즈·펠릭스 가타리, 최명관 옮김, 『앙띠 오이디푸스』, 민음사, 1995, p.280.

13) 들뢰즈·가타리, 『앙띠 오이디푸스』, pp.280~281.

14) 조너선 윌리엄스 편저, 이인철 옮김, 『돈의 세계사』, 까치, 1998, pp.209~210. 재인용.

15) 피에르 클라스트르, 변지현·이종영 옮김, 『폭력의 고고학: 정치인류학 연구』, 울력, 2002, pp.279~280.

16) 게오르크 짐멜, 안준섭·장영배·조희연 옮김, 『돈의 철학』, 한길사, 1983, p.154.
17) 칼 맑스, 김호균 옮김, 『정치경제학비판을 위하여』, 중원, 1989, p.38; 맑스, 『정치경제학비판요강』 1권, pp.213, 215.
18) 페르디난트 퇴니에스, 황성호 옮김, 『공동사회와 이익사회』, 삼성출판사, 1982.
19) 맑스, 『정치경제학비판요강』 1권, p.213.
20) 맑스, 『정치경제학비판을 위하여』, p.38. 강조는 인용자.
21) 칼 맑스, 『자본론』 I(상), 비봉출판사, 1992, p.111.
22) 맑스, 『자본론』 I(상), p.110.
23) 퇴니에스, 『공동사회와 이익사회』, p.66.
24) 스미스, 『국부론』 상권, p.29.
25) 한나 아렌트, 이진우·태정호 옮김, 『인간의 조건』, 한길사, 1997, pp.82~83.
26) 아렌트, 『인간의 조건』, p.82.
27) 아렌트, 『인간의 조건』, p.86. 재인용.
28) 아렌트, 『인간의 조건』, p.90.
29) 페르낭 브로델, 주경철 옮김, 『물질문명과 자본주의』 II-2, 까치, 1996, p.615.
30) 브로델, 『물질문명과 자본주의』 II-2, p.616.
31) 막스 베버, 조기준 옮김, 『사회경제사』, 삼성출판사, 1991, p.242.
32) Marie-Thérèse Boyer-Xambeu, Ghislain Deleplace, and Lucien Gillard, *Private Money and Public Currencies: The 16th Century Challenge*, Azizeh Azodi, trans., Armonk, N.Y.: M. E. Sharpe, 1994, p.23.
33) Boyer-Xambeu, Deleplace, and Gillard, *Private Money and Public Currencies*, p.24.
34) 브로델, 『물질문명과 자본주의』 II-1, p.135.
35) 위르겐 하버마스, 한승완 옮김, 『공론장의 구조변동』, 나남, 2001, p.80.
36) 하버마스, 『공론장의 구조변동』, p.89.
37) 페리 앤더슨, 김현일 외 옮김, 『절대주의 국가의 역사』, 소나무, 1993, p.32.
38) 피에르 빌라르, 김현일 옮김, 『금과 화폐의 역사 1450~1920』, 까치, 2000, p.261.
39) 베르너 좀바르트, 이상률 옮김, 『사치와 자본주의』, 문예출판사, 1997, pp.17~18.
40) 좀바르트, 『사치와 자본주의』, p.18.
41) 이매뉴얼 월러스틴, 나종일 외 옮김, 『근대세계체제』 II, 까치, 1999, p.183.
42) 이매뉴얼 월러스틴, 나종일 외 옮김, 『근대세계체제』 III, 까치, 1999, p.66.
43) 월러스틴, 『근대세계체제』 II, p.186.
44) 칼 맑스, 최인호 옮김, 『1844년의 경제학-철학 초고』, 박종철출판사, 1991, pp.287~288. 강조는 인용자.
45) 칼 맑스, 김대웅 옮김, 『독일이데올로기』, 두레, 1989, p.117.
46) 칼 맑스, 김태호 옮김, 『공산주의 선언』, 박종철출판사, 1998, pp.6~7.
47) 맑스, 『정치경제학비판요강』 1권, p.145.
48) 맑스, 『정치경제학비판요강』 1권, p.145.
49) 크로포드 B. 맥퍼슨, 이유동 옮김, 『소유적 개인주의의 정치이론; 홉스에서 로크까지』, 인간사랑, 1991, p.49.
50) 토머스 홉스, 한승조 옮김, 『리바이어던』, 삼성출판사, 1995, p.205.
51) 홉스, 『리바이어던』, p.313.
52) John Locke, "Some Considerations of the Consequences of the Lowering of Interest, and Raising the Value of Money", *Monetary Theory: 1601~1758*, vol.5, Antoin E. Murphy, ed., London: Routledge, 1997, p.11.
53) Locke, "Some Considerations of the Consequences of the Lowering of Interest", p.35.
54) Locke, "Some Considerations of the Consequences of the Lowering of Interest", p.37.

55) Locke, "Some Considerations of the Consequences of the Lowering of Interest," p.52.

56) 맥퍼슨, 『소유적 개인주의의 정치이론』, p.287.

57) 맥퍼슨, 『소유적 개인주의의 정치이론』, p.292.

58) 맥퍼슨, 『소유적 개인주의의 정치이론』, pp.287, 316.

59) 맥퍼슨, 『소유적 개인주의의 정치이론』, pp.297, 314.

60) 앨버트 허쉬만, 김승현 옮김, 『열정과 이해관계』, 나남, 1994, p.58.

61) 아렌트, 『인간의 조건』, p.121.

62) 아렌트, 『인간의 조건』, p.122.

63) 홍기빈, 『아리스토텔레스, 경제를 말하다』, 책세상, 2001, p.31.

64) 모스, 『증여론』, p.270.

65) 허쉬만, 『열정과 이해관계』, p.39.

66) John A. Gunn, "'Interest Will Not Lie': A 17th Century Political Maxim", *Journal of the History of Ideas*, vol.24, no.4, 1968, p.551.

67) Gunn, "'Interest Will Not Lie'", p.552.

68) Gunn, "'Interest Will Not Lie'", p.557.

69) 허쉬만, 『열정과 이해관계』, p.59.

70) 허쉬만, 『열정과 이해관계』, p.64. 재인용.

71) 조안 로빈슨, 주명건 옮김, 『경제철학』, 정음사, 1983, p.25. 재인용.

72) 허쉬만, 『열정과 이해관계』, p.81.

73) 스미스, 『국부론』 상권, p.22.

74) Louis Dumont, *From Mandeville to Marx: The Genesis and Triumph of Economic Ideology*, Chicago: University of Chicago Press, 1977, p.70.

75) 스미스, 『국부론』 상권; 허쉬만, 『열정과 이해관계』, p.110.

76) 하버마스, 『공론장의 구조변동』, p.84.

77) 하버마스, 『공론장의 구조변동』, pp.83~84.

78) 하버마스, 『공론장의 구조변동』, p.91.

79) 하버마스, 『공론장의 구조변동』, p.95.

80) 하버마스, 『공론장의 구조변동』, pp.226~227.

81) 맑스, 『독일이데올로기』, p.129.

82) 칼 맑스, 홍영두 옮김, 『헤겔법철학비판』, 아침, 1988, pp.201, 202.

83) 칼 폴라니, 박현수 옮김, 『거대한 변환: 우리 시대의 정치적·경제적 기원』, 민음사, 1996, p.143.

84) 폴라니, 『거대한 변환』, p.144.

85) 폴라니, 『거대한 변환』, p.146.

86) 로버트 오웬, 이문창 옮김, 「사회에 관한 새 견해」, 『사회에 관한 새 견해』, 형성출판사, 1982, p.119.

87) 샤를 푸리에, 이문창 옮김, 「산업적 협동사회적 새 세계」, 『사회에 관한 새 견해』, 형성출판사, 1982, p.373.

88) 폴라니, 『거대한 변환』, p.134.

89) 로버트 A. 니스벳, 지승종 옮김, 「공동체 이론의 역사」, 『공동체 이론』, 신용하 엮음, 문학과지성사, 1985, p.115.

90) 퇴니에스, 『공동사회와 이익사회』, p.250.

91) Émile Durkheim, "Durkheim's Review of Georg Simmel's *Philosophie des Geldes*", *Social Research*, vol.46, 1979.

92) 앤소니 기든스, 이종인 옮김, 『뒤르켐』, 시공사, 2000, p.17.

93) 에밀 뒤르켐, 윤병철·박창호 옮김, 『사회학적 방법의 규칙들』, 새물결, 2001, p.55.

94) 김종엽, 『연대와 열광: 에밀 뒤르켐의 현대성 비판 연구』, 창작과비평사, 1998, p.211. 재인용.

95) 니스벳, 「공동체 이론의 역사」, p.115.
96) 맑스, 『정치경제학비판을 위하여』, p.17.
97) 맑스, 『자본론』 I(상), p.75.

5장 | 근대 화폐론의 형성

1) 칼 맑스, 김호균 옮김, 『정치경제학비판요강』 1권, 백의, 2000, p.213.
2) 막스 베버, 조기준 옮김, 『사회경제사』, 삼성출판사, 1991, p.285.
3) 페르낭 브로델, 주경철 옮김, 『물질문명과 자본주의』 I-2, 까치, 1995, p.681.
4) 브로델, 『물질문명과 자본주의』 I-2, p.681.
5) Marie-Thérèse Boyer-Xambeu, Ghislain Deleplace, and Lucien Gillard, *Private Money and Public Currencies: The 16th Century Challenge*, Azizeh Azodi, trans., Armonk, N.Y.: M. E. Sharpe, 1994, p.134.
6) Boyer-Xambeu, Deleplace, Gillard, *Private Money and Public Currencies*, p.6.
7) Boyer-Xambeu, Deleplace, Gillard, *Private Money and Public Currencies*, p.5. 재인용.
8) Giovanni Arrighi, *The Long Twentieth Century: Money, Power, and the Origins of Our Times*, London: Verso, 1994, p.113.
9) 미셸 푸코, 이광래 옮김, 『말과 사물』, 민음사, 1995, p.209.
10) 피에르 빌라르, 김현일 옮김, 『금과 화폐의 역사 1450~1920』, 까치, 2000, p.29.
11) 푸코, 『말과 사물』, p.215.
12) Bernardo Davanzati, "A Discourse Upon Coins", *Monetary Theory: 1601~1758*, vol.3, Antoin E. Murphy, ed., London: Routledge, 1997, pp.381~382.
13) Davanzati, "A Discourse Upon Coins", p.387; 빌라르, 『금과 화폐의 역사 1450~1920』, p.16.
14) Ken Bieda, "Copernicus as an Economist", *The Economic Record*, vol.49, no.125, 1973, p.97. 재인용.
15) Bieda, "Copernicus as an Economist", p.93.
16) Bieda, "Copernicus as an Economist", p.92.
17) 빌라르, 『금과 화폐의 역사 1450~1920』, p.226.
18) Bieda, "Copernicus as an Economist", p.101. 재인용.
19) 빌라르, 『금과 화폐의 역사 1450~1920』, p.110.
20) 빌라르, 『금과 화폐의 역사 1450~1920』, p.199.
21) 페르낭 브로델, 주경철 옮김, 『물질문명과 자본주의』 II-1, 까치, 1996, p.273.
22) 푸코, 『말과 사물』, pp.211~212; 빌라르, 『금과 화폐의 역사 1450~1920』, p.110.
23) 빌라르, 『금과 화폐의 역사 1450~1920』, p.205.
24) 빌라르, 『금과 화폐의 역사 1450~1920』, p.208. 재인용.
25) 빌라르, 『금과 화폐의 역사 1450~1920』, p.230.
26) 스미스, 『국부론』 상권, p.408.
27) 푸코, 『말과 사물』, p.216. 재인용.
28) Nicholas Barbon, "A Discourse of Trade", *Monetary Theory: 1601~1758*, vol.3, Antoin E. Murphy, ed., London: Routledge, 1997, p.9.
29) Thomas Mun, "England's Treasure by Forraign Trade", *Monetary Theory: 1601~1758*, vol. 1, Antoin E. Murphy, ed., London: Routledge, 1997.
30) 푸코, 『말과 사물』, p.215.
31) Barbon, "A Discourse of Trade", pp.12~13.

32) Barbon, "A Discourse of Trade", pp.11~12.

33) 푸코, 『말과 사물』, p.217. 재인용.

34) David Hume, "Political Discourses", *Monetary Theory: 1601~1758*, vol.6, Antoin E. Murphy, ed., London: Routledge, 1997, p.66.

35) Barbon, "A Discourse of Trade", p.9.

36) 프랑수아 케네, 심상필 옮김, 『경제표』, 비봉출판사, 1990, p.49.

37) 푸코, 『말과 사물』, pp.233~234.

38) 케네, 『경제표』, p.46.

39) 케네, 『경제표』, p.47.

40) 칼 맑스, 편집부 옮김, 『잉여가치학설사』 1권, 아침, 1991, p.58. 재인용.

41) Paul Vidonne, *Essai sur la formation de la pensée économique*, Paris: Economica, 1986, p.44.

42) 헨리 힉스, 김기태·배승진 옮김, 『프랑소와 케네와 중농주의자: 18세기 프랑스 경제학자에 대한 강의』, 비봉출판사, 1994, p.39.

43) Vidonne, *Essai sur la formation de la pensée économique*, p.45. 재인용.

44) 토머스 홉스, 한승조 옮김, 『리바이어던』, 삼성출판사, 1995, p.312.

45) 홉스, 『리바이어던』, pp.316~317.

46) John Law, "Money and Trade Considered with a Proposal for Supplying the Nation with Money", *Monetary Theory: 1601~1758*, vol.5, Antoin E. Murphy, ed., London: Routledge, 1997, p.35.

47) Bieda, "Copernicus as an Economist", p.95.

48) Law, "Money and Trade", p.3.

49) 칼 맑스, 김수행 옮김, 『자본론』 I(상), 비봉출판사, 1992, p.154.

50) 몽테스키외, 신상초 옮김, 『법의 정신』, 을유문화사, 1990.

51) 푸코, 『말과 사물』, p.227.

52) Hume, "Political Discourses". 참조.

53) Hume, "Political Discourses", p.66.

54) Hume, "Political Discourses", p.69.

55) Hume, "Political Discourses", p.70.

56) 브로델, 『물질문명과 자본주의』 I-2, p.689.

57) 브로델, 『물질문명과 자본주의』 I-2, p.688. 재인용.

58) Barbon, "A Discourse of Trade", p.13.

59) Law, "Money and Trade", p.22.

60) Law, "Money and Trade", pp.22~23.

61) Law, "Money and Trade", p.55.

62) Law, "Money and Trade", p.35.

63) Law, "Money and Trade", p.58.

64) Law, "Money and Trade", p.54.

65) 몽테스키외, 『법의 정신』, p.344.

66) Hume, "Political Discourses", pp.67~68.

67) Law, "Money and Trade", p.55.

68) 푸코, 『말과 사물』, pp.222~223.

69) 스미스 『국부론』 상권, p.39.

70) 스미스 『국부론』 상권, p.38.

71) 푸코, 『말과 사물』, p.269.

72) 스미스 『국부론』 상권, p.34.

73) 푸코, 『말과 사물』, p.270.
74) 스미스, 『국부론』 상권, p.36.
75) 스미스, 『국부론』 상권, p.39.
76) 스미스, 『국부론』 상권, p.40.
77) 스미스, 『국부론』 상권, p.42.
78) 스미스, 『국부론』 상권, p.42.
79) 데이비드 리카도, 정윤형 옮김, 『정치경제학 및 과세의 원리』, 비봉출판사, 1991, p.76.
80) 리카도, 『정치경제학 및 과세의 원리』, p.75.
81) 리카도, 『정치경제학 및 과세의 원리』, p.76.
82) 리카도, 『정치경제학 및 과세의 원리』, p.106.
83) 리카도, 『정치경제학 및 과세의 원리』, p.353.
84) 리카도, 『정치경제학 및 과세의 원리』, pp.354, 356.
85) 리카도, 『정치경제학 및 과세의 원리』, p.438.
86) Richard S. Sayers, "Ricardo's Views on Monetary Questions", *Papers in English Monetary History*, Thomas S. Ashton and Richard S. Sayers, eds., Oxford: Oxford University Press, 1953, p.80.
87) 맑스, 『정치경제학비판요강』 1권, p.247.
88) 칼 맑스, 김수행 옮김, 『자본론』 III(상), 비봉출판사, 1999, p.408.
89) 맑스, 『자본론』 I(상), p.189.
90) 맑스, 『자본론』 I(상), p.202.
91) 맑스, 『자본론』 I(상), p.207.
92) 맑스, 『자본론』 I(상), p.208.
93) 맑스, 『자본론』 I(상), pp.210~211.
94) 칼 맑스, 김호균 옮김, 『정치경제학비판요강』 2권, 백의, 2000, p.134.
95) 폴라니, 『전 세계적 자본주의인가 지역적 계획경제인가』, pp.26~27.
96) 맑스, 『정치경제학비판요강』 2권, p.137.
97) Anitra Nelson, *Marx's Concept of Money: The God of Commodities*, London: Routledge, 1999, p.125.
98) 맑스, 『자본론』 III(상), p.408.
99) 맑스, 『자본론』 III(상), p.475.
100) 칼 맑스, 김수행 옮김, 『자본론』 III(하), 비봉출판사, 1999, p.570.
101) 맑스, 『자본론』 III(하), pp.572~573.
102) 맑스, 『자본론』 III(상), p.485.
103) 맑스, 『자본론』 III(상), p.485.
104) 맑스, 『자본론』 I(상), p.193.
105) 맑스, 『자본론』 I(상), pp.193~194.
106) 자크 르 고프, 김정희 옮김, 『돈과 구원』, 이학사, 1998, pp.39, 53.

6장 | 서유럽에서 근대적 화폐구성체의 성립

1) 질 들뢰즈·펠릭스 가타리, 이진경·권혜원 옮김, 『천의 고원』 II, 연구공간 너머, 2000, p.239.
2) 들뢰즈·가타리, 『천의 고원』 II, p.240.
3) 피에르 클라스트르, 변지현·이종영 옮김, 『폭력의 고고학: 정치인류학 연구』, 울력, 2002, p.279.
4) 칼 폴라니, 박현수 옮김, 『사람의 살림살이』, 풀빛, 1998, p.175.

5) 자크 르 고프, 김정희 옮김, 『돈과 구원』, 이학사, 1998, p.69.

6) 칼 맑스, 김호균 옮김, 『정치경제학비판을 위하여』, 중원, 1989, p.38.

7) 한나 아렌트, 이진우·태정호 옮김, 『인간의 조건』, 한길사, 1997; 위르겐 하버마스, 한승완 옮김, 『공론장의 구조변동』, 나남, 2001.

8) 칼 맑스, 김호균 옮김, 『정치경제학비판요강』 1권, 백의, 2000, p.215.

9) 맑스, 『정치경제학비판요강』 1권, p.213.

10) 페르낭 브로델, 주경철 옮김, 『물질문명과 자본주의』 III-1, 까치, 1997, p.120.

11) 들뢰즈·가타리, 『천의 고원』 II, p.220.

12) 게오르크 짐멜, 안준섭·장영배·조희연 옮김, 『돈의 철학』, 한길사, 1983, p.291.

13) 들뢰즈·가타리, 『천의 고원』 II, p.232.

14) 폴라니, 『사람의 살림살이』. 참조.

15) 칼 폴라니 외, 이종욱 옮김, 『초기 제국에서의 교역과 시장』, 민음사, 1994; 마르셀 모스, 이상률 옮김, 『증여론』, 한길사, 2002.

16) 질 들뢰즈·펠릭스 가타리, 최명관 옮김, 『앙띠 오이디푸스』, 민음사, 1995, p.297.

17) 들뢰즈·가타리, 『천의 고원』 II, p.232.

18) 맑스, 『정치경제학비판요강』 1권, pp.213, 215.

19) 맑스, 『정치경제학비판요강』 1권, p.213.

참고문헌

:: **국내 문헌**

김상환(2003).「화폐, 언어, 무의식」,『철학사상』(별책 1권/4호), 철학연구소.

김용학·임현진(2000).『비교사회학 : 쟁점, 방법 및 실제』, 나남.

김종엽(1998).『연대와 열광 : 에밀 뒤르켐의 현대성 비판 연구』, 창작과비평사.

성태규·정병기(2003).「금융세계화와 유럽차원의 대응 : 유럽중앙은행의 기원과 역할 및 한계를 중심으로」,『국제정치논총』(제43집/3호), 한국국제정치학회.

신용하(1985).「공동체에 대한 현대인의 추구」,『공동체이론』, 신용하 엮음, 문학과지성사.

안현효(1996).『현대정치경제학의 재구성을 위하여』, 새날.

이진경(2004).『자본을 넘어선 자본』, 그린비.

임현진(1992).「역사로 되돌아가자 : 비교사회학의 방법론적 전략」,『비교사회학 : 방법과 실제』II, 한국비교사회연구회 편저, 열음사.

정운찬(1997).「중앙은행제도의 개편에 관하여」,『한국행정연구』(제6권/2호), 한국행정연구원.

조순(1982).『케인즈』, 유풍출판사.

차명수(2000).『금융공황과 외환위기, 1870~2000』, 아카넷.

한국불교환경교육원(1998).『인간의 얼굴을 가진 경제, 지역화폐운동의 가능성과 과제』, 한국불교환경교육원.

홍기빈(2001).『아리스토텔레스, 경제를 말하다』, 책세상.

:: 해외 문헌

Aglietta, Michel(1992). "Genèse des banques centrales et légitimité de la monnaie", *Annales: Economies, Sociétés, Civilisations*, no.3, Mai-Juin.

Aglietta, Michel, et André Orléan(1982). *La violence de la monnaie*, Paris: PUF, 1982. 〔(ミッシェル アグリエッタ・アンドレ オルレアン) 井上泰夫・齊藤日出治 譯,『貨幣の暴力』, 東京: 法政大學出版局, 1991.〕

Anderson, Benedict(1991). *Imagined Communities: Reflections on the Origin and Spread of Nationalism*, Rev. and extended ed., London: Verso. 〔윤형숙 옮김,『상상의 공동체: 민족주의의 기원과 전파에 대한 성찰』, 나남, 2002.〕

Anderson, Perry(1974). *Lineages of the Absolute State*, London: Verso. 〔김현일 외 옮김,『절대주의 국가의 역사』, 소나무, 1993.〕

Arendt, Hannah(1958). *The Human Condition*, Chicago: University of Chicago Press. 〔이진우・태정호 옮김,『인간의 조건』, 한길사, 1997.〕

Arrighi, Giovanni(1994). *The Long Twentieth Century: Money, Power, and the Origins of Our Times*, London: Verso.

Ashton, Thomas S.(1953). "The Bill of Exchange and Private Banks in Lancashire, 1790~1830", *Papers in English Monetary History*, Thomas S. Ashton and Richard S. Sayers, eds., Oxford: Oxford University Press.

Baker, Wayne E.(1987). "What Is Money?: A Social Structural Interpretation", *Intercorporate Relations: The Structural Analysis of Business*, Mark S. Mizruchi and Michael Schwartz, eds., Cambridge: Cambridge University Press.

Baker, Wayne E., and Jason B. Jimerson(1992). "The Sociology of Money", *American Behavioral Scientist*, vol.35, no.6.

Barbon, Nicholas(1997). "A Discourse of Trade"(1690), *Monetary Theory: 1601~1758*, vol.3, Antoin E. Murphy, ed., London: Routledge.

Baudrillard, Jean(1981). *Simulacres et Simulation*, Paris: Galilée. 〔하태환 옮김, 『시뮬라시옹』, 민음사, 2001.〕

Bieda, Ken(1973). "Copernicus as an Economist", *The Economic Record*, vol. 49, no.125.

Boyer-Xambeu, Marie-Thérèse, Ghislain Deleplace, et Lucien Gillard(1986). *Monnaie Privée et Pouvoir des Princes: L'Économie des Relations Monnetaires à la Renaissance*, Paris: CNRS. 〔Azizeh Azodi, trans., *Private Money and Public Currencies: The 16th Century Challenge*, Armonk, N.Y.: M.E. Sharpe, 1994.〕

Braudel, Fernand(1979a). *Civilisation matérielle, économie et capitalism, XVe ~XVIIIe siècle*, Tome I. Les structures du quotidien: Le possible et l'impossible, Paris: Armand Colin. 〔주경철 옮김, 『물질문명과 자본주의 : 일상생활의 구조』 I-2, 까치, 1995.〕

_____(1979b). *Civilisation matérielle, économie et capitalism, XVe~XVIIIe siècle*, Tome II. Les jeux de l'échange, Paris: Armand Colin. 〔주경철 옮김, 『물질문명과 자본주의 : 교환의 세계』 II-1/2, 까치, 1996.〕

_____(1980). *Civilisation matérielle, économie et capitalism, XVe~XVIIIe siècle*, Tome III. Le temps du monde, Paris: Armand Colin. 〔주경철 옮김, 『물질문명과 자본주의 : 세계의 시간』 III-1/2, 까치, 1997.〕

Carrier, James G.(1995). *Gifts and Commodities: Exchange and Western Capitalism since 1700*, London: Routledge.

Chesnais, François(1997). *La mondialisation du capital*, Paris: Syros. 〔서익진 옮김, 『자본의 세계화』, 한울, 2003.〕

Cipolla, Carlo M.(1967). *Money, Prices, and Civilization in the Mediterranean World: Fifth to Seventeenth Century*, New York: Gordian Press.

Clastres, Pierre(1974). *La société contre l'État*, Paris: Minuit. 〔홍성흡 옮김, 『국가에 대항하는 사회 : 정치인류학 논고』, 이학사, 2005.〕

_____(1980). *Recherches d'anthropologie politique*, Paris: Seuil. 〔변지현·이종영 옮김, 『폭력의 고고학 : 정치인류학 연구』, 울력, 2002.〕

Cleaver, Harry(1995). "The Subversion of Money-as-Command in the Current Crisis", *Global Capital, National State and the Politics of Money*, Werner Bonefeld and John Holloway, eds., New York: St. Martin's. 〔이원영 옮김, 「현재의 위기에서 명령으로서의 화폐의 전복」, 『신자유주의와 화폐의 정치』, 갈무리, 1999.〕

Cohen, Benjamin J.(1998). *The Geography of Money*, Ithaca:Cornell University Press. [박영철 옮김, 『화폐와 권력』, 시유시, 1999.]

Corbridge, Stuart, Nigel Thrift, Ron Martin(1994). *Money, Power and Space*, Oxford:Blackwell.

Crowley, John E.(1974). *This Sheba, Self: The Conceptualization of Economic Life in Eighteenth Century America*, Baltimore:Johns Hopkins University Press.

Curtin, Philip D.(1984). *Cross-Cultural Trade in World History*, Cambridge: Cambridge University Press.

Davanzati, Bernardo(1997). "A Discourse Upon Coins", *Monetary Theory: 1601~1758*, vol.3, Antoin E. Murphy, ed., London:Routledge.

De Brunhoff, Suzanne(1976). *Etat et capital:Recherches sur la politique économique*, Paris:Maspéro. [신현준 옮김, 『국가와 자본』, 새길, 1992.]

_____(1996). "L'instabilité monétaire internationale", *La Mondialisation financière:Genèse, coût et enjeux*, Sous la direction de François Chesnais, Paris:Syros. [서익진 옮김, 「국제적 통화 불안정」, 『금융의 세계화 : 기회, 비용 그리고 노림』, 한울, 2001.]

Deflem, Mathieu(2003). "The Sociology of the Sociology of Money:Simmel and the Contemporary Battle of the Classics", *Journal of Classical Sociology*, vol.3. no.1.

Deleuze, Gilles, et Félix Guattari(1977). *L'Anti-Oedipe:Capitalisme et schizofhrénie I*, Paris:Minuit. [최명관 옮김, 『앙띠 오이디푸스 : 자본주의와 정신분열증』, 민음사, 1995.]

_____(1980). *Mille plateaux:Capitalisme et schizofhrénie II*, Paris:Minuit. [이진경·권혜원 옮김, 『천의 고원』 I/II, 연구공간 너머, 2000.]

Derrida, Jacques(1991). *Donner le temps:La fausse monnaie*, Paris: Galilée. [Peggy Kamuf, trans., *Given Time I:Counterfeit Money*, Chicago:University of Chicago Press, 1992.]

Deutschmann, Christoph(1996). "Money as a Social Construction:On the Actuality of Marx and Simmel", *Thesis Eleven*, no.47.

Dodd, Nigel(1994). *The Sociology of Money:Economics, Reason and Contemporary Society*, New York:Continuum. 〔이택면 옮김, 『돈의 사회학』, 일신사, 2002.〕

Doty, Richard(1986). "Matthew Boulton and the Coinage Revolution, 1787~1797", *Rare Coin Review*, vol.61.

Dumont, Louis(1977). *From Mandeville to Marx:The Genesis and Triumph of Economic Ideology*, Chicago:University of Chicago Press.

Durkheim, Émile(1895). *Les Règles de la méthode sociologique*, Paris:Alcan. 〔Sarah Solovay and John H. Mueller, trans., *The Rules of Sociological Method*, New York:Free Press, 1938; 윤병철·박창호 옮김, 『사회학적 방법의 규칙들』, 새물결, 2001.〕

_____(1901). "Simmel, G., *Philosophie des Geldes*", *Notes critiques-sciences sociales*, 2ème année, para.406. 〔"Durkheim's Review of Georg Simmel's *Philosophie des Geldes*", *Social Research*, vol.46, 1979.〕

Einzig, Paul(1966). *Primitive Money in Its Ethnological, Historical, and Economic Aspects*, Oxford:Pergamon Press.

Elias, Norbert(1969). *Die höfische Gesellschaft:Untersuchung zur Soziologie der Konigtums und der hofischen Aristokratie*, Darmstadt-Neuwied: Luchterhand. 〔박여성 옮김, 『궁정사회』, 한길사, 2003.〕

Ferguson, Niall(2001). *Cash Nexus:Money and Power in the Modern World, 1700~2000*, New York:Basic Books. 〔류후규 옮김, 『현금의 지배』, 김영사, 2002.〕

Flandreau, Marc(1996). "Les règles de la pratique:La Banque de France, le marché des métaux précieux et la naissance de l'étalon-or 1848~1876", *Annales:Histoire, Sciences, Sociales*, no.4, Juillet-Août.

Foucault, Michel(1966). *Les mots et les choses:Une archéologie des sciences humaines*, Paris:Gallimard. 〔이광래 옮김, 『말과 사물』, 민음사, 1995.〕

_____(1971). *L'Ordre du discours*, Paris:Gallimard. 〔이정우 옮김, 『담론의 질서』, 새길, 1993.〕

_____(1994). "La Gouvernementalité"(1978), *Dits et écrits*, Tome. III:1976~

1979, Daniel Defert, et François Ewald, éd., Paris:Gallimard. 〔정일준 옮김, 「통치성」, 『미셸 푸코의 권력이론』, 새물결, 1994.〕

Fourier, Charles(1845). *Le nouveau monde industriel et sociétaire,*(1829), Paris:La Librairie sociétaire. 〔이문창 옮김, 「산업적 협동사회적 새 세계」, 『사회에 관한 새 견해』, 형성출판사, 1982.〕

Frankel, Sally H.(1977). *Money, Two Philosophies:The Conflict of Trust and Authority,* Oxford:Basil Blackwell. 〔(サリー H. フランケル) 吉澤英成 譯, 『貨幣の哲學:信賴と權力の葛藤』, 東京:文眞堂, 1984.〕

Friedman, Milton(1992). *Money Mischief:Episodes in Monetary History,* New York:Harcourt Brace Jovanovich. 〔김병주 옮김, 『돈의 이야기』, 고려원, 1992.〕

Frisby, David(1978). "The Constitution of the Text", G. Simmel, *The Philosophy of Money,* Tom Bottomore and D. Frisby, trans., London:Routledge. 〔안준섭·장영배·조희연 옮김, 『돈의 철학』, 한길사, 1983.〕

Furnham, Adrian, and Michael Argyle(1998). *The Psychology of Money,* London:Routledge. 〔김정휘 외 옮김, 『화폐심리학』, 학지사, 2003.〕

Galbraith, John Kenneth(1977a). *The Age of Uncertainty:A History of Economic Ideas and Their Consequences,* Boston:Houghton Mifflin. 〔김은우 옮김, 『불확실성의 시대』, 대일서관, 1982.〕

_____(1977b). *Money, Whence It Came, Where It Went,* Boston:Houghton Mifflin. 〔최황열 옮김, 『돈:그 역사와 전개』, 현암사, 1980.〕

Ganßmann, Heiner(1988). "Money:A Symbolically Generalized Medium of Communication? On the Concept of Money in Recent Sociology", *Economy and Society,* vol.17, no.3.

Giddens, Anthony(1978). *Emile Durkheim,* Hassocks:Harvester. 〔이종인 옮김, 『뒤르켐』, 시공사, 2000.〕

_____(1985). *The Nation-State and Violence,* Berkeley:University of California Press. 〔진덕규 옮김, 『민족국가와 폭력』, 삼지원, 1991.〕

_____(1990). *The Consequences of Modernity,* Stanford, Calif.:Stanford University Press. 〔이윤희·이현희 옮김, 『포스트모더니티』, 민영사, 1991.〕

Gilbert, Emily(1999). "Forging a National Currency:Money, State-building and Nation-making in Canada", *Nation-States and Money: The Past, Present, and Future of National Currencies*, E. Gilbert and E. Helleiner, eds., London: Routledge.

Gilbert, Emily, and Eric Helleiner(1999). "Introduction: Nation-States and Money—Historical Contexts, Interdisciplinary Perspectives", *Nation-States and Money: The Past, Present, and Future of National Currencies*, Emily Gilbert and E. Helleiner, eds., London: Routledge.

Girard, René(1972). *La violence et le sacré*, Paris: Grasset. 〔김진식·박무호 옮김, 『폭력과 성스러움』, 민음사, 2000.〕

Goodhart, Charles(1988). *The Evolution of Central Banks*, Cambridge, Mass.: MIT Press. 〔김홍범 옮김, 『중앙은행의 진화』, 비봉출판사, 1997.〕

Granovetter, Mark(1985). "Economic Action and Social Structure: The Problem of Embeddedness", *American Journal of Sociology*, vol.91, no.3. 〔공유식 옮김, 「경제행위와 구조」, 『신경제사회학의 이해』, 역사비평사, 1994.〕

Gregory, Andrew(2001). *Harvey's Heart: The Discovery of Blood Circulation*, Cambridge: Icon. 〔박은주 옮김, 『과학혁명과 바로크 문화』, 몸과마음, 2001.〕

Gunn, John A.(1968). "'Interest Will Not Lie': A 17th Century Political Maxim", *Journal of the History of Ideas*, vol.24, no.4.

Guttmann, Robert(1994). *How Credit-Money Shapes the Economy: The United States in a Global System*, Armonk, N.Y.: M. E. Sharpe.

_____(1996). "Les mutations de capital financier", *La Mondialisation financière: Genése, coût et enjeux*, Sous la direction de François Chesnais, Paris: Syros. 〔서익진 옮김, 「금융자본의 변동」, 『금융의 세계화: 기회, 비용 그리고 노림』, 한울, 2001.〕

Habermas, Jürgen(1962). *Strukturwandel der Öffentlichkeit: Untersuchungen zu einer Katcgorie der burgerlichen Gesellschaft*, Darmstadt-Neuwied: Luchterhand. 〔한승완 옮김, 『공론장의 구조변동』, 나남, 2001.〕

_____(1981). *Theorie des Kommunikativen Handelns*, 2 Bd., Frankfurt: Suhrkamp. 〔장은주 옮김, 『의사소통의 사회이론』, 관악사, 1995.〕

Harrod, Roy F.(1969). *Money*, London: Macmilan.

Hegel, Georg W. F.(1821). *Grundlinien der Philosophie des Rechts*, Berlin: Nicolai. 〔임석진 옮김, 『법철학』, 지식산업사, 1996.〕

Heidegger, Martin(1962). *Die Technik und die Kehre*, Pfullingen:Neske. 〔이 기상 옮김, 『기술과 전향』, 서광사, 1993.〕

Helleiner, Eric(1999). "Historicizing Territorial Currencies:Monetary Space and the Nation-State in North America", *Political Geography*, vol.18, no.3.

_____(2003). *The Making of National Money:Territorial Currencies in Historical Perspective*, Ithaca:Cornell University Press.

Higgs, Henry(1897). *The Physiocrats:Six Lectures on French Economists of the 18th Century*, London:Macmillan. 〔김기태·배승진 옮김, 『프랑소와 케네 와 중농주의자』, 비봉출판사, 1994.〕

Hirsh, Paul, Stuart Michaels, and Ray Friedmann(1990). "Clean Models vs. Dirty Hands:Why Economics Is Different from Sociology?" *Structures of Capital:The Social Organization of the Economy*, Sharon Zukin and Paul Dimaggio, eds., Cambridge:Cambridge University Press.

Hirschman, Albert(1977). *The Passions and the Interests:Political Arguments for Capitalism before Its Triumph*, Princeton, N.J.:Princeton University Press. 〔김승현 옮김, 『열정과 이해관계 : 고전적 자본주의 옹호론』, 나남, 1994.〕

Hobbes, Thomas(1968). *Leviathan, or the Matter, Forme and Power of a Commonwealth Ecclesiasticall and Civil*(1651), Crawford B. Macpherson, ed., Harmondsworth:Penguin. 〔한승조 옮김, 『리바이어던』, 삼성출판사, 1995.〕

Hoffman Philip, Gilles Postel-Vinay, et Jean-Laurent Rosenthal(1994). "Economie et politique:Les marchés du crédit à Paris, 1750~1840", *Annales: Histoire Sciences Sociales*, no.1, Janv.-Févr.

Horsefield, John(1953a). "The Duties of a Banker I:The Eighteenth Century View", *Papers in English Monetary History*, T. S. Ashton and R. S. Sayers, eds., Oxford:Oxford University Press.

_____(1953b). "The Origins of the Bank Charter Act, 1844", *Papers in English Monetary History*, T. S. Ashton and R. S. Sayers, eds., Oxford:Oxford University Press.

Hume, David(1997). "Political Discourses"(1752), *Monetary Theory: 1601~ 1758*, vol.6, Antoin E. Murphy, ed., London: Routledge.

Hunt, E. K.(1979). *History of Economic Thought: A Critical Perspective*, Belmont, Calif.: Wadsworth Pub. [김성구 외 옮김, 『경제사상사』 1권, 풀빛, 1982.]

Ingham, Geoffrey(1984). *Capitalism Divided?: The City and Industry in British Social Development*, London: Macmillan.

_____(1998). "On the Underdevelopment of the 'Sociology of Money'", *Acta Sociologica*, vol.41, no.1.

_____(1999). "Capitalism, Money and Banking: A Critique of Recent Historical Sociology", *The British Journal of Sociology*, vol.50, no.1.

Jardine, Lisa(1996). *Worldly Goods: A New History of Renaissance*, New York: W.W. Norton. [이선근 옮김, 『상품의 역사』, 영림카디널, 2003.]

Keynes, John Maynard(1930). *A Treatise on Money*, London: Macmillan. [신태환·이석륜 옮김, 『화폐론』 상권/하권, 비봉출판사, 1992.]

Kindleberger, Charles(1993). *A Financial History of Western Europe*, Oxford: Oxford University Press.

Klosowski, Pierre(1994). *La monnaie vivante*, Paris: Joëlle Losfeld. [(ピエール クロソウスキー) 兼子正勝 譯, 『生きた貨幣』, 東京: 靑土社, 2000.]

Knapp, Georg Friedrich(1905). *Staatliche Theorie des Geldes*, Leipzig: Dunker & Humblot. [H. M. Lucas and James Bonar, trans., *The State Theory of Money*, Clifton, N.J.: Augustus M. Kelley Publishers, 1973.]

Kobayashi, K.(1999). "Community Currency", *EEPH 196*, Senior Thesis, July 5.

Kurtzman, Joel(1993). *The Death of Money: How the Electronic Economy Has Destabilized the World's Markets and Created Financial Chaos*, New York: Simon & Schuster.

Law, John(1997). "Money and Trade Considered with a Proposal for Supplying the Nation with Money"(1705), *Monetary Theory: 1601~1758*, vol.5, Antoin E. Murphy, ed., London: Routledge.

Lee, Roger(1999). "Local Money: Geographies of Autonomy and Resistance",

Money and the Space Economy, Ron Martin, ed., New York : John Wiley & Sons.

Le Goff, Jacques (1986). *La bourse et la vie : Economie et religion au Moyen Age*, Paris : Hachette. 〔김정희 옮김, 『돈과 구원』, 이학사, 1998.〕

Léon, Pierre (1976). "La conquête de l'espace national", *Histoire économique et sociale de la France*, Tome. III : L'avenement de l'ere industrielle, 1789~1880, Dirigee par Fernand Braudel et Ernest Labrousse, Paris : PUF.

Levine, Donald N. (1972). "Georg Simmel as Sociologist", *Social Research*, vol.39, no.1.

Lévi-Strauss, Claude (1950). *Introduction à l'oevre de Marcel Mauss*, Paris : PUF. 〔Felicity Baker, trans., *Introduction to the Work of Marcel Mauss*, London : Routledge, 1987.〕

Leyshon, Andrew, and Nigel Thrift (1997). *Money/Space : Geographies of Monetary Transformation*, London : Routledge.

Locke, John (1997). "Some Considerations of the Consequences of the Lowering of Interest, and Raising the Value of Money" (1691), *Monetary Theory : 1601~1758*, vol.5, Antoin E. Murphy, ed., London : Routledge.

Macpherson, Crawford B. (1962). *The Political Theory of Possessive Individualism : Hobbes to Locke*, Oxford : Clarendon Press. 〔이유동 옮김, 『소유적 개인주의의 정치이론』, 인간사랑, 1991.〕

Martin, Ron, ed. (1999). *Money and the Space Economy*, New York : John Wiley & Sons.

Marx, Karl (1956). "Zur Kritik der Hegelschen Rechtsphilosophie" (1843), *Karl Marx/Friedrich Engels Werke*, Bd.1, Berlin : Dietz Verlag. 〔홍영두 옮김, 『헤겔법철학비판』, 아침, 1988.〕

_____ (1958a). "Die deutsche Ideologie" (1845), *Karl Marx/Friedrich Engels Werke*, Bd.3, Berlin : Dietz Verlag. 〔김대웅 옮김, 『독일이데올로기』, 두레, 1989.〕

_____ (1958b). "Zur Kritik der Politischen Ökonomie" (1859), *Karl Marx/Friedrich Engels Werke*, Bd.13, Berlin : Dietz Verlag. 〔김호균 옮김, 『정치경제학비판을 위하여』, 중원, 1989.〕

_____(1964a). "Das Kapital I"(1867), *Karl Marx/Friedrich Engels Werke*, Bd.
23, Berlin:Dietz Verlag. 〔김수행 옮김, 『자본론』 I(상/하), 비봉출판사, 1992.〕

_____(1964b). "Das Kapital III"(1894), *Karl Marx/Friedrich Engels Werke*, Bd.
25, Berlin:Dietz Verlag. 〔김수행 옮김, 『자본론』 III(상/하), 비봉출판사, 1999.〕

_____(1964c). "Theorien über den Mehrwert"(1861), *Karl Marx/Friedrich
Engels Werke*, Bd.26, Berlin:Dietz Verlag. 〔편집부 옮김, 『잉여가치학설사』 1
권, 아침, 1991.〕

_____(1975a). "Die differenz der demokritischen und epikureischen Natur-
philosophie"(1841), *Karl Marx/Friedrich Engels Werke*, Bd.40, Berlin:
Dietz Verlag. 〔고병권 옮김, 『데모크리토스와 에피쿠로스 자연철학의 차이 : 맑스
박사학위 논문』, 그린비, 2001.〕

_____(1975b)."Ökonomisch-philosophische Manuskripte aus dem Jahre 1844"
(1844), *Karl Marx/Friedrich Engels Werke*, Bd.40, Berlin:Dietz Verlag. 〔최
인호 옮김, 『1844년의 경제학-철학 초고』, 박종철출판사, 1991.〕

_____(1983). "Grundrisse der Kritik der Politischen Ökonomie"(1857), *Karl
Marx/Friedrich Engels Werke*, Bd.42, Berlin:Dietz Verlag. 〔김호균 옮김,
『정치경제학비판요강』 1/2권, 백의, 2000.〕

Mauss, Marcel(1968). "Essai sur le don:Forme et raison de l'échange dans
les sociétés archaïques"(1924), *Sociologie et anthropologie*, Paris:PUF. 〔이
상률 옮김, 『증여론』, 한길사, 2002.〕

Montesquieu, Charles-Louis de Secondat(1971). *De l'esprit des lois*(1748),
Paris:Librairie Larousse. 〔신상초 옮김, 『법의 정신』, 을유문화사, 1990.〕

Mun, Thomas(1997). "England's Treasure by Forraign Trade"(1622), *Mone-
tary Theory: 1601~1758*, vol.1, A. E. Murphy, ed., London: Routledge.

Nelson, Anitra(1999). *Marx's Concept of Money:The God of Commodities*,
London:Routledge.

Nietzsche, Friedrich W.(1980). "Zur Genealogie der Moral"(1887), *Sämtliche
Werke*, Bd. 5, Berlin:Walter De Gruyter. 〔김정현 옮김, 『선악의 저편/도덕의
계보』, 니체전집 14, 책세상, 2002.〕

_____(1988). "Götzen-Dämmerung"(1888), *Sämtliche Werke*, Bd.6, Berlin:

Walter De Gruyter. 〔백승영 옮김, 『우상의 황혼 외』, 니체전집15, 책세상, 2002.〕

Nisbet, Robert A.(1953). "The Problem of Community", *The Quest for Community*, Oxford:Oxford University Press. 〔지승종 옮김, 「공동체 이론의 역사」, 『공동체 이론』, 신용하 엮음, 문학과지성사, 1985.〕

North, Dudley(1997). "Discourses Upon Trade:Principally Directed to the Cases of the Interest, Coynage, Clipping, Increase of Money"(1691), *Monetary Theory: 1601~1758*, vol.3, A. E. Murphy, ed., London:Routledge.

Owen, Robert(1972). *A New View of Society:Essays on the Formation of the Human Character*(1814), London:Macmillan. 〔이문창 옮김, 「사회에 관한 새 견해」, 『사회에 관한 새 견해』, 형성출판사, 1982.〕

Petty, William(1997a). "A Treatise of Taxes and Contributions"(1662), *Monetary Theory: 1601~1758*, vol.2, A. E. Murphy, ed., London:Routledge.

_____(1997b). "Verbum sapienti"(1664), *Monetary Theory: 1601~1758*, vol. 2, Antoin E. Murphy, ed., London:Routledge.

Poggi, Gianfranco(1978). *The Development of the Modern State:A Sociological Introduction*, Stanford, Calif.:Stanford University Press. 〔박상섭 옮김, 『근대국가의 발전』, 민음사, 1995.〕

_____(1993). *Money and the Modern Mind:Georg Simmel's Philosophy of Money*, Berkeley, C.A.:University of California Press.

Polanyi, Karl(1944). *The Great Transformation:The Political and Economic Origins of Our Time*, Boston:Beacon Press. 〔박현수 옮김, 『거대한 변환:우리 시대의 정치적·경제적 기원』, 민음사, 1996.〕

_____(1947). "Our Obsolete Market Mentality:Civilization Must Find a New Thought Pattern", *Commentary*, vol.3, no.2. 〔홍기빈 옮김, 『전 세계적 자본주의인가 지역적 계획경제인가』, 책세상, 2002.〕

_____(1977). *The Livelihood of Man*, New York:Academic Press, 〔박현수 옮김, 『사람의 살림살이』, 풀빛, 1998.〕

Polanyi, Karl, Conrad Arensberg, and Harry Pearson, eds.(1957). *Trade and Market in the Early Empires:Economies in History and Theory*, Glencoe, Ill.:Free Press. 〔이종욱 옮김, 『초기 제국에서의 교역과 시장』, 민음사, 1994.〕

Quesnay, François(1969). *Tableau économique des physiocrates*(1758), Paris: Calmann-Lévy. 〔심상필 옮김, 『경제표』, 비봉출판사, 1990.〕

Raddon, Mary-Beth(2003). *Community and Money: Men and Women Making Change*, Montréal: Black Rose Books.

Ricardo, David(1821). *On the Principles of Political Economy and Taxation*, London: John Murray. 〔정윤형 옮김, 『정치경제학 및 과세의 원리』, 비봉출판사, 1991.〕

Robinson, Joan(1962). *Economic Philosophy: An Essay on the Progress of Economic Thought*, Chicago: Aldine. 〔주명건 옮김, 『경제철학』, 정음사, 1983.〕

Rowlinson, Matthew(1999). "'The Scotch Hate Gold': British Identity and Paper Money", *Nation-States and Money: The Past, Present, and Future of National Currencies*, E. Gilbert and E. Helleiner, eds., London: Routledge.

Rosdolsky, Roman(1968). *Zur Entstehungsgeschichte Marxschen 'Kapital': Der Rohentwurf des Kapital, 1857~58*, Frankfurt: Europäische Verlagsanstaltung. 〔양희석 옮김, 『마르크스의 자본론의 형성』 1권, 백의, 2003.〕

Ruggie, John G.(1983). "Continuity and Transformation in the World Polity: Toward a Neorealist Synthesis", *World Politics*, vol.35, no.2.

Sayers, Richard S.(1953). "Ricardo's Views on Monetary Questions", *Papers in English Monetary History*, T. S. Ashton and R. S. Sayers, eds., Oxford: Oxford University Press, 1953.

Sereni, Emilo(1970). "Da Marx a Lenin: La categoria di 'formazione economico-sociale'", *Critica marxista*, vol.8, no.4. 〔김민지 옮김, 「마르크스로부터 레닌으로: '경제적 사회구성체'의 범주」, 『사회구성체론』, 이성과 현실사, 1987.〕

Simmel, Georg(1900). *Philosophie des Geldes*, Berlin: Duncker & Humblot Verlag. 〔안준섭·장영배·조희연 옮김, 『돈의 철학』, 한길사, 1983.〕

Smelser, Neil, and Richard Swedberg, eds.(1994). *The Handbook of Economic Sociology*, Princeton: Princeton University Press.

Smith, Adam(1904). *An Inquiry into the Nature and Causes of the Wealth of Nations*(1776), Edwin Cannan. ed., London: Methuen. 〔김수행 옮김, 『국부론』 상권, 동아출판사, 1996.〕

Sombart, Werner(1913). *Luxus und Kapitalismus: Studien zur Entwicklungs-geschichte des Modernen Kapitalismus*, Leipzig: Duncker & Humblot. 〔이상률 옮김, 『사치와 자본주의』, 문예출판사, 1997.〕

Tilly, Charles(1990). *Coercion, Capital, and European States, A.D. 990~1990*, Cambridge, Mass.: Bsail Blackwell. 〔이향순 옮김, 『국민국가의 형성과 계보』, 학문과 사상사, 1994.〕

_____(1993). *European Revolutions, 1492~1992*, Oxford: Blackwell. 〔윤승준 옮김, 『유럽혁명 1492~1992』, 새물결, 2000.〕

Tökei, Ferenc(1968). *Á Társadalmi Formák Elméletéhz*, Budapest: Kossuth. 〔김민지 옮김, 『사회구성체론』, 이성과현실사, 1987.〕

Tönnies, Ferdinand(1988). *Gemeinschaft und Gesellschaft: Grundbegriffe der reinen Soziologie*(1887), Darmstadt: Wissenschaftliche Buchgesell-schaft. 〔황성호 옮김, 『공동사회와 이익사회』, 삼성출판사, 1982.〕

Turner, Bryan(1986). "Simmel, Rationalisation and the Sociology of Money", *Sociological Review*, vol.34, no.1.

van Dun, Frank(1998). "National Sovereignty and International Monetary Re-gimes", *Money and the Nation State: The Financial Revolution, Govern-ment and the World Monetary System*, Kevin Dowd and Richard Timber-lake, eds., New Brunswick, N.J.: Transaction Publishers.

Vidonne, Paul(1986). *Essai sur la formation de la pensée économique*, Paris: Economica.

Vilar, Pierre(1974). *Or et monnaie dans l'histoire 1450~1920*, Paris: Flam-marion. 〔김현일 옮김, 『금과 화폐의 역사 1450~1920』, 까치, 2000.〕

Wallerstein, Immanuel(1974a). *The Modern World-System, I: Capitalist Agri-culture and the Origins of the European World-Economy in the Sixteenth Century*, New York: Academic Press. 〔나종일 외 옮김, 『근대세계체제 I: 자본주의적 농업과 16세기 유럽 세계경제의 기원』, 까치, 1999.〕

_____(1980). *The Modern World-System, II: Mercantilism and the Consoli-dation of the European World-Economy, 1600-1750*, New York: Academic Press. 〔나종일 외 옮김, 『근대세계체제 II: 중상주의와 유럽 세계경제의 공고화,

1600~1750』, 까치, 1999.〕

_____(1989). *The Modern World-System, III: The Second Great Expansion of the Capitalist World-Economy, 1730-1840's*, San Diego:Academic Press. 〔나종일 외 옮김, 『근대세계체제 III: 자본주의 세계경제의 거대한 팽창의 두 번째 시대 1730~1840년대』, 까치, 1999.〕

Weatherford, Jack(1997). *The History of Money:From Sandstone to Cyberspace*, New York:Crown. 〔전지현 옮김, 『돈의 역사와 비밀』, 청양, 2001.〕

Weber, Max(1905). *Die protestantische Ethik und der 'Geist' des Kapitalismus*, Tubingen:J.C.B. Mohr. 〔박성수 옮김, 『프로테스탄티즘의 윤리와 자본주의 정신』, 문예출판사, 1995.〕

_____(1922). *Wirtschaft und Gesellschaft:Grundri der verstehenden Soziologie*, Tubingen:J.C.B. Mohr. 〔박성환 옮김, 『경제와 사회』 1권, 문학과지성사, 1997.〕

_____(1923). *Wirtschaftsgeschichte:Abriss der universalen Sozial- und Wirtschafts-geschichte*, Leipzig:Dunker & Humblot. 〔조기준 옮김, 『사회경제사』, 삼성출판사, 1991.〕

_____(1972). "Georg Simmel as Sociologist", *Social Research*, vol.39, no.1.

Whale, Philip B.(1953). "A Retrospective View of the Bank Charter Act of 1844", *Papers in English Monetary History*, T. S. Ashton and R. S. Sayers, eds., Oxford:Oxford University Press.

Williams, Jonathan, ed.(1997). *Money:A History*, New York:St. Martin's Press. 〔이인철 옮김, 『돈의 세계사』, 까치, 1998.〕

Zelizer, Viviana A. Rotman(1989). "The Social Meaning of Money:Special Monies", *American Journal of Sociology*, vol.95, no.2.

_____(1994). *The Social Meaning of Money*, New York;Basic Books.

_____(1999). "Official Standardisation vs. Social Differentiation in American's Uses of Money", *Nation-States and Money:The Past, Present, and Future of National Currencies*, E. Gilbert and E. Helleiner, eds., London:Routledge.

Zevin, Robert(1992). "Are World Financial Market More Open? If so, Why and with What Effects?", *Financial Openness and National Autonomy:*

Opportunities and Constraints, T. Banuri et als., eds., Oxford:Clarendon Press.

柄谷行人(1985). 『マルクス, その可能性の中心』, 東京：講談社, 1985. 〔김경원 옮김, 『마르크스, 그 가능성의 중심』, 이산, 1999.〕

_____(1989). 『隠喩としての建築』, 東京：講談社. 〔김재희 옮김, 『은유로서의 건축：언어, 수, 화폐』, 한나래, 1999.〕

下平尾勳(1999). 『信用制度の 經濟學』, 東京：新評論.

찾아보기